INSIDE, OUTSIDE POLICE
인사이드, 아웃사이드 폴리스

인사이드, 아웃사이드 폴리스
INSIDE, OUTSIDE POLICE

ⓒ박창호 2019

초판 1쇄 발행 2019년 9월 29일

지은이 박창호

펴낸곳 도서출판 가쎄
등록번호 제 302-2005-00062호

주소 서울 용산구 이촌로 224, 609
전화 070. 7553. 1783 / **팩스** 02. 749. 6911
인쇄 정민문화사

ISBN 978-89-93489-88-0 03350

값 20,000원

홈페이지 www.gasse.co.kr
이메일 berlin@gasse.co.kr

INSIDE, OUTSIDE POLICE

인사이드, 아웃사이드 폴리스

경찰, 변화하는 권력 국민 속으로

박창호 지음

gasse·가쎄

목차

"경찰을 바라보는 다양한 시선을 위한 이야기"

필자는 올해로 32년째 근무하고 있는 경찰서장이다.
경찰관으로 근무하면서 몇 가지 바람이 있었다.

첫째는 경찰관[1]에 대한 인식이 좋아졌으면 하는 것이었다.

필자는 경찰대학을 졸업하고 경찰관이 되었다. 경찰대학을 다닐 때는 일반 대학의 여학생들과 미팅도 하고 같이 만나서 어울리기도 했는데, 정작 진짜 경찰이 되고 나서는 주변 사람들의 보는 눈이 달라졌다. 경찰대 학생은 좋게 봐주었지만 경찰관은 좋지 않다는 것이었다. 당시의 시대 상황은 영화 '1987'에서도 나오듯이 경찰이 민주화 시위를 막는 데 대대적으로 앞장섰고, '박종철', '이한열' 사건 등이 터지면서 경찰에 대한 일반인들의 시선은 냉랭하기 그지없었다. 다시 말해 당시 권위주의 정부가 추진하는 일에 앞장서고 있는 경찰을 곱게 볼 시민들은 많지 않았다.

이제 시대가 바뀌었다. 민주 정권이 들어서고, IMF를 거치면서 고용에 대한 불안이 가중되어 공직에 대한 인식이 바뀌면서 경찰에 대한 인식도 변화되었다. 경찰 채용시험의

---

[1] 법률상 용어는 '경찰공무원'이다. 많은 사람들이 정보관, 형사, 교통경찰, 지구대 경관 등이 각각 다른 존재인 것으로 오인하곤 한다. 가령 교통경찰과 형사는 채용 절차가 애초에 다르다 생각할 수 있으나 그렇지 않다. 이러한 표현들은 경찰청에 소속되어 각각의 기능에서 일하고 있는 경찰공무원을 업무 분장에 따라 나타내는 방식일 뿐이다. 다시 말해 모든 경찰공무원은 인사발령에 따라 정보관이 될 수도 있고, 형사일 수도 있으며, 교통경찰이 될 수도 있는 것이다.

경쟁률도 높아지고, 근무 강도와 환경에 대한 개선, 수사권 조정 법제화 움직임 등은 경찰을 더욱더 긍정적으로 바라보게 하는 요인이 되었다. 이제 경찰이 되는 것이 목표나 꿈인 청년들도 많아졌다. 필자는 이로써 경찰에 대한 인식도 좋아지고 국가조직인 경찰이 제자리를 찾아가는 것 같아 다행으로 생각한다. 그들에게 발전된 경찰의 이야기를 들려주고 앞으로의 비전을 제시해주고 싶다.

두 번째는 열악한 환경에서 근무하는 경찰관이 제대로 대우받고 근무할 수 있는 법·제도적 뒷받침이 마련되었으면 하는 바람이 있었다.

80~90년대 경찰은 2교대 근무를 하고 있었다. 24시간 날밤을 새우고, 다음 날 쉬는 개념인데 말이 쉬는 것이지 당직 근무를 한 다음 날도 쉬지 못하고 또 밤을 새워야 하는 구조였다. 예산도 없어서 경찰청에서 지시가 내려가면 일선 서에서는 관내에서 유력자의 재정적 협조를 받아 업무가 추진되었다. 지금은 좀 나아졌지만 아직도 주위의 멋진 건물 모습과 어울리지 않게 초라한 경찰기관의 건물들이 적지 않다. 수사에서도 경찰은 검찰의 수족과도 같았고 지휘권 아래 신음하는 구조였다. 국정원, 경호실과의 관계도 경찰은 항상 궂은일을 하면서도 빛을 보지 못하는 구조였다. 2000년 이무영 전 청장은 "핏발선 경찰관의 눈에서 핏발을 없애도록 하겠다."면서 경찰 교대부서에 전면적으로 3교대라는 혁신적인 변화를 도입하였고, 이제는 대부분 4교대로 개선되었다. 예산도 과거와 달리 국회에서 경찰청에 대폭적인 지원을 하고 있으나 경찰 조직 자체가 워낙 규모가 크고, 과거의 예산 단위가 작아서 오늘날 예산을 증액해도 일선 현장의 체감도는 여전히 낮다고 할 수 있다. 예산 부분은 지속적인 증가가 예상되고, 자치경찰로 전환된다면 더 빠른 속도로 개선될 것으로 보인다. 독자적 수사권 확보 면에서도 관련 법안이 2019년 4월 29일 국회 신속처리 안건으로 회부됨에 따라 수사권에 대한 법제화는 가시화되었다고 할 수 있다. 수사권 못지않게 행정경찰 차원에서 독자성 확보도 중요한 과제이다. 정보나 경호업무와 관련해서 현 정부는

국정원의 국내정보와 대공수사권을 경찰청으로의 이관을 추진하고, 경호실과의 관계도 과거와 같은 권위주의적인 관계보다는 상호협조 관계 방향으로 이동하고 있는 것은 긍정적인 신호라 볼 수 있으며 이를 제도로 연결시키는 것이 남아있는 과제라 하겠다.

또한 현장에서 무력화된 공권력의 원인은 법률의 미비와 현실을 반영하지 못한 판결에 기인하는 면이 크다. 국회를 비롯한 정치권, 법원 등과 함께 이에 대한 진지한 논의와 노력이 필요하다고 본다.

세 번째는 경찰이 무엇이고 무엇을 하며 국민에게 어떤 의미가 있는지를 소개하는 책자를 내고 싶었다.

왜냐하면 우리 생활 주변에서 위험이나 어려움을 당할 때 가장 신속하게 현장으로 달려가는 정부조직은 경찰이고 대규모 시위나 강력사건, 테러나 재난의 경우에도 경찰은 항상 소용돌이의 중심에 서 있다. 그럼에도 경찰이 무엇인지를 아는 사람은 많지 않다. 이는 경찰에 대해 일반 시민 수준에서 이해할 수 있는 책자가 전무하다는 데 원인이 있다. 물론 경찰 내에서도 경찰이 무엇인지 정확히 이해하는 사람은 많지 않다. 하나의 기능에만 오래 근무하다 보니 자기 기능의 눈으로만 경찰을 바라보게 되고 다른 기능에서는 무엇을 하고 있는지 알기란 쉽지 않다. 혹 안다고 할지라도 이를 정리하는 것 또한 쉽지 않은 작업이다. 그러나 이러한 작업은 경찰을 위해서도 필요하고 시민이 경찰을 이해하고 신뢰를 주는 데에도 필요하다. 필자는 경찰관으로 재직하면서 운 좋게 경찰청, 지방경찰청, 경찰서, 파출소, 기동대, 경찰교육기관에서 근무할 수 있는 기회가 있었다. 또한 지역적으로 국내에서는 서울, 경기, 충남, 부산, 울산 등 다양한 지역에서, 그리고 프랑스 파리 한국대사관에서 경찰주재관 등으로 5년간 근무한 경험이 있다.

특히 프랑스에서는 경찰을 일반 시민들에게 소개하는 책자를 대형서점에서 쉽게 접할 수 있었다. 주로 경찰의 역사와 같은 일반적이고 개괄적인 것이지만 일반 시민들이 이 책자를 통해 경찰조직과 운영시스템을 이해하는 데 도움을 주고 있었다. 필자도 이러한 것에 힌트를 얻어, 소개 책자를 내고 싶었으나 좀처럼 시간을 내기가 쉽지 않았다. 시간이 있더라도 차분히 정리하기가 쉽지 않았다. 다행인지 불행인지 알 수 없으나 필자는 작년에 경찰청에 근무하다 승진에 고배를 마셨다. 나름 기대를 했으나 결과는 달랐다. 그리고 받아들이기 힘든 시기가 찾아왔다. 나는 승진을 더 추구하느냐 아니면 내가 가고 싶은 길을 가느냐의 갈림길에 서 있었다. 나는 후자를 선택했다. 왜냐하면 전자에 대해서 내가 더 이상 수긍하기가 쉽지 않았기 때문이었다. 승진 터널보다는 경찰이라는 터널로 나아가기로 했다. 그리고 그간 경험했던 것을 정리하면서 미루어 왔던 숙제를 마무리하기로 했다. 그러한 기회는 금년 인사로 인해 생각보다 빨리 찾아왔고, 이러한 기회가 없었다면 이 글을 쓰는 것은 불가능했을 것이다. 아이러니하지만 이것이 필자에게는 독이자 약이 된 셈이다.

필자는 글을 정리하면서 단순한 경찰에 대한 소개를 넘어 경찰의 본질이 무엇이고 어떤 고민을 하고 있는지를 경험을 통해서 느낀 점을 소개하고자 하였다. 한편 이 글을 쓰면서 필자도 경찰 경력이 오래되었기 때문에 많은 것을 알고 있다고 생각했지만 이는 필자의 교만이었다는 것을 느낄 수 있었다. 준비와 정리를 통해 많은 것을 배우고 반성도 하는 계기가 되었다. 그리고 이 글은 필자 혼자만의 힘으로는 어려워 주변의 적지 않은 동료들의 감수와 도움을 받았다. 그중에서도 현 오산경찰서 생활안전계장 김동균 경감의 도움이 컸음을 이 자리를 통해 밝히고 감사함을 표하고자 한다.

필자는 전문적인 글솜씨가 있는 사람도 아니고, 나름대로의 경험을 정리한 것이어서 다소 주관적인 시각과 부족한 점도 없지 않을 것으로 생각된다. 이는 앞으로 독자들의 질책과 의견을 토대로 보완하는 기회로 삼고자 한다.

Part 1.

직감에서 과학으로
[From Experience to Science, IT]

1. 왜 오늘날 화성 연쇄살인사건[2]은 일어나지 않을까?

<화성 연쇄살인사건 일지>

1차	1986. 9. 15	태안읍 안녕리 풀밭 이 모(71) 씨
2차	1986. 10. 20	태안읍 진안리 농수로 박 모(25) 씨
3차	1986. 12. 12	태안읍 안녕리 축대 권 모(24) 씨
4차	1986. 12. 14	정남면 관항리 농수로둑 이 모(23) 씨
5차	1987. 1. 10	태안읍 황계리 논바닥 홍 모(18세) 양
6차	1987. 5. 2	태안읍 진안리 야산 박 모(30세) 씨
7차	1988. 9. 8	팔탄면 기재리 농수로 안 모(52세) 씨
8차	1988. 9. 16	태안읍 진안리 집 박 모(13세) 양, 범인 검거
9차	1990. 11. 15	태안읍 병점5리 야산 김 모(13세) 양
10차	1991. 4. 3	동탄읍 반송리 야산 권 모(69세) 씨

　내 생애 처음으로 화성 연쇄살인사건 수사서류 속으로 들어가 보았다. 처음에는 내가 서장으로 있는 오산경찰서가 화성 연쇄살인사건을 수사했고, 수사본부가 설치되었던 곳이라는 것을 알지 못했다. 오산경찰서는 오산시만 관할하고 화성동부경찰서와 화성서부경찰서에서 화성시를 관할하기 때문이었다. 이를 알게 된 것은 우연한 계기였다. 필자는

---

2) 1986년부터 1991년까지 경기도 화성시(당시 화성군) 태안읍 일대에서 6년 동안 10명의 여성이 살해된 사건으로 당시 화성·수원 지역을 공포로 몰아넣었으며, 2003년 봉준호 감독이 <살인의 추억>으로 영화화하기도 하였다.

경찰서장으로서 매일 아침 전날 관내에서 발생한 사건에 대하여 상황실, 형사당직팀, 강력팀, 여성청소년, 교통 야간근무자로부터 보고를 받는다. 회의 중 상황실 근무자로부터 충북 영동에 있는 요양병원 요양사가 "환자 중에 화성 연쇄살인사건 용의자와 인상착의가 비슷한 사람이 있다."라는 내용으로 112신고를 했다는 보고를 받았다. 살인죄의 공소시효[3]인 15년이 지나긴 했지만 사건의 중요성에 비추어 사건 서류를 폐기하지 않고 보관하고 있는 오산경찰서에서 대응하라고 지방청에서 지시가 되었단다. 물론 충북 영동경찰서 형사들이 현장에 출동했고 오인신고로 확인되었다.

그러나 나에게 의문이 생겼다. 왜 오산경찰서에서 화성 연쇄살인사건의 서류를 가지고 있는지 직원에게 물으니 과거 화성시는 화성군이었고, 오산시도 화성군 내의 일개 읍에 불과했다고 한다. 당시 화성군 전체는 화성경찰서가 관할하고 있었고, 1986년 1차 살인사건을 필두로 1991년까지 6년 동안 화성군 태안읍 반경 수 km 이내에서 10명의 여성이 살해되는 사건이 발생하여 전국을 공포의 도가니로 몰고 갔었다. 이후 화성경찰서는 2008년 화성동부경찰서와 화성서부경찰서로, 화성경찰서

---

3) 공소시효란 어떤 범죄에 대하여 일정한 기간이 경과하면 형벌권이 소멸하는 제도를 말한다. 공소시효가 도과하면 검사는 공소를 제기할 수 없게 되고, 만약 공소제기 후에 공소시효가 도과하였다면 법원은 면소 판결을 하게 된다. 살인죄의 경우 과거 공소시효가 15년이었으나 2007년 12월 형사소송법 개정으로 시효가 25년까지 늘어났다. 이후 일명 '태완이법'이 도입된 2015년 7월 이후에는 공소시효가 완전히 폐지되었다. '태완이 사건'은 1999년 당시 6살이던 김태완 군의 얼굴에 황산을 쏟아부어 얼굴과 몸에 화상을 입혀 두 눈의 시력을 상실하고 식도와 기도가 타 버려 결국 49일 뒤 사망한 사건으로 당시 국민적 분노를 일으켜 살인죄의 공소시효를 폐지하게 이르렀다.

터에 있던 화성동부서는 2019년 오산경찰서와 화성동탄경찰서로 다시 분리되었다. 오산경찰서는 과거 화성경찰서 자리에 있으면서 화성 연쇄살인사건의 자료를 지금도 보관하게 된 사연은 이렇게 된 것이었다. 필자도 30년이 지났지만 영화 '살인의 추억'으로도 유명한 화성 연쇄살인사건에 대한 궁금증과 피해자와 그 가족에 대한 안타까움, 사건의 내용은 불행한 것이지만 역사적 가치가 있는 사건기록 원본을 마주 대한다는 것은 두려움과 경건함으로 나를 30년 전의 세계로 이끌었다.

이제 30년 전 작성된 수사기록 속으로 들어가 보자.

<화성 연쇄살인사건의 기록>

우선 남아있는 기록은 세 가지 버전이다. 하나는 각 사건 피해자별로 사건 수사기록을 모아놓은 것으로 약 3,000페이지에 달한다. 주로 당시의 사건 피해 현장과 증거 사진, 부검 결과, 형사들의 탐문과 수사 활동이 기록되어 있다. 둘째 버전은 수사본부에서 활용한 6/쪽 분량으로 개요와 사진을 담고 있다. 세 번째 버전은 화성경찰서 수사본부 과장이 참고하던 101쪽 분량으로 일목요연한 개요와 증거관계, 지도, 사진 등을 담고 있다. 각 사건 피해자에 대한 사건 수사기록은 양은 방대하지만 대부분 형사들의 탐문기록을 담고 있고, 후반으로 갈수록 수사본부도 체계화되어 인원도 확대되고, 형사들의 탐문과 잠복, 방범 활동도 강화되는 등의 자료가 발견되지만 수사 과정에 대한 상세한 내용을 파악하기는

<오늘날의 인터넷 지도로 보는 화성 연쇄살인사건 발생지역>

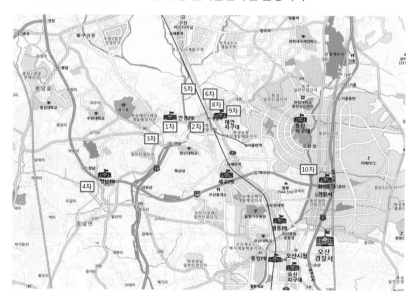

쉽지 않았다. 그리고 당시에는 대부분 손으로 보고서를 쓰는 방식이어서 종이도 낡고 일부는 글도 읽기가 쉽지 않았다.

  사건을 조금 들여다보면, 1차 살인사건은 1986년 9월 19일 14:00경 축산업을 하는 주민이 풀밭에서 누워있는 사망자를 발견하고 화성경찰서 태안지서에 신고하여 시작되었다. 당시 피해자는 부패되어 있었고 하의는 완전히 벗겨진 상태였다. 경찰이 신원을 확인한 결과 화성군 정남면에 거주하는 71세의 할머니로 밝혀졌다. 유족들은 할머니가 5일 전에 열무와 고추를 판다고 나간 후 연락이 두절되었다고 했다. 1차 수사 결과 피해자는 1986년 9월 14일 11시경 화성시 정남면 주거지에서 야채를 팔러 수원에 갔다 오던 길에 평소 알고 지내던 화성군 태안읍 안녕리에 있는 지인의 집에서 잠을 잔 뒤, 다음날 06시 20분경 지인의 집을 나와 귀가 중 300m 떨어진 지점에서 불상의 범인에게 경부압박에 의한 질식사한 것으로 결론이 났다. 당시 사체 주변에서 고무신 2짝, 양말, 보자기, 고추 비닐봉지 등이 발견되었다. 이에 경찰은 피해자 가족과 주변 인물, 변태 성욕자, 동일 수법 전과자, 공장 근무자 중 무단 결근자 등을 조사했을 뿐만 아니라 특별 호구조사 및 태안읍 주민들을 대상으로 특별 반상회를 개최하여 사진을 배포하고 목격자의 제보를 요청하는 등 전방위 수사를 진행하였으나 별다른 소득을 얻지 못했다. 동년 10월 10일 국과수로부터 회신된 내용은 경부압박으로 인한 질식사로 추정되나 시신의 부패로 사인을 단정하기 곤란하다는 소견이었다.

2차 사건은 1986년 10월 23일 14:50경 한 농부에 의해 태안읍 진안리의 어느 한 농수로 덮개 밑에서 25세 여자가 나체로 사망한 채 발견되었다. 피해자는 10월 20일 10시경 주거지에서 화성군 태안읍 송산리에 거주하는 수양어머니(무낭) 집으로 선을 보러 나갔다. 이후 같은 날 20시 30분경 귀가하기 위해 버스정류장으로 혼자 걸어가던 중 불상의 범인으로부터 흉기로 등과 허리를 1회 찔린 후, 그곳에서 80m 떨어진 들판 수로로 끌려가서 강간당한 후 살해 유기되었다. 1차 사건은 노령이고 강간 흔적이 남아 있지 않았으나, 젊은 여자가 강간 살해된 후 유기되어 주검으로 발견되자 경찰은 긴장하게 된다. 당시 수사팀은 1988년 3월과 4월에 발생한 2건의 강간미수 사건[4]을 토대로 용의자 인상착의를 신장 165cm, 호리호리한 체격, 경기도 말씨, 검정 옷을 입고 다니는 것으로 추정했다.

3차 사건은 1986년 12월 12일 21시 30분~23시 사이에 태안읍 안녕리 ○○ 기업 연료 창고 옆 축대 위에서 24세의 제과 판매원이 피살된 후 1987년 4월 23일 15시경 발견되었다. 피해자는 동거인과 1986년 12월 12일 19시경 수원시에서 헤어진 후 귀가하지 않아 가출 신고가 되었다.

---

4) 86년 4월 일자불상 19시경 태안읍 병점5리 331번지에서 강간하려던 범인의 칼날을 잡고 좌측 손가락을 깨물자 도주하였고, 86년 3월 일자불상 22시경 태안읍 병점5리 입구에서 갑자기 뒤에서 나타난 범인이 피해자의 손을 잡으며 한 손으로 입을 막고 칼로 피해자의 옆구리와 등 부분을 수회 가격하여 길옆 논으로 쓰러지자 양말을 벗기어 입을 틀어막고, 팬티는 벗겨 머리에 뒤집어씌워 앞을 보지 못하게 하고, 팬티스타킹은 찢어 손을 뒤로 묶고, 양발을 묶은 뒤 피해자를 떠메고 둑으로 가 발에 묶였던 것을 풀은 후 1회 강간하고 현금 105,000원을 갖고 도주하였다.

발견 당시 사체는 심하게 부패되어 정확한 사인은 알 수 없었으나, 팬티가 벗겨져 얼굴에 씌워졌고, 입에는 피해자의 거들을 벗겨 재갈을 물렸으며, 하체는 완전히 벗겨져 있었다. 당시 팬티에서 정액 양성반응이 나왔으나 혈액형 판독이 불가능했고, 피해자 시신이 131일 동안 유기되어 부패가 심해 경찰은 더 이상의 추가 단서를 발견하지 못하였다.

4차 사건은 1986년 12월 14일 21세의 여성 회사원이 수원에서 맞선남과 만난 후 21시 57분경 수원 장안동에서 정남행 버스를 타고 귀가하던 23시경 화성군 정남면 관항리 농수로에서 피살된 후 12월 21일 발견되었다. 당시 팬티는 뒤집어 입혀 있었고, 피해자는 스카프로 손목이 뒤로 묶였고, 피해자의 스타킹으로 목이 묶여 있었다. 현장에서 발견된 우산 손잡이에는 혈액이 묻어 있는 채로 휘어져 있었는데 범인이 우산 손잡이로 피해자의 음부를 난행한 것으로 추정되었다.

5차 사건은 1987년 1월 10일 20시 50분경 18세의 여고 3학년생이 수원에서 친구와 헤어진 후 버스를 타고 귀가하던 중 화성군 태안읍 횡계리 논으로 끌려가 강간당한 후 피살되어 1월 11일 13시에 발견되었다. 피해자는 브래지어로 손이 결박되어 있었고, 양말로 재갈을 물린 상태였다. 특이한 것은 범인이 피해자의 옷을 원상태로 입혀두었다는 점이었다.

6차 사건은 1987년 5월 2일 23시경 29세 여성이 태안읍 진안리에서 남편을 마중 나간다면서 우산 2개를 가지고 나간 후, 1987년 5월 9일

<현상금 수배전단과 현장의 모습>

피해자 집으로부터 150m 지점인 태안읍 진안1리 소재 소나무 더미 부근에서 미귀가자를 수색 중이던 경찰관에 의해 발견되었다. 6차 사건의 피해자도 바지는 원래대로 입혀져 있었지만 상체는 나체인 상태였다.

7차 사건은 1988년 9월 7일 20시 40분경 52세의 아주머니가 수원에 있는 아들 집에 들렀다가 시내버스를 타고 하차하여 귀가하던 중 화성군 팔탄면 가재3리 소하천 둑에서 70m가량 끌려가 살해된 후 9월 8일 09시경에 발견되었다. 이때 역시 피해자는 입에 손수건과 양말을 물리고 있었다. 당시 질 내에서 복숭아 조각 9개가 발견되었는데 이 부분이 영화 '살인의 추억'에 담기기도 하였다. 이 사건 이후 경찰에서는 현상금을 1,000만 원으로 상향하게 된다.

8차 사건은 1988년 9월 16일 02시경 13세의 여중생이 안방에서 가족들과 TV 시청 후 자신의 방에서 잠을 자던 중 방 문고리를 열고 침입하여 들어온 자에게 강간당한 후 살해된 사건으로, 경찰은 89년 7월 28일 22세의 범인을 검거하였다. 화성 연쇄살인사건 중 유일하게 범인이 검거된 사건이다. 검거 동기는 당시 13세의 여학생이 음모가 없던 상태였는데 방안에서 음모가 발견되어 이를 용의자와 대조하면서 범인을 검거하게 되었다.

9차 사건은 1990년 11월 15일 19시 30분경 14세의 여학생이 학교 공부를 마치고 17시경 친구와 헤어진 후 행방이 밝혀지지 않아 가족이 경찰에 신고하여 수색이 시작된 것으로, 피해자는 11월 16일 태안읍 병점 5리 소재 ○○ 석재 회사 공장 뒤 야산 7부 능선에서 팔과 다리가 결박된 채 시체로 발견되었다. 이때 피해자는 브래지어로 재갈을 물리고 블라우스로 목이 졸린 상태였는데, 양쪽 유방이 면도칼로 수차례 그어져 있었다. 질 내에서는 볼펜, 포크, 수저 등이 발견되었다. 당시 유력한 용의자로 19세의 공장 직원이 지목되었다. 용의자는 경찰 조사에서 범행을 자백하였고, 유류물에서 검출된 정액의 혈액형 B형과 동일한 혈액형, 유사 수법의 선행 범죄, 범행 시간 발생 전후 시간대 피의자가 현장 주변을 걸어가는 것을 보았다는 목격자 진술, 현장 인근 약 600m 지점에 거주하고 있어 지리감이 있었다는 등의 정황증거가 있었으나 결정적으로 직접 증거가 없었던 것으로 보인다. 당시 피의자 신문에서 조사관들은 증거를 찾기 위해 피의자에 대한 여러 차례 조사를 진행하게 된다. 질문 내용에는 자백하는데 물적 증거가 있느냐고 묻자, 용의자는 "자신이 죄책감이 들어 집에 와서 일기장을 썼다"라면서도 "일기장은 증거가 될 거 같아 다음날 자신의 앞마당에서 불태워 버렸다"라고 진술하고 있다. 또다시 조사관이 "사정 후 무엇으로 닦았느냐"라고 묻자 "자신의 손수건으로 닦았는데 이것도 장날 쓰레기통에 버렸다"고 진술하는 등으로 인해 수사팀도 증거를 찾지 못했다. 아니면 수사관들이 용의자에게 자백을 강요하고 별도의 증거를 만들어내기 위한 것이었는지는 알 길이 없다. 당시의 과학수사 능력은 정액을 채취하더라도 혈액형 정도만 판별 가능했고, 행위자를 특정할 정도는 아니었다. 행위자를 특정할 수 있는 기법인 DNA 수사 기법은 9차 사건에서 처음으로 등장한다. 당시 수사에 참여했거나 지서에서 근무했고 현재 정년을 얼마 남겨 두고 있지 않은 경찰관들의 이야기에 의하면, 우리나라에는 DNA 분석 기술이 없어서 일본으로 채취하여 보냈는데, 보존 방법 미숙으로 중간에 정액이 변질하여 정작 일본에서도 분석을 할 수 없었다고 한다.

10차 사건은 1991년 4월 3일 21시경 69세 노인이 수원에 사는 장녀 집에 갔다가 귀가하던 중 동탄면 반송리 야산 솔밭에서 스카프에 목이 졸려 살해되었다.

화성 연쇄살인사건을 간단하게 살펴보았다.

지금으로부터 30여 년 전의 일이지만 당시의 사건 서류를 보관하고 있는 경찰서의 장으로서 너무나 가슴 아프고 피해자분들과 가족분들께 심심한 사과와 위로의 말씀을 드리고 싶다. 필자도 수사과장, 지능팀장, 수사지원팀장, 당시 수사본부에 참여했던 궐동지구대장과 같이 현장을 가 보았다. 지금은 30년 전과 달리 레미콘공장이 들어서 있거나 고속도로가 지나가는 곳, 아파트·빌라로 변한 곳도 있지만 30년 전 그대로인

<화성 연쇄살인사건 현장의 현재>

곳도 있었다. 사건이 발생했던 지역은 주로 도로에서 마을로 이동하는 논이나 들판이었다.

　시골 여느 지역과 다르지 않은 전형적인 지역일 뿐 득별히 화성시억이 범죄에 취약한 지형을 가지고 있지는 않았다. 화성 사건은 총 10건으로 분류되지만 당시의 교통수단이나 도로 사정 등을 고려할 때, 태안읍 안녕리 인근에서 발생한 7개의 사건은 지리적인 측면에서 연쇄적인 양상을 보이나 나머지 3건은 아닌 것으로 보인다. 8차 사건은 장애인에 의해서 범행 된 것으로 엄격한 의미에서 연쇄적인 사건이라 보기 어렵고, 7차와 10차 사건은 팔탄, 동탄 지역에서 발생한 것으로 기존 사건발생지와 거리가 있어 연쇄 사건으로 보기는 어렵지 않을까 하는 생각이 든다. 다만 범죄 수법이나 범인이 피해자에게 남긴 가학적인 측면으로 봤을 때는 연쇄 사건의 가능성을 부정할 수도 없다. 아무튼 화성 연쇄살인사건은 경찰내부에서뿐만 아니라 민간에서도 범인 추정과 범죄심리 분석에 이르기까지 다양한 소문과 이야기를 낳았던 것으로 보인다.

　그렇다면 어떻게 이러한 연쇄 범죄가 가능했었을까?

　당시 화성군 태안읍은 여느 시골처럼 버스가 1시간에 1대 지나갈 정도로 한적했고, 밤이 되면 칠흑 같은 어둠만이 있고 마을로 가려면 논길을 가로질러 1~2킬로를 걸어가야 하는 환경이었다. 모든 사건이 야간에 발생했고, 범인은 칼을 등에 들이댄 후 양말을 입에 넣어 소리를 내지 못하도록 하고, 스타킹으로 손과 발을 묶었고, 팬티로 얼굴을 뒤집어씌워 피해자가 앞을 볼 수 없도록 한 후 범행이 이루어졌기 때문에 목격자가 없었을 것으로 추정된다. 이 때문에 범행의 대상이 될 수 있었다가 극적으로 피해를 모면한 사람들도 범인을 정확하게 볼 수 없었던 것 같다.

또한 오늘날과 같이 도처에 CCTV가 있어 범행의 흔적을 찾거나 추적의 단서를 제공하는 환경도 아니었고, 밤에 차량이나 사람들의 이동도 없는 시간대에 범인을 목격한다는 것도 쉽지 않은 상황이어서 연쇄 범행이 가능할 수 있었던 것으로 생각된다. 다만 연쇄살인 사건이 발생함에 따라 야간에 대규모로 경찰이 배치되고, 여학생을 둔 부모들이 오늘날 자가용으로 픽업하는 것처럼 경운기로 픽업을 하였음에도 추가적인 범행이 일어났다는 데 대해서는 당시 경찰로서도 매우 곤혹스럽고, 정치권이나 언론으로부터 심한 비판을 감수할 수밖에 없었을 것이다.

그리고 당시의 수사방식은 과학수사라기보다는 가학(加虐)수사, 즉 학대를 가하는 수사방식, 고문이 사용되던 시기였다. 사건 현장은 보존되기보다는 경찰지휘관이나 언론사 기자들이 짓밟고 가는 곳이었다. 증거물 채취도 피해자 유류물에 한정되었고, 정액을 확인하더라도 혈액형 정도만 확인되는 수준이었다. 또한 현장에서의 정확한 감식과 증거물 채취, 그리고 감정 결과에 따른 유용한 증거의 확보가 거의 없었다. 프로파일링(Profiling) 수사기법이나 제대로 된 과학수사도 정착되지 않았던 그 시절에는 그저 형사들의 사명감과 지구력에 의존한 탐문과 행적수사로 갈 수밖에 없었다. 해당 지역에 거주하거나 직장을 두고 있는 20대들은 거의 모두 용의선상에 올랐다. 먼저 피를 뽑고, 모발과 음모를 채취하고, 자술서를 써서 범행 시간대 알리바이를 스스로 입증해야 했다. 적시 않은 숫자가 경찰서 지하 보일러실을 다녀오면 고분고분해지면서 자술서를 쓰고 피의자신문조서를 작성하고 범행을 했다고 자백은 하지만 증거는 없는 상황이 재현되곤 했다. 조사를 받은 대상자 중에 진범이 있을 수도 있을 것이고 진범이 아닌 사람도 있을 것이나 일부는 자살을 선택하고, 병에 걸려 죽기도 하는 등 적지 않은 후유증을 남겼다.

유일하게 범인을 검거한 8차 사건을 수사하던 수사팀은 당시 사건 현장에서 채취한 음모에서 철분이 많이 함유되어있다는 것에 착안하여, 공업사에서 용접공으로 일하던 용접공으로부터 채취한 음모가 방사선 동위원소 측정 결과 동일한 것으로 판명되어 피의자를 검거하였고, 이 공로로 팀원 4명이 모두 1계급 특진하기도 하였다.

당시 수사간부들은 범죄 해결에 대한 심적 부담이 큰 상태에서 실마리를 찾지 못하자 답답한 마음에 무속인에게 범인을 잡을 수 있도록 도움을 청하기도 했다고 한다. 한 무속인이 3가지 동물을 키우고 있는 사람이 범인이라는 이야기를 했고, 이에 따라 경찰은 소와 닭, 개를 키우는 사람을 용의선상에 올려 탐문하기도 했다. 모 서장은 무속인이 경찰서 정문이 맞은편 마을로 가는 길과 일직선이어서 안 좋은 기운이 경찰서로 들어온다는 이야기를 듣고 경찰서 정문 위치를 3~4m 옮기기도 하였고, 수사간부 중 일부는 매월 1일과 15일에 굿을 하기도 했다. 피해자 집이나 시체 옆에서 잠을 자면 범인을 볼 수 있다는 무속인의 말을 듣고 형사들이 실제 피해자의 집에서 잠을 자기도 했으나 끝내 범인은 꿈에 나타나지 않았다고 한다. 당시는 그러한 시대였다.

또, 당시에는 오늘날처럼 핸드폰으로 문자나 영상을 주고받는 시대가 아니어서 아침과 저녁 회의 때 이외에는 직원들에게 수사 지시를 할 수 없는 체제였다. 따라서 현장에 나가 있는 형사들과의 연락 방법은 전무해서 수사본부의 지시나 신고제보에 대한 실시간적인 정보 공유는 불가능했다. 그런데 이것이 가능하게 되는 계기가 있었는데 동탄면 민간기동 순찰대장이 형사과 직원 1명에게 수사에 도움이 되었으면 하는 마음에서 당시 최신 통신 장비인 '삐삐5)'를 사주어서 수사본부는 지시사항이 있을 경우 이 직원에게 연락해서 수사본부로 연락을 하도록 하여 지시사항을 전달하곤 했다고 한다. 문제는 삐삐가 한 대밖에 없다 보니 쉬는 날에도 '삐삐'를 가지고 있던 형사에게만 연락이 몰려 쉬지도 못하는 것을 넘어 일상생활을 하지 못할 정도였다고 한다.

한때는 범인이 빨간 옷을 입은 여성만 골라 범행하였다는 소문이 돌기도 하였지만 4차 사건 피해자만 빨간 옷을 입었고, 나머지는 다른

---

5) 1980년대부터 90년대까지 널리 사용되어 무선 호출을 통한 호출 서비스를 사용할 수 있는 휴대용 무선통신 단말기를 말한다. 호출 알림 소리 때문에 삐삐(Beeper)라고도 불렀다.

색상의 옷을 입었다. 이러한 소문이 돌게 된 것은 당시 40대 남성이 다방 종업원에게 "빨간 옷을 입은 사람은 2일 이내 죽는다."라는 이야기를 한 것에서 기인하였다. 경찰이 제보를 받고 용의자에 대하여 수사를 진행하였으나 혐의점을 찾지는 못했다. 이후 범인을 유인 검거하기 위해 여경이나 주무관, 그리고 의경에게는 가발을 씌워 빨간 옷과 구두를 신게 한 뒤 범행을 할 만한 장소 부근을 돌아다니게 하고 형사 2명이 뒤에서 미행하기도 했다고 한다. 그런데 이 과정에서 여경과 주무관들이 돈 버는 것도 좋지만 무서워서 더 이상 못하겠다고 호소하여 중단되었다고 한다. 여경이나 주무관들도 무서웠겠지만 의경들 역시 차마 말은 못하고 무서웠을 것이다.

당시 경찰관들도 범죄예방 근무에 투입되어 한겨울에도 야간 거점근무를 하였는데, 직원들의 근무상태를 점검하던 모 서장은 근무자들과 악수할 때 손이 따뜻하면 주머니에 손을 넣고 제대로 근무를 하지 않았다고 질책을 하곤 했다. 이에 근무자들은 감독 순시가 올 때쯤이면 차가운 전봇대를 계속 만지고 있는 등 일부러 손을 차갑게 한 후에 서장을 맞이하여 격려를 받은 직원들도 있었다고 한다.

위에서 살펴보았듯이 경찰의 수사방식은 과학적이고 체계적인 것이 아니었다. 그렇다고 당시의 수사관들이 능력이 떨어지고 의지가 부족했던 것도 아니었다. 당시의 상황이 그러했다. 과학수사의 기반이 조성되어 있지 않고, 오늘날과 같은 첨단 범죄예방 장치들이 없었던 시기에 발생한 불행한 사건들이었다. 당시의 희생자들에게 다시 한 번 위로의 말씀을 드리고 싶다.

　이제 그로부터 30년이 지났다. 30년간 한국사회는 88올림픽, 2002월 드컵, 2018 평창 동계올림픽 등 대규모 행사를 개최하는 한편, 삼성과 현대 등 세계적 기업을 키워냄으로써 양적·질적으로 비약적인 발전을 이루었다. 또한 스마트폰 등 디지털 사회의 도래, CCTV 확충과 차량 블랙박스의 등장, 과학수사 기법의 발전, 프로파일러 등 범죄 전문가 채용은 범죄의 양상을 바꾸어 놓았다. 이제 대한민국에서 연쇄 범죄는 더 이상 존속하기 힘들어졌다. 연쇄 범죄는 범인이 범행에 자신감을 갖고, 경찰에 잡히지 않는다는 확신이 있을 때 가능한 것인데 이제는 CCTV와 차량 블랙박스를 통해 범인의 신원을 신속하게 확인하거나 이동 경로를 추적해 냄으로써 신속히 범인을 검거하는 시스템이 구축되어 있다. 최근에 떠올릴 수 있는 연쇄 범죄가 거의 없을 정도로 경찰의 수사력은 과거와는 비교가 되지 않을 정도로 발전했고, 전 세계적으로도 가장 뛰어난 수사능력을 갖추고 있다고 자부할 수 있다. 경찰이 화성 사건에서 피해자들에게 조금이나마 위안을 줄 수 있는 방법은 그 사건을 계기로 경찰이 과학수사 역량을 지속적으로 발전시키고, 이를 통해 증거에 의한 수사로 국민에게 신뢰받는 경찰이 되는 것이다. 다시 한 번 피해자분들과 그 가족분들에게 심심한 위로의 말씀을 드리고 후배 경찰관들도 이 사건을 다시 한 번 들여다보면서 반성과 함께 경찰이 어떤 방향으로 나아가야 할지를 고민해 주길 기대해 본다.

2. 삶과 죽음 그리고 경찰

생명의 탄생과 죽음은 경찰과 어떻게 관련될까? 삶이 시작되는 시점에서 경찰이 공식적으로 개입하지는 않는다. 그러나 종종 언론에 보도되는 것과 같이 위급한 산모가 도로에서 신고하거나 119가 교통체증으로 늦게 도착한다든지 하는 사정이 있을 때 주변에 있는 순찰차가 병원으로 빠르게 후송하거나, 길을 터주어 아이를 순산하게 돕는 경우가 있을 수 있다.

이와는 달리 산모가 임신 중에 낙태를 하는 경우는 범죄를 구성하여 경찰이 개입하게 된다. 낙태죄의 주된 보호법익은 태아의 생명이며, 부차적인 보호법익은 모체의 안전이다. 이와 관련하여 태아의 생명권과 여성의 자기결정권 중에 무엇이 우선시 되어야 하는가가 역사적으로 계속 논의되어 왔다. 낙태죄는 임신시기를 가리지 않고 처벌하고 있고, 예외적으로 모자보건법에서 의학적·우생학적 사유[6], 윤리적 사유[7]로 임신중절이 가능하지만 사유가 좁고, 낙태죄에 대한 처벌 사례가 거의 없어 끊임없이 헌법소원의 대상이 되었다.[8] 2019년 4월 11일 헌법재판소는

---

6) 기형이나 불구, 임산부 건강을 해칠 우려가 있는 경우 등
7) 강간 등의 범죄행위, 친·인척 간의 임신 등

낙태 처벌 조항이 여성의 자기결정권을 과도하게 침해해 헌법에 어긋난다는 헌법불합치 결정을 내리고 법적 공백 방지를 위해 2020년 12월 31일까지 현행법을 적용키로 하였다. 이로써 현행 낙태죄 규정의 위헌성은 일단락되었고, 태아의 생명권과 여성의 자기결정권이 균형을 이루는 지점에서 공론화를 통해 국민들이 수용할 수 있는 입법이 도출될 것으로 보인다.

생명이 탄생한 이후 수치심이나 양육이 어려운 이유로 영아를 살해하는 경우도 있다. 우리나라는 이를 영아살해죄[9]로 처벌한다. 영아살해죄는 사람을 죽이는 살인죄[10]에 비해 처벌 수위가 낮다. 사람을 죽였는데도 달리 취급하는 법 정책적인 이유는 우리나라의 아픈 역사와 관련이 있다. 6.25를 겪으면서 궁핍하거나 전쟁 통에 강간으로 원치 않던 출산이 문제 되던 시기에 만들어진 조항이었다. 그러나 시대 상황이 바뀌었고 자기방어능력이 전혀 없는 영아를 살해한다는 것은 비난 가능성이 더 크다는 점에서 2009년 영아살해죄 삭제 개정안을 마련하였으나 입법으로 연결되지는 못했다. 2019년 법무부에서 다시 영아살해죄 삭제를

---

8) 2019년 2월 14일 한국보건사회연구원에서 여성 1만 명을 대상으로 낙태 실태조사를 설문한 결과 한해 낙태는 5만여 건이며 여성의 75%는 낙태죄가 개정되어야 한다는 의견이었다. 입법론적으로는 임산부의 생명과 신체의 보호도 낙태죄의 부차적 보호이익이고 낙태죄의 현실적 실효성을 고려하고 비교법적으로 미국이나 독일의 경우 12주 내 낙태에 대하여 처벌하지 않고 있는 점을 감안할 때 12주 내지 10주 이내는 처벌하지 않는 방향으로의 개정이 논의되고 있다.
9) 형법 제251조, "직계존속이 치욕을 은폐하기 위하여 양육을 할 수 없음을 예상하거나 특히 참작할 만한 동기로 인하여 분만 중 또는 분만 직후의 영아를 살해한 때에는 10년 이하의 징역에 처한다."
10) 형법 제250조는 "사람을 살해한 자는 사형, 무기 또는 5년 이상의 징역에 처한다."라고 규정한다.

추진하고 있다.

영아살해죄는 필자에게 특별한 경험으로 남아있는 범죄다. 이름하여 '서래마을 영아 살해 사건[11]'이다. 2006년 7월 23일 서조구 서래마을에 사는 프랑스인 엔지니어 '꾸로조'는 냉동고에서 영아 시신 2구를 발견하고 방배경찰서에 신고하게 된다. 같은 달 24일에 경찰은 꾸로조와 영아들의 DNA를 국과수에 보내 분석을 의뢰하게 되고, 이틀 뒤인 26일 꾸로조는 프랑스로 출국하게 된다. 다시 이틀 뒤인 28일 꾸로조가 영아들의 친부이고 이어서 8월 7일 부인인 베로니크도 영아의 생모임이 확인되었다. 베로니크는 이미 프랑스로 휴가차 와있던 차여서 부부 둘 다 프랑스에 체류하고 있었다. 한국에는 냉동 영아가 있었고, 이 사건을 어떻게 수사할지에 대해서 각종 언론이 매일같이 소설 아닌 소설을 써대고 있었다. 당시 필자는 파리 한국대사관 경찰주재관으로 근무 중이었다. 꾸로조가 한국 경찰에 신고하고 영아의 친모가 베로니크라고 밝혀지기까지 15일 동안 한국 언론은 아이의 어머니가 누구일까 각종 추측을 소설에 가깝게 써댔다.[12] 범죄심리학자에게 물어보는 것은 기본이고 심지어는 점쟁이에게까지 물어보고 기사를 써대는 것을 보고 이해하기 힘들었다.

---

11) 2006년 한국과 프랑스를 떠들썩하게 했던 사건으로 프랑스인들이 많이 거주하는 서울시 서초구 서래마을에서 벌어진 영아 살해 유기 사건이다.
12) 당시 필리핀 가정부가 조사를 받기도 했고, 여중생으로 보이는 소녀를 목격한 적이 있다거나, 몰래 그 집에 들어갔다 나오는 백인 소녀를 봤다는 등 확인되지 않는 기사가 쏟아져 나왔다.

당시 필자가 파리에 있는 특파원들과 국내에 있는 한국 기자와 접촉하기 시작한 시점은 꾸로조가 한국에서 프랑스로 넘어온 이후부터였다. 특파원들로부터 거의 매일 전화가 왔다. 주로 프랑스에서는 어떻게 처벌되고 프랑스 경찰은 어떻게 대응하냐는 것이었다. 한국에서도 전화가 수없이 왔다. 왜 이리 한국 기자들이 이 사건에 관심을 가지고 있는지 이해가 되지 않았다. 당시 프랑스 언론은 사건이 한국 땅에서 단지 발생한 것밖에 없고 법익침해로 보면 프랑스인이 프랑스인을 죽인 사건으로 프랑스가 더 법익침해가 많음에도 불구하고 왜 이렇게 한국 미디어에서 관심을 갖는지 이해하지 못했고, 심지어 르몽드지는 미디어 학대라고 표현하기까지 했다.

꾸로조가 프랑스로 넘어오자 한국 언론은 꾸로조를 취재하려고 혈안이었다. 프랑스로 귀국한 꾸로조와 베로니크에 대하여 8월 10일 프랑스경찰은 참고인 조사 정도만 진행한 상태였는데, 꾸로조가 전화로 파리한국대사관에 출석하여 한국 경찰주재관인 필자에게 조사를 받겠다면서 연락처와 주소를 알려주고 답변을 달라고 했다. 필자는 한국 경찰청에 보고하였고, 당사자들이 한국에 입국하겠다고 하면 경찰주재관이 동행해서 한국으로 가겠다고 보고했다. 한국 경찰청의 답변을 기다리던중 꾸로조 부부는 8월 22일 기자회견을 열어 "한국 수사당국의 DNA분석 결과는 믿을 수 없다."며 한국행을 거부했다.

이로써 프랑스의 본격적인 수사가 진행되었고, 프랑스 언론에서도

<프랑스 언론이 꾸로조 부부를 인터뷰하는 모습>[13]

한국의 DNA 채취와 분석기술 수준이 어느 정도인가에 대하여 집중적
인 관심을 보였다. 프랑스의 대표적인 민방인 TF1, 피가로지와 꾸로조
가 살고 있는 루와르 지방지 기자 등으로부터 "내일 비행기 표를 끊어놨
다. 한국으로 가려고 하는데 어디를 어떻게 가야 할지 전혀 일정을 잡
지 못했는데, 빨리 한국과학수사연구소 방문을 주선해 달라."는 부탁
이 한국 특파원을 통해 들어왔다. 너무나 급박한 상황이어서 초기에
경찰청에서는 부정적이었지만 반대로 생각하면 우리나라 과학수사 수
준을 프랑스를 비롯한 유럽에 소개할 수 있는 좋은 기회가 될 수 있는 만
큼 적극적으로 대응해 줄 것을 요청했다. 한국 경찰에서도 전향적으로

---

13) LADEPECHE.fr, 2009.6.9.,

신속하게 일정을 잡아주었고, 시설과 분석시스템 현장을 본 기자들은 한국의 과학수사와 분석 기술 수준에 대하여 다시 인식하게 되었으며 이는 프랑스 전역에 방송되었다. 이후 9월 11일 한국 경찰은 한국 법무부, 프랑스 한국 대사관을 통해 프랑스 법무부에 수사자료 등을 번역해서 보내게 된다. 9월 28일 영아 DNA를 프랑스로 보내고, 10월 10일 프랑스에서 자체 DNA 검사를 통해 친자임을 확인하고, 베로니크를 긴급 체포하게 된다. 추가적인 조사를 통해 한국으로 가기 전 옛 프랑스 주택에서도 2명의 영아를 살해했다는 진술을 확보하여 포클레인을 동원해 발굴했으나 시체를 찾아내지는 못했다. 그리고 이듬해인 2007년 2월 13일 프랑스 수사 판사와 경찰관 2명이 한국 범죄 현장을 방문하고 수사 정보를 교환하고 냉동 영아를 인수하여 가게 된다. 재판에서 베로니크는 8년 형을 선고받고 4년을 복역하다 가석방되었다.

당시 프랑스 경찰에서도 과연 남편이 부인의 임신 사실을 몰랐을까? 그것도 네 번씩이나 말이 안 된다는 것이 내가 만나본 프랑스 경찰의 일반적인 반응이었다. 그럼에도 프랑스 당국은 남편 꾸로조에 대해서는 심리학자, 정신과 의사 등 전문가와의 면담을 통해 부인의 임신 사실을 몰랐다고 결론 내렸다. 부인 베로니크는 임신거부증[14]으로 인해 자궁의 성장

---

14) 임신거부증은 임신을 극도로 거부하는 경우에 생기게 되는 증상으로 원치 않는 임신을 한 여성이 자신을 보호하기 위해 임신 사실 자체를 부정하는 것을 말한다. 임신거부증에 걸리게 되면 임신을 한 지 모르고 월경이 계속되는 경우도 있고, 배도 일반 산모처럼 크게 나오지 않고 자궁이 길어지면서 태아가 자란다고 한다.

방향이 달라질 수 있고, 몸이 둥근 체형이어서, 베로니크의 친구들도 몰랐다는 것을 이유로 들었다. 이러한 결론에 이르게 된 것에 대하여 꾸로조가 초등생 자녀 2명이 있는 상황에서 부모가 다 수감되면 아이 양육에 대한 문제도 있어서 정책적으로 결정한 게 아니냐 하는 이야기도 있었다.

어쨌든 부인 베로니크는 임신거부증이라는 심각한 정신질환을 앓고 있었다. 당시 프랑스 수사진이 보여준 베로니크에 대한 수사 방법은 필자에게 깊은 인상을 남겼다. 수사 초기 프랑스 경찰은 바로 조사에 들어가지 않았다. 베로니크에게 "베로니크 이제 마음을 누르고 있던 무거운 돌을 내려놓아라.", 그리고 베로니크가 태어나고 부모와 같이 자라고, 유치원에 가고, 친구들과 같이 놀고 선생님을 보며 배우고, 다시 초등학교로, 중학교로, 고등학교로, 대학교로 직업을 갖고 결혼을 하고 아이를 갖고, 낳고 키우는 이야기를 수사관이 같이 이끌어가면서 베로니크는 눈물을 흘리면서 자기의 과거를 이야기했다고 한다. 요즈음 우리나라도 이런 기법을 전문심리학자를 채용해서 진행하지만 2006년 당시만 해도 우리는 그런 개념을 가지고 있지 않았다. 피의자에 대한 조사단계에서 심리학과 정신병리학적 지식이 같이 들어가고 질문도 이런 전문지식을 교육받은 수사관이 하도록 폭넓은 교육이 이루어져야 할 것이다. 지금은 극히 제한된 성폭력 범죄나 정신병에만 실시되고 있는데 확대하여 경찰서에 전문심리학자 1명 정도는 상주해서 피의자뿐만 아니라 피해자 그리고 현장에서 트라우마를 겪고 있는 경찰관에 대한 지원이 이루어지도록 해야 할 것이다.

또 하나의 쟁점은 프랑스의 영아살해죄는 일반 살인죄에 비해 가중사유로 무기징역으로 처벌되고, 우리의 경우 감경 사유로 10년 이하의 징역으로 처벌되는 상반된 모습을 보인다는 것이다. 당시 필자의 상식으로는 법정형이 낮은 한국에서 이들이 조사를 받을 것으로 예상했다. 그러나 이들의 변호사인 모랭이 한국의 인권 수준이 낮다고 설득하면서 꾸로조 부부는 한국행을 포기했다. 법정형은 프랑스가 높지만 수사 단계에서의 심리적인 수사기법이나, 합리적인 수사에 대한 언론이나 여론의 이해도를 감안한다면 결과적으로 프랑스에서 조사를 받는 것이 이들에게 잘 된 결과인지도 모르겠다는 생각이 든다.

다음은 한국 언론의 태도에 대해서 살펴보자. 필자가 생각건대 당시 '서래마을 영아 사건'은 매일같이 전 국민이 관심을 가질 정도의 사안도 아니고, 자국민이 피해를 입은 것도 아니었기 때문에 한국 언론의 과도한 취재 경쟁은 당시나 지금이나 이해하기 어렵다. 이런 식의 과도한 관심과 보도가 과연 무슨 실익이 있을까 싶다. 필자는 꾸로조가 대사관에서 조사를 받겠다는 의향을 밝힌 적이 있어 이를 한국 경찰청에 보고했는데 심지어 이들의 주소가 일부 언론에 노출되기도 하였다. 일부 언론은 다시 파리 특파원들에게 전달했고 갑자기 들이닥친 한국 기자들을 피해 꾸로조 부부는 다른 곳으로 피신했다. 이들이 무슨 생각을 했을지 상상하기 어렵지 않다. 이들이 한국으로 가지 않은 원인 중에 하나도 이런 언론의 과잉 취재 열기가 한몫했다고 필자는 추측한다. 꾸로조의 주소를 알고 있는 언론과 모르는 언론 간에 보이지 않는 경쟁이 있었고, 언론사마다 정보를 차별해서 준다며 경찰주재관인 필자에게 항의하는 기사노 있었다.

다음은 한국법무부와 외교부의 국제공조와 관련해서다. 국제공조는 결국 양국의 법무부가 담당한다. 당시 한국 법무부는 수사주권을 포기한다는 인상을 주지 않기 위해 한국에서 냉동 영아를 프랑스로 보내주는 대신에 한국이 필요로 하면 프랑스 관계 당국이 언제든지 한국 법무부와 경찰에 수사주권을 넘겨준다는 조건을 받아들여야 냉동 영아를 보내 줄 수 있다는 전문을 보냈다. 당시 경찰주재관으로서 이 서류를 프랑스 법무부에 보내야 하는 입장이었는데 국제상호주의에 부합하지 않는 문구라서 많이 고민했던 기억이 난다. 품격 있는 대국이 되려면 보편성과 상호주의 원칙에 따라 상호 존중하고 협력해나가면 된다. 당시 국내 언론이나 여론을 너무 의식해서 불필요한 문구를 국가와 국가 간 문서에 넣은 것은 적절하지 않았다는 생각이 든다.

다음으로 사람의 죽음 단계다. 사망은 경찰이 개입하는 전형적인 순간이다. 112신고에서 종종 접하는 것이 죽음인데, 죽음은 다시 원인이 밝혀진 사망과 원인이 밝혀지지 않은 사망이 있다. 원인이 밝혀진 사망은 병사나 자연사, 그리고 타살에 의한 경우가 해당한다. 사망의 경우 경찰은 이러한 유형을 확인하고 마무리한다. 여기서 잠시 경찰에게 사람이 죽었다고 신고가 들어오는 경우 어떻게 경찰이 작동하는지 알아보기로 한다. 보통 사망자가 연락이 안 되거나 또는 월세를 내지 않는 경우 친척이나 집주인이 주거지를 방문하였더니 문이 잠겨있는 경우 신고를 하게 된다. 신고를 받은 경찰이나 소방에서 출동하게 되는데 문이 잠겨있으면 소방의 협조를 받아 강제로 문을 개방하여 들어가게 된다. 집 안으로 들어가 사체를 확인하게 되는데 최초 도착한 지구대 경찰관이 현장을 확인하고, 유서 여부, 사체 상태 등 외관으로 보았을 때 타살 정황이 있는지를 확인하고, 필요시 폴리스라인을 설치하여 현장을 보존한다. 타살 정황이 있을 경우 형사 전원을 소집하여 신속하게 수사로 전환하고, 과학수사팀과 강력계 형사가 현장에서 지문, 족적, DNA 채취, 기타 침입 흔적 등 1차 증거 수집을 하게 된다.

그리고 경찰 소속 검시관[15]과 경찰이 현장에서 사체에 대한 육안 관찰을 통해 보고서를 작성하고, 경찰에 제공하여 경찰의 1차 수사 판단을 도와주게 된다. 아울러 사망이 범죄로 인한 것인지를 판단하기 위하여 의사의 검시를 받으며, 검시 결과 의사는 사망진단서에 사망의 원인을 기재한다. 사망이 원인불상으로 나오는 경우 국과수에서 부검을 통해 사망의 원인을 밝히게 된다. 이는 수사의 방향을 결정하는 데 있어 매우

---

15) 경찰청 소속의 일반직 공무원으로서 간호사, 임상병리사 자격증 소지자가 사망자가 발생했을 경우 경찰과 같이 눈으로 직접 보고 질환성 여부나 시반(사람이 사망 시 혈액이 중력의 작용으로 몸의 아랫부분에 있는 모세혈관으로 침강하여 그 부분의 외표피층이 착색되는 현상)의 색깔 등을 통해 보다 전문적인 수사자료를 제공하게 된다.

중요한 단서가 된다. 한편 전원 소집된 강력계 형사들은 역할분담을 하게 된다. 현장에 출동했던 형사들은 서류 정리와 데스크 임무[16]를 맡게 되며, 나머지 형사들은 연고지나 은신처, 이동 경로 등 피의자 추적에 전념하게 된다. 가장 어려운 분야가 피의자를 추적하여 검거하는 것이나. 이것이 해결되면 수사는 거의 마무리된다. 이러한 분야가 경찰에게 필요하고 발전되어야 하며, 현재 디지털 추적 기법[17] 등 많은 기법이 개발되어 있다.

타살 정황이 발견되지 않은 경우에는 검시관의 보고서와 의사의 사망진단서를 토대로 유족에게 인계하거나 필요시 부검을 통해 사인을 밝히고 유족에게 인계하게 된다. 결국 경찰은 생명의 탄생과 죽음에 이르기까지 좋은 일로 개입하지는 않는다. 다만 생로병사는 누구에게나 다가오는 일이고 돌이켜보면 일상적인 것이다. 그중에서 사(死) 단계에 개입하여 억울한 죽음이 없도록 많은 경찰관들이 이 시간에도 망자와 대면하고 있다.

---

16) 피의자 추적을 위한 영장을 발부받아 위치추적을 하고 그 결과를 현장에 있는 형사들에게 연락하고 취합, 조정하는 역할을 하게 된다.
17) 기지국 실시간 추적, 게임이나 포털 등 실시간 자료, 건강보험공단 수진자 자료, 신용카드 자료, 휴대폰 개통자료 등 적지 않은 디지털 기법이 활용되고 있다. 물론 법관의 영장을 요구하는 사안들이다.

3. 과학과 경찰은 언제 어떻게 만날까?

경찰과 과학은 어떤 관계에 있을까? 보통 과학[18] 하면 체계적이고 정밀하다는 느낌이 강하고, 경찰은 뭔가 이와는 거리가 멀 것 같은 인상을 주지만 경찰과 과학은 깊은 관계에 있다. 과학 자체가 우리의 일상생활에서 벌어지는 현상들을 논리와 이론을 통해 설명하는 학문이고, 경찰은 그 일상생활에서 벌어지는 일들을 취급하기 때문이다. 국가는 생존과 번영을 기본목표로 한다. 생존을 담당하는 여러 기능이 있지만 대표적인 것이 경찰과 군이다. 경찰은 생존의 영역에 있어서 질서유지를 담당한다. 이를 위해서 법률에 기초하여 활동하는데, 따라서 법률 특히 형사법과 행정법에 대한 깊은 이해를 필요로 한다. 법률만 안다고 해결되는 것은 아니다. 법률만 알고도 할 수 있는 조직은 검사와 판사다. 경찰은 법률뿐만 아니라 범죄를 예방하고, 범죄가 발생하였을 때 범인을 찾고 증거를 수집할 수 있는 지식이 필요하다. 또한 교통의 발달로 적시에 교통정보를 제공함으로써 교통흐름을 조절하고 교통질서를 유지할 수 있는 지식도 필요하다. 여기서는 과학이 대표적으로 적용되는 증거 수집과 분석·감정[19]을 담당하는 과학수사에 대하여 알아보기로 한다.

---

18) 여기서 말하는 과학은 주로 의학, 생물학, 화학, 물리학, 생화학 등 자연과학을 말하며 때로는 심리학이나 논리학 등 사회과학도 포함되지만 법학 등은 제외되는 개념이다.
19) 경찰은 증거를 찾는 것을 주된 목적으로 하고 수집된 증거의 가치인 전문적인 감정은 국립과학연구원에서 전문가인 의사나 박사급 전문가들에 의해서 행해진다.

과거 경찰은 감식이라는 용어를 사용했으나, 1999년부터 과학수사 (Forensic Science)라는 명칭을 사용하고 있다. 정확하게는 과학적 지식이나 기법을 이용한 증거의 수집이라 할 수 있다. 수집된 증거는 별도의 해석이나 판단 없이도 가능한 것이라면 바로 법정에 제출되어 법관이 증거로 삼을 수 있도록 하겠지만, DNA나 혈액검사를 통한 마약 잔류량, 변사체의 사인을 밝히기 위한 부검 같은 것은 직접 눈으로 확인할 수 없는 것이기 때문에 전문적인 지식을 습득하고 자격이 검증된 사람에 의해 분석되고 판단되어야 한다. 이것을 감정이라고 하며, 이는 국립과학수사연구원[20]에서 담당하고 있다.

경찰에서도 과학수사를 위해 적지 않은 조직[21]을 가지고 있고, 확대 추세에 있다. 경찰청에 과학수사관리관을 직제로 두어 총괄하고 그 밑에 과학수사담당관, 범죄분석담당관을 두고 있다. 과학수사담당관실에서는 과학수사에 대한 총괄 및 기획, 국과수나 타 기관과의 협력, 새로운 기법과 장비 개발 업무를 한다. 범죄분석담당관실에서는 프로파일링, 중요 사건 현장지원, 범죄경력 등 자료관리, 지문, 족윤적, 영상분석, 거짓말탐지기, 얼굴인식, 문서감정 업무를 하고 각 지방청에 과학수사계를 설치·운영하고 82개의 광역과학수사팀을 운영하고 있다. 이들이 전국

---

20) 국립과학수사연구원은 행정안전부 소속으로 2부 5과 1센터, 5지방 연구소로 조직되어 418명이 근무하고 있으며, 내부조직으로 법유전자과, 법독성학과, 법화학과, 법안전과, 디지털분석과, 교통사고분석과, 법심리과, 중앙법의학센터가 있으며 서울, 부산, 대구, 광주, 대전 등에 과학수사연구 분원이 있다.
21) 전국에 1,481명이 활동하고 있으며, 이중 거짓말탐지기검사관 42명, 검시조사관 106명, 지문입력·감정·관리 216명, 범죄분석요원 34명, 현장과학수사요원 1,083명이다.

각지에서 발생하는 범죄에 대한 증거를 수집·분석하며, 전문적인 분석이나 판단이 필요한 것은 국과수로 보내게 된다. 사회적으로 이목을 집중시키거나 대형 사건의 경우 경찰과학수사팀과 국과수가 합동하여 증거를 수집하고 바로 감정하는 절차로 넘어가기도 한다. 위에서는 경찰만 살펴보았지만 우리나라의 범죄수사기관은 경찰뿐만 아니라 검찰, 국방부[22] 헌병도 있기 때문에 이들 기관도 별도의 증거 수집을 위한 기구를 설치 운영하고 있다.[23]

우리나라 과학수사의 역사는 18세기 조선 영조 때 법의학서인 '증수무원록(增修無冤錄)'에 기록되어 있다. 이 지침서는 1341년 중국 원나라 때 왕여가 지은 '무원록(無冤錄)[24]'을 개정·보완한 것인데 우리나라에 처음 도입된 것은 15세기 세종시기 '신주무원록(新註無冤錄)'이고 이를 보완한 것이 증수무원록이다. 지침서에는 익사체의 입과 코에서 흰 거품이 나오지 않으면 물에 빠지기 전에 이미 죽은 것으로 보거나[25], 시신의 목구멍이나 항문에 은비녀를 넣었다가 꺼내 검은색으로 변하면 독살로[26], 살인에 사용된 흉기로 의심될 경우 식초를 묻혀 혈흔 흔적을 확인[27]하도록 하고 있다.

---

22) 국방부도 국방과학연구소를 두고 있고 그 밑에 감정기획과, 법의학과, 유전자과, 법심리과, 총기폭발물과, 문서영상지문과, 약독물화학과 등을 두고 있다. 군 범죄의 특수성을 고려한 조직이라 할 수 있다.

23) 검찰은 대검찰청 과학수사부를 두고, 그 밑에 법과학 연구소, 법과학 분석과(문서감정, 심리분석, 화재수사, 멀티미디어 분석), DNA 화학분석과, 컴퓨터, 모바일 포렌식, 통신수사지원 등의 조직과 기능을 두고 있다. 이는 세계에 유례를 찾아볼 수 없는 검찰조직이고, 스스로 경찰조직이라는 것을 나타내는 것이라 할 수 있다. 국가 전체적으로도 집행조직인 경찰에 있는 기구와 조직을 이용하면 되는 것인데 예산이 중복 지출되는 낭비적인 요소가 아니라 할 수 없다.

<KCSI, 과학수사 요원의 활동 모습>

과학수사요원이 지문 발견을 위해 암실에서 광원을 비춰보고 있다.

　서양에서도 일찍이 과학수사를 활용하였다. 1561년 프랑스의 Ambroise Paré가 『인체 일반해부학』을 출간하여 외력에 의한 내부 조직 손상에 대한 연구를 발표하면서 범죄수사에 법의학을 활용하기 시작하였고, 1832년 영국의 James Marsh가 조부의 비소중독에 의한 사망사건에서 사망자의 샘플조직에 대한 비소검출법을 실험을 통해 입증함으로써 범죄수사에 활용하게 되었으며, 1892년 영국의 Francis Galton은 지문의 특성과 범죄자에 대한 개인 식별을 범죄에 활용하게

24) 한자 뜻 그대로 억울함이 없도록 하기 위한 지침서였다.
25) 익사한 사람은 기관지에 남은 공기와 점액이 호흡한 물과 섞여 흰 거품으로 배출되기 때문이다.
26) 은비녀의 '은(Ag)' 성분과 독약 성분 '비소(As) 또는 황(S) 성분이 반응 시 검게 변한다.
27) 핏속의 철(Fe) 이온과 식초의 티오시안산(Thiocyanic acid)이 반응하여 붉은색 침전물을 형성한다.

하는 『Finger Prints』를 출간하였다. 1984년에는 영국의 Jeffreys가 개인마다 독특한 DNA 패턴이 있다는 사실을 발견하고 이후 DNA 정보가 범죄수사에 활용 되었다. 서양의 과학수사 발전사를 보면 알 수 있듯이 대부분 영국에서 출발하고 있다. 이는 수사제도와 깊은 관련이 있다고 볼 수 있다. 대륙법계에서는 주로 판사가 수사와 재판, 기소를 행하면서 자백 위주로 진행이 되었음에 반해[28] 영미법계인 영국에서는 주로 당사자주의에 입각하여 당사자 진술과 증거에 의한 재판으로 진행되다 보니 자연스럽게 영국에서 과학수사에 대한 필요가 더 강했을 것으로 보인다. 지금도 우리나라에서 사용하거나 추가적으로 도입을 검토하고 있는 과학수사 장비는 주로 미국 것이 많은 것도 같은 맥락으로 이해될 수 있을 것이다.

　다음은 현장에서 사용되는 과학수사기법에 대해서 알아보자. 과학수사에서 가장 기본적이면서 대표적인 것은 지문이다. 왜냐하면 모든 지문은 유일하고 변하지 않기 때문이다. 우리나라 모든 국민들은 만 17세 이상이 되면 주민등록증을 만들 때 지문을 등록하기 때문에 현장에서 채취된 지문과 대조할 수 있어 매우 유용하게 수사의 단서로 활용된다. 범죄현장에서 과학수사요원들은 육안으로 볼 수 없는 지문도 특정 시약을 사용하거나 빛의 주파수를 활용한 광원 장비를 사용하여 채취하며, 이렇게

---

28) 물론 프랑스 혁명 이후 수사, 기소, 재판, 심지어는 형의 집행까지 분리시키고 있지만 기본적인 사고의 맥락은 국가가 행한다는 인식이 강하다.

<광원 장비>

(출처 : 부산청 과학수사계 정창규 경위)

채취된 지문은 경찰 AFIS[29]를 통해 비교·분석되어 신원을 확인할 수
있게 된다. 지문에 관해서는 관심이 높아 몇 가지 알아보고자 한다.

우선 지문을 분류하는 방법은 다양하지만, 만들어지는 방법에 따라
서 현재지문, 인상지문, 잠재지문으로 구분될 수 있다. 우선 현재지문은
손가락으로 끈적끈적한 것을 만진 후 다른 물건을 만질 때 찍히는 것으로
눈으로도 쉽게 관찰이 가능하다. 다음 인상지문은 물렁물렁한 물체를
만질 때 손의 지문이 눌려 만들어진 것인데, 예를 들어 찰흙을 빚을 때

---

29) AFIS는 Automated Fingerprint Identification System의 약자로, 주민등록 발급 신청서나 수자자료표 등
지문원지에 있는 지문이미지와 정보를 컴퓨터에 저장하여 데이터베이스로 관리하고, 범죄현장 유류지문·신원불상
자·인적도용자·변사자의 신원확인 등 수사업무를 목적으로 개발된 시스템이다.

지문이 찰흙에 남는 것을 볼 수 있다. 마지막으로 잠재지문이란, 눈으로 직접 관찰하기 어려운 경우를 말하는데 지문과 관련된 과학수사 기법은 잠재지문과 관련해서 특히 빛을 발한다. 보통 현장에서 눈에 보이는 현재지문은 광원을 사용하여 사광 또는 직광을 비추어 지문의 가시성을 확보하여 사진 촬영한 뒤에 전사지를 활용하여 지문을 채취한다.

그러나 잠재지문은 우선 눈에 잘 보이지 않기 때문에 화학분말, 형광염료 등을 사용하여 채취할 필요가 있다. 일반적으로 매끄러운 표면에 남은 지문은 고체법을 활용하고, 종이류에 남은 지문은 액체법이나 기체법을 사용하곤 한다. 고체법은 앞서 말한 화학분말이나 형광염료를 말하며 지문이 묻은 물체의 색깔과 대비되는 색상의 가루를 선택해서

<지폐를 닌히드린 용액에 담근 후 건조시켜 현출된 테스트 지문>

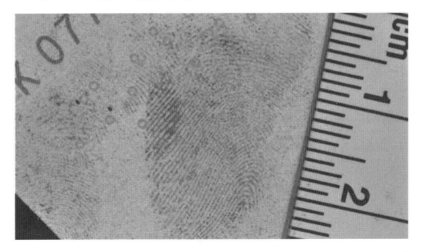

(출처 : 부산청 과학수사계 정창규 경위)

붓이나 자석봉 등을 활용해 도포한다. 지문이 잘 보이지 않을 때 형광 분말을 뿌린 후 특정한 광원을 비추면 지문이 선명하게 나타난다. 액체법은 가장 대표적으로 수표나 편지지 같은 종이에 유류된 지문에 활용되는데 닌히드린 등과 같은 시약을 뿌리고 건조시키면 보라색 지문이 현출된다. 기체법에는 요오드를 활용한 방법이 있는데, 요오드를 가열하여 기체화시키고 이 증기에 종이류 등을 대면 지문이 다갈색으로 현출된다. 그러나 요오드는 물체를 부식시키는 성질이 있어 주의가 요구되고, 본드를 활용한 CA 훈증기법(Cyanoacrylate, 순간접착제의 주성분)의 경우 유독물질을 발생시킬 수 있어 취급에 상당한 전문성이 요구된다. 따라서 지문채취는 단 하나의 방법에 의존하는 것이 아니라 지문을 채취할 대상의 다양한 특성과 조건을 고려해야 하는 것으로 지문 멸실이나 위험 발생에 최소한의 영향을 줄 수 있는 방법을 순차적으로 또는 복합적으로 동원해가면서 얻어내는 고난도의 작업이다.

다음으로 DNA 채취다. 2010년 7월 26일 DNA 신원확인정보의 이용 및 보호에 관한 법률에 의해 살인, 성폭력사범, 강도, 마약 등 11개 범죄에 대하여 채취한 DNA 정보를 검찰에서 총괄하여 범죄자 DNA 은행을 구축·운영하고 있다. 범죄현장에서 채취된 DNA를 범죄자 DNA 은행 자료와 대조함으로써 전과자의 것인지 확인이 가능하며, 일치하는 것이 없는 경우 용의자나 피의자 DNA와 대조를 통해 확인 절차를 밟게 된다. 일반적으로 DNA 감정시료로는 혈흔, 타액, 정액, 모발, 뼈 등이 있다.

<플라스틱 컵에 묻은 타액을 채취하는 장면>

지문의 불일치율은 10억 분에서 640억 분의 1로 일란성 쌍둥이도 구별하며, DNA 불일치율은 약 60억 분의 1에 불과하다. 때문에 DNA 채취를 통한 증거자료는 범인을 특정하고 검거하기 위한 효율적인 수단이 된다. 특히 경찰에서는 구속된 피의자로부터 구강·상피세포를 채취하고 이를 통해 피의자가 과거 다른 범죄 현장에서 남긴 DNA 단서와 비교하여 일치 여부를 확인 후 여죄를 입증할 수 있다. 덕분에 과거 미궁에 빠졌던 미제 사건이 손쉽게 해결되기도 한다. 최근에는 성폭력 사건에서 DNA 채취가 특히 강조되고 있다. 이는 강제추행이나 강간 과정에서 범인이 남긴 타액이나 체모 등에서 범인을 특정할 단서를 확보할 가능성이 있기 때문이다.

다음으로 족·윤적에 대해 알아보자. 경찰에서는 정기 또는 수시로 족·윤적의 대조자료로 활용할 수 있는 신발 등의 자료를 모아 데이터베이스를 구축하고 있다. 이후 특정 사건 발생 시 신발이나 타이어에 의해 만들어진 족·윤적을 현장에서 수집하여 경찰에서 확보한 운동화, 구두, 캐주얼화, 안전화, 샌들, 타이어 등의 데이터베이스와 대조하여 제조사나 메이커를 확인함으로써 용의자 등이 범행 당시 착용하고 있던 신발을 확인할 수 있게 되는 것이다. 족·윤적은 지문이나 DNA와는 달리 범인을 직접적으로 특정할 수 있는 단서는 되지 못한다. 그러나 용의자의 범위를 상당히 축소하거나 용의자가 해당 신발을 얻기 위해서 들렀던 연고지를 확인함으로써 수사의 단서를 얻거나 동일범에 의한 범행 여부를 확인하는 데 활용될 수 있다.

<눈 속에 흑색 분말을 도포하여 선명도를 높인 족적>

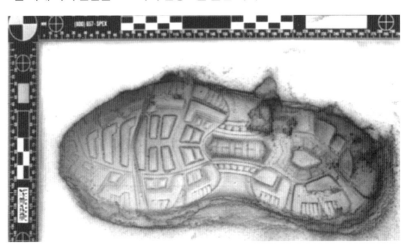

다음은 수법 데이터베이스 구축이 있다. 사람마다 습관이 다르듯이 범죄를 저지르는 사람도 일정한 범행 수법을 활용하는 경향이 있다. 그리고 이것은 쉽게 바뀌지 않는다. 이러한 점에 착안하여 범죄의 수법뿐만 아니라 범인의 인상착의, 연고 등 수법 자료를 데이터베이스화하여 범죄 현장에서 발견된 수법 단서와 '키워드' 검색 대조를 통해 범인을 특정할 수 있는 기법이다. 예를 들어 공단지역에서 금고 절도 사건이 발생하였을 경우 데이터베이스에 '공장', '금고' 단어와 유사 수법을 넣으면 과거 발생하였던 사건의 범인과의 비교를 통해 용의자 범위가 축소되어 수사에 속도가 붙을 수 있다. 물론 이러한 수사기법은 절대적으로 신뢰할 수 있는 것은 아니고 범죄 수사의 효율성을 높이고, 수사가 난항에 봉착했을 때 일정한 방향을 제시해 줌으로써 해결의 실마리를 부여할 수 있다는 데 의미가 있다.

　다음으로 몽타주[30] 기법이 있다. 우리나라는 1950년도에 스케칭(Sketching)이 시작되었고 1999년에 11,000여 가지의 한국인 얼굴 형태와 특징에 대한 데이터베이스를 구축한 몽타주 프로그램을 도입하였다. 그간의 몽타주는 피해자의 진술을 토대로 작성되고, 주로 피의자 수배 전단을 뿌림으로 인해 '누군가가 나를 알아볼 수 있다.'는 심리적 압박을 주어 자수를 유도하는 차원이었다면, 최근에는 나이 변환, 액세서리

---

30) 몽타주는 프랑스어 monter에서 나온 말로 여러 가지 요소를 조합하거나 조립하여 사용할 수 있게 한다는 뜻이다.

합성 기술을 적용한 3D 몽타주 시스템을 활용하여 실제 얼굴에 가까운 몽타주를 작성하고 있어 수배 전단이 뿌려지는 경우 일반인의 신고에 의한 검거 쪽으로 방향이 전환되고 있다.

다음은 거짓말탐지기다. 일반인에게 가장 널리 알려진 기법인데 분석 기기 명칭을 따서 '폴리그래프 검사'라고도 한다. 질문과 답변 시 이전의 평온한 상태와 다른 모양의 그래프가 나타나는 경우를 탐지하여 거짓 여부를 확인하는 방법이다. 흉·복부(호흡), 손가락(피부 전도도), 팔(심장박동수, 혈압) 등에 검사 장비를 부착하여 측정한다. 명백한 물증이 없고, 가해자와 피해자 진술만 있는 경우 수사관이 누구의 말을 신뢰할 수 있는지를 확인하는 방법으로도 활용된다. 다만 법원에서는 증거능력을

<폴리그래프 검사는 정확하다?[31]>

최근 검찰에서는 우리나라 폴리그래프 검사의 정확성에 대한 연구를 실시하였는데, 그 결과를 살펴보면 폴리그래프 검사 결과와 법원 최종판결 일치도가 83.6%였으며, 특히 폴리그래프 검사 결과가 거짓으로 판정되었을 때의 일치도는 90.8%로 나타났다. 종합해 보면, 폴리그래프 검사는 대략 90% 이상의 정확성으로 거짓을 말하는 사람과 진실을 말하는 사람을 구별할 수 있는 것으로 볼 수 있다. 중요한 것은 폴리그래프 검사 정확성이 90%이긴 하나 나머지 10%의 오류 가능성을 간과해서는 안 된다.

31) 2018 치안정책 연구 제32권 제2호, 박희정, '폴리그래프 검사에 대한 인식과 오해' 51-52p,

인정하지 않고, 검사를 강제할 방법도 없다. 당사자의 동의를 전제로 시행되는데, 변호사가 개입되는 경우 검사를 받지 말라는 조언을 많이 받아 검사를 거부하는 경우가 많다. 또한 국정원 등에서 탈북민에 대하여 간첩으로 입국하였는지 아니면 진정한 북한 이탈 주민인지를 확인하는 데도 활용된다는 이야기도 있다.

다음은 뇌파검사가 있다. 이는 여러 자극을 시각·청각적으로 제시할 때 나타나는 뇌파를 측정·분석하는 방법으로, 이미 기억하고 있는 정보가 입력될 때 뇌 전두엽에서 P300이라는 특정 형태의 뇌파가 발생하는 것을 보고 판단한다. 이는 거짓말탐지기와 같이 직접적인 증거가 없는 경우 진술의 진위 여부를 파악하는 데 이용되고 역시 당사자의 동의가 전제되어야 한다. 하지만 아직까지 국내 수사기관에서 일반화된 수사기법은 아니다. 또 다른 특별한 기법 중에 바이브라 이미지 검사가 있다. 이는 러시아에서 개발한 기법으로 얼굴 근육 등을 통해 공기 중으로 전달되는 미세한 진동을 특수영상을 통해 시각화한 아우라 이미지로 심리와 감정 상태를 확인할 수 있는 방법이다. 이 역시 보편화된 수사기법은 아니다.

다음은 증거채취견인데, 인간보다 만 배 정도 발달한 개의 후각을 활용하여 범죄 현장에 잔존하는 용의자의 체취를 추적에 활용하는 기법으로 실종자나 미귀가자 수색 시에도 활용되고 있다. 현재 전국에 17마리의 채취견이 활용되고 있다.

다음으로 법보행 분석이다. 범죄 현장에서 촬영된 CCTV상의 걸음걸이 패턴과 실제 걸음걸이를 의학·공학적으로 분석하여 동일인 여부를 판단하는 기법으로, 현재 보행자 관절의 길이, 각도 등을 비교분석하는 분석 소프트웨어를 개발 중에 있다. 이와 관련, 일례로 2015년 '대┼ 금호강 살인사건'에서 보험금을 노리고 고향 친구를 살해한 범인이 현장에 DNA 등 증거를 남기지 않았고, 인근 CCTV에서 피해자와 함께 걸어가는 남성의 모습만이 포착되었다. 화질이 나빠 얼굴은 분간되지 않았지만 휘어진 다리와 팔자걸음이 확인되었고, 경찰은 보행 특성이 용의자와 일치한다는 분석 결과를 내놨고 법원도 이를 증거로 인정한 적이 있다.

다음으로 대중에게 널리 알려진 수사기법으로 프로파일링을 빼놓을 수 없다. 이는 2002년도 도입되어 2005년부터 심리 및 사회학 전공 범죄분석 요원에 대한 특별채용이 시작된 이후 현재까지 34명의 프로파일러가 활동하고 있다. 이들은 ① 범죄유형 분석[32] ② 지리적 프로파일링[33] ③ 연관성 프로파일링[34]을 수행한다.

이외에 3D 얼굴 인식시스템과 문서감정, 수중과학수사[35], 동영상축약 프로그램, 영상분석, 신발을 통한 신장예측 시스템, 법 곤충학, 성문분석시스템 등의 기법이 사용되고 있다.

수사 분야 다음으로 과학이 많이 적용되는 분야는 교통 분야이다.

<프로파일러(Profiler)[36]>

프로파일러는 직접적인 수사를 하지 않는다.

그러나 수사 전반에 걸친 지원업무를 맡으며, 미제 사건이나 검거 이전의 진행 중인 사건 단계에서 거주지 분석, 진술 신빙성 확인 등을 통해 용의자를 추정하거나, 연쇄 사건의 동일범 여부 등을 확인한다. 또한 검거된 범인이 범행을 부인하거나 진술을 거부하는 단계에서는 신문 전략을 지원하거나 조사 모니터링 등을 통해 심리분석을 지원하기도 한다. 이후 피의자가 자백하고 사건이 마무리되면 성장배경, 심리상태 등에 대한 심층면담을 통해 사건을 종합적으로 정리하는 역할도 수행한다. 다만 프로파일링이라는 업무 자체는 프로파일러만 할 수 있는 것이 아니며 일선의 모든 수사관, 형사들이 배워서 업무에 적용할 수도 있다. 프로파일러를 꿈꾼다면 덴젤 워싱턴이 주연한 영화 '본 콜렉터'를 추천한다.

경찰청은 서울 등 전국 44개 도시에 교통정보센터를 구축하여 수집된 정보[37]를 국민안전처, 재난주관방송사인 KBS, 국토교통부, 소방, 우정사업본부(우체국) 등 8개 공공기관뿐만 아니라 다음 카카오나 T-map,

---

32) 현장에서 범인의 행동 분석과 범행 재구성을 통해 용의자 집단을 압축하고, 우선적인 수사 사항과 탐문·효과적인 질문전략을 수립·지원한다. 또한 살인, 연쇄 강간 및 이상 동기 범죄 등 주요 강력범죄 행위자에 대한 면담과 심리검사 등을 통해 범죄 행동에 대한 통계적·심리학적 분석을 한다.

33) 공간통계분석을 통해 범죄자의 거주지를 예측하고 범죄 hot-spot을 특정하며, 최종 별 시간대 별 범죄위험 지역에 대한 시각화로 다음 범행지를 예측하여 범죄예방 정책을 지원하고 있다.

34) 다른 지역에서 발생한 범죄가 동일인의 범행인지 여부를 분석하고, 범죄자의 일관된 행동 패턴을 분석하여 여죄 분석과 증거확보에 기여한다.

35) 수중 생물 활용으로 입수 장소 및 시간 추정

36) 경찰청 공식 블로그(폴인러브), '과학수사계 행동과학팀 프로파일러에 대한 모든 것'

KT, 아이나비, 기타 방송사 등 13개 민간기업에도 제공하고 있다. 경찰청에서 민간에게 일방적으로 전파하기만 하는 것이 아니라 T-map과 같은 민간기업에서 수집된 정보도 경찰에서 받아서 교통신호등에 활용하거나 타 기관에 전파함으로써 교통정보의 질을 제고하고 있다. 과학은 경찰의 여러 가지를 바꾸고 있으며 그 이익은 국민에게 돌아갈 것이다. 그간 경찰청에서는 별도의 연구개발 사업 개념이 존재하지 않았으나, 2015년부터 뒤늦게 경찰 업무에도 과학기술을 접목시키기 위한 연구개발 사업을 시작했다. 정부 전체적으로 2조 원의 예산이 투입되는데 경찰은 0.5% 수준인 980억 원의 자체 예산으로 자체 과제[38]와 부처협의 과제[39]를 동시에 추진하고 있다. 주로 선진국에서 사용되고 있는 기법을

<고도화된 순찰차량 경광등>

차량유도용 보조표시등은 물론 경광등도 목적에 따라 다양한 작동 버전이 존재한다.

국산화하거나 국내에서 새로운 기법을 개발하는 것으로 향후 경찰 과학화의 방향과 수준을 결정하는 중요한 사업이 될 것으로 전망된다.

37) 경찰은 전국 40여 개 도시 교차로에 있는 교통 2,900여 대의 CCTV 영상 정보, 사고나 공사, 집회 등 돌발 상황이 있는 경우 현장 교통경찰관이 직접 입력하는 돌발정보, 상습결빙·침수구역·사고다발장소 등 60개 항목의 안전정보, 택시·순찰차 등에 설치된 차량 내 통신장치와 도로변에 설치된 노변기지국 간의 양방향 통신을 통해 차량의 위치와 속도정보를 수집하여 신호 제어용으로 활용하는 소통정보 등 4가지 정보를 수집·전파한다.
38) 스마트 신호운영시스템 개발, 육안으로 확인되지 않는 지문·족흔적 채취용 법광원 개발, CCTV 영상검색 고도화기술 개발, 생체증거를 활용한 법과학 분석기법 개발, 성문분석을 통한 실시간 화자검색 기술개발, 현장 재구성을 위한 혈흔분석 시스템 개발, 나노기술을 활용한 범죄현장 생체시료 시각화 기술개발, 치안현장 맞춤형 연구개발, 긴급구조용 지능형 정밀측위 기술개발, 자율주행차 관련 운행체계 및 AI 기반 신호제어시스템 개발, IOT 기반 교통안전시설 정보제공 및 운영관리 기술 개발.
39) 저고도 무인기 감시·관리 기술개발, 국민안전 감시 및 대응 무인항공기 융합시스템 구축, 국민 위해 인자에 대응한 기체분자 식별분석기술 개발, 실종아동 등 신원 확인을 위한 복합인지기술 개발, 몰래카메라 범죄방지를 위한 정밀 복합탐지기 개발.

4. 왜 살인범은 2주를 넘기지 못할까?: 추적

　강력범죄[40]가 발생하면 경찰에서 가장 중요하게 생각하는 것은 범인을 특정하고 추적해서 검거하는 것이다. 특히 한국 경찰의 살인범이나 강도 검거율은 거의 100%에 가깝다. 범인에 대한 특정은 과학수사기법의 발달로 인해 지문이나 족적, 그리고 DNA, 핸드폰이나 카드 등 디지털 기록을 통해 이루어지고 있으나 여전히 쉽지 않은 영역이다. 이러한 방법으로 신원이 확인되었을 경우 다음 단계는 추적해서 어디에 있는지 확인한 후에 검거하는 것이다. 이와 같이 어디에 있는지를 확인하는 것이 현대 수사의 가장 핵심적인 영역이다. 특히 실시간으로 범인의 위치를 확인하는 기술은 간단치가 않다.

　수사는 경찰이 활동하는 주된 영역이다. 검사가 직접수사를 하는 경우 외에는 검사는 경찰이 범인을 잡고 사실관계가 다 확정된 이후에 개입하며 사건으로 치면 거의 90% 이상 끝난 단계에서 이루어지게 되는 것이다. 다시 말해 사건의 90%에 해당하는 현장 초동조치, 증거확보, 탐문, 추적, 검거와 관계자 조사를 통해 사실관계를 정리하여 1차적인 법적 의견을 내놓는 것까지는 경찰이 주도적으로 진행한다. 이러한 부분이 발전

---

40) 보통 5대 강력범죄가 가장 많이 언급되며 살인·강도·강간(강제추행)·절도·폭력이 이에 해당한다.

할 수 있도록 경찰에 독자적 수사권과 자율권을 부여하자는 것이 수사권조정과 맥을 같이하는 것이다. 검찰은 모든 부분을 다 수사라 하고 다 검사의 지휘를 받아야 한다는 19세기적 생각을 하고 있지 않나 하는 생각이 든다. 검사제도가 처음 탄생한 프랑스나 독일에서 19세기에는 검찰의 주장대로 가능했다. 사건도 별로 없었고 내용과 기법이 그리 복잡하지 않았기 때문에 가능한 것이었지만 이제는 그 범위를 벗어나 있다. 벗어나도 한참 벗어나 있는데도 과거의 사고에 얽매여 있다 보니 여러 가지 파열음이 나오는 것이기도 하다. 실제로 현장에서 보면 이러한 90% 부분에 검사가 개입하기란 현실적으로 불가능하고 이론상의 주장일 뿐인 것이다. 현실에다 규범을 맞추는 것이 개혁이다. 그러한 것이 수사권 조정이라는 형태로 진행되고 있는데 최종적인 입법화가 이루어지기를 기대해 본다.

다시 범인추적에 대해 살펴보면, 추적 중에서도 실시간 추적이 중요하다. 특히 요즘과 같이 크고 작은 사건도 언론이나 SNS를 통해서 전국적인 이슈로 등장하여 경찰이 조속한 범인 검거에 대한 부담을 많이 받는 것도 사실이다. 이러다 보니 강력사건이 발생하더라도 1주일, 길면 2주일 이내에 거의 검거가 된다. 네티즌이나 언론 댓글을 보면 "대한민국 경찰 정말 잘 잡는다. 파이팅! 최고야!"라는 반응이 나오기도 한다. 그 이면에는 치열한 실시간 추적기법이 동원되고 있다. 이러한 추적기법은 시중에 몇몇 경찰학개론이나 수사학 교재에서 언급되기도 하지만 일반인들도 경찰관들이 얼마나 고민하고 힘들게 추적을 위해 노력하는지 이해해주었으면 하는 바람에서 개략적인 것만 소개하고자 한다.

실시간 위치추적의 핵심은 핸드폰이나 카드 등 디지털기술에 기반한다. 따라서 경찰관도 디지털기술의 기본적인 시스템과 개념을 이해하고 있어야 접근과 활용이 가능하다. 필자도 이번에 글을 쓰기 위해 자료를 살펴보면서 적지 않은 것을 배우는 기회가 되었고, 반성도 많이 했다. 예를 들어 2G나 3G, LTE가 무슨 의미인지도 몰랐다.[41] 인터넷을 찾아보면서 기본적인 개념을 이해할 수 있었다. 기술적 언어장벽[42]으로 인해 적지 않은 경찰관, 특히 젊은 경찰보다는 경력이 오래되고 나이가 좀 있는 경찰관들이 IT 기술에 익숙하지 못해 고생을 한다. 그러나 대부분의 범인들이 (의도하든 의도하지 않든) IT 기술을 이용하기 때문에 경찰업무를 효율적으로 수행하기 위해서는 이에 대한 이해가 필수적이다. 그럼에도 불구하고 많은 경찰관들이 잘 알지 못하는 것은 체계적으로 교육되고 전수되지 않기 때문이기도 하다. 강력사건이 발생하면 개입하는 강력팀이나, 실종사건 수사를 담당하는 여청수사팀 그리고 각 과장급이나 경감 등 간부급, 서장들은 반드시 알고 있어야 한다.

필자도 이번에 글을 쓰기 위해 내용을 파악하고 자료정리를 하면서 부끄러웠고, 내용을 알아가면서 나름 뿌듯함을 느꼈다. 그래서 이를

---

41) G는 Generation이라는 의미로 1세대는 카폰과 같이 아날로그 주파수를 변조하여 음성을 전달하는 시스템을 2세대는 음성과 데이터 전송, 3세대는 유심카드로 영상통화가 가능하며, 4세대는 통신과 데이터 전송의 속도가 3G보다 10배 빠르고, 5세대는 4G보다 10배 빠른 시스템으로 자율주행차나 IOT에 적합한 시스템이다. LTE는 3G보다 네트워크 용량과 속도를 증가시킨 것으로 3.9G라고도 한다. LTE-A는 Advanced의 약자로 4세대에 해당한다.
42) USIM, IMEI(휴대전화 기기식별번호), RRC(무선 리소스 컨트롤), 핸드폰 PN 값, PCI 값, 디버그 스크린, DI(Duplication Information) 값, CI(Connecting Information) 값, 고정 IP, 유동 IP 등 기본적인 IT 용어와 개념에 익숙해야 한다.

<잠복 중인 형사의 뒷모습>

영화나 드라마에서 그려지는 것처럼 형사의 잠복은 아름답지 않다. 바쁜 형사의 일정 중에 가장 검거에 효율적인 시간을 확인하여 잠복에 돌입하고, 때로는 차량 시동이 켜져 있으면 발각될까 창문에 서리가 낀 채로 힘겹게 일하기도 한다.

체계화하기 위해서 전문가인 중앙경찰학교 김영노 경위에게 여러 번 강의를 부탁했다. 그리고 형사, 강력, 여청은 전원 수강토록 했다. 김영노 경위는 사이버 특채로 들어와서 경기남부경찰청에서 풍부한 실무를 경험했고, 강의능력도 뛰어난 정말 멋진 경찰관이었다. 자기 분야 특히 실시간 위치추적에 대한 전문가였다. 이러한 전문가가 우대되고, 더 많이 활용되어서 경찰의 전문성이 더욱 강화되었으면 하는 바람을 가져본다.

때로는 범인 검거나 요구호자의 구조를 위해 위치추적을 하기 위해서는 신원확인이 먼저 요구되는 경우가 있다. 따라서 신원확인 기법을 먼저 알아보고 추적기법도 순차적으로 살펴보고자 한다. 신원확인을 위해 필요한 것은 현장에서 채취한 지문이 대표적인데 그 외에도 DNA를 채취할 수 있는 체모, 피부조직 등과 같은 유류물을 통해서도 가능하다. 그러나 DNA 자체만으로는 범인의 신원확인이 어렵다. 그 이유는 지문과는 달리 전 국민의 DNA 정보를 국가가 관리하지 않아 비교할 자료가 없기 때문이다. 다만 구속된 피의자나 법률이 정한 일정한 죄를 범한 수형인에 대해서는 데이터베이스를 구축해놓고 있어 수사에 활용되곤 한다. 신원확인 여부와 관계없이 이동 동선을 추적하는 기법으로 CCTV 수사기법이 있다.

CCTV 수사는 관공서나 민간단체 CCTV, 블랙박스, 교통정보수집장치 등을 활용한다. 대다수의 사건에서 지문이나 DNA 시료를 채취하기가 쉽지 않고, 분석 기간도 오래 걸리기 때문에 CCTV 수사는 범인의 신원을 확인하고 검거할 단서를 제공하는 중요한 수사기법 중에 하나다. CCTV 수사에 있어 첫 번째로 수집범위를 어떻게 설정하느냐의 문제가 있다. 범위를 좁게 하면 그 범위를 벗어날 경우 동선을 놓칠 우려가 있고, 넓게 하는 경우 많은 인력이 동원되고 시간이 많이 소요될 수 있다. 이러한 점을 고려하여 시간적·장소적 범위를 정하게 된다. 범인 검거를 위해 보통 1차 수색은 사건현장과 인접지역, 그리고 현장과 인접한 대중교통시설 등을 고려하여 범위를 결정하게 되고, 1차 수색 중에 CCTV 수사나 탐문 등을 통해 특정 지점에서 범인의 출현이 확인된 경우 수색 범위를 재설정하게 된다. 특히 주요 도시에서는 CCTV가 많이 설치되어 있기 때문에 범인의 행방을 파악하기 어려운 경우 CCTV 수사를 통해 수색 범위를 좁히거나 확대하곤 한다.

시간적으로는 범죄 발생 시간과 인접 시간대에 집중하고, 시간이 특정되지 않을 경우 경보장치가 작동되었거나 유리창이 깨지는 소리 등 여러 가지 단서를 고려하여 시점을 정하게 된다. 통상 강력사건의 경우 범행 이전보다 범행 직후 도주하는 모습이 포착되는 경우가 더 많다. 이는 계획범행 여부에 관계없이 범인이 범행 직후 흥분·당황 등 급격한 심리 변화 로 인해 도주 시 부자연스러운 행동이 나타날 수 있고, 사건현장에서 신속히 이탈하려는 특성이 있기 때문에 발생 시간대와 인접한 시점이 우선적으로 검토되어야 한다. CCTV 수사로 확인된 범인의 행동에 따라 추가 수사로 연결될 수도 있다. 범인이 편의점이나 PC방에 들르는 경우 신용카드나 로그 기록에 대한 수사로 피의자를 특정할 수 있고, 특정되지 않는 경우 편의점 등의 CCTV에 대한 추가 수사를 통해 화상도 높은 인상착의를 확인할 수 있어 수사의 진척을 볼 수 있다. 또 차를 타고 이동한다면 차량방범용 CCTV, 수배차량검색시스템(WASS, Wanted Auto-Mobile Scanning System)[43]을 이용하여 추가 추적으로 연결될 수 있다.[44]

또 이동 중에 휴대폰을 사용하였다면 시간대를 특정하여 기지국 수사를 거쳐 범인의 인적사항을 좁혀 나갈 수 있다. CCTV 화면상에 특정구역이나 골목으로 들어간 후 추가적인 영상 포착이 되지 않을 경우

<지나가는 행인을 분석하는 CCTV 수사>

CCTV 수사는 쉬운 작업이 아니다. CCTV에서 주요 목격자나 용의자를 가려내고, 범행장면을 확보하는 일도 결국은 형사들이 장시간 동안 지겹도록 CCTV를 반복해서 봐야지만 얻어진다.

은신처로 판단되면 주민 탐문을 통해 범인을 특정하고, 특정이 되지 않을 경우 범위를 다시 넓혀서 동선을 확인하는 절차를 밟게 된다.[45] CCTV 정보원천은 버스[46], 택시, 지하철, 교통카드, 고속도로[47], 은행, 자치단체의 통합관제센터[48], 주택이나 점포, 차량용 블랙박스, 수배차량검색시스템,

---

43 수배차량을 효과적으로 발견하기 위해 차량번호 자동판독기(AVNI, Automatic Vehicle Number Identification, 도로에 CCTV를 설치하여 주행 중인 차량을 카메라로 촬영하고 차량번호를 인식 후 수배차량 등 범죄차량을 자동 검색하여, 검문소에 전송함으로써 신속히 검거할 수 있는 시스템)와 차량방범용 CCTV를 통합한 시스템이다.
44) 특정 시간 및 장소를 운행한 택시 현황을 파악하기 위해 택시의 GPS 자료를 보관하는 콜센터를 상대로 현황을 영장을 통해 확보한다. 개인택시의 경우에는 지역 개인택시공제조합, 법인택시는 콜센터 또는 해당 운수회사에서 정보를 관리한다. 택시 특정을 위해서는 해당 지역 통과 차량의 색상이나 차량 부착물, 광고 배너 등이 택시 특정에 도움이 된다.

고성능 헬기항공영상시스템[49] 등이 있다.

    실시간 추적 수사는 ① 기지국 실시간 추적 ② 계정(게임, 포털, 아이템 거래사이트) 실시간 통보 ③ 건강보험공단 수진자 실시간 통보 ④ 신용카드 혹은 은행입출금 실시간 통보 ⑤ 실명인증, 렌터카 대여, 휴대폰 개통 실시간 통보 등 다섯 가지로 나눌 수 있다. 먼저 기지국 실시간 추적은 휴대전화 전파를 관장하는 기지국 위치를 통해 실시간으로 휴대전화 소지자의 위치를 추적하는 수사기법이다. 2G와 3G의 경우 반경 500m에서 4km 범위의 기지국 위치, 핸드폰의 방향과 대략적인 위치(PN 값)[50], 단말기 전원 상태를 알려준다. 4G의 경우 20m에서 50m 내외의 보다 정확한 PCI 값[51]으로 통보된다. SKT나 KT, LGT와 달리 아이폰의 경우 별도의 절차[52]를 거쳐서 PN 값과 PCI 값을 얻는다.

---

45) 통상 강력사건이 발생하면 강력반 전체가 개입하게 되는데 1개 팀(현장팀)은 범죄현장에서 현장과 진·출입로에 대한 CCTV를 확보하고, 1개 팀(분석팀)은 CCTV 자료에 대한 분석, 1개 팀(추적팀)은 CCTV에서 확인된 범인과 차량에 대한 추적 및 탐문, 통신수사 등 역할을 분담하게 된다.
46) 버스의 영상저장기간이 2~5일로 짧고, 택시의 경우도 짧아 영장을 발부받아도 신속하게 집행하는 것이 중요하다. 따라서 CCTV 수사는 대부분 관리자의 동의를 구해 협조로 진행하는 경우가 많다.
47) 고속도로 통행내역은 하이패스는 30일, 일반통행료는 3년, CCTV 영상은 하이패스 3일, 일반통행료는 10일간이나, 미납차량의 경우에는 완납 시까지 연장된다.
48) 보존 기간이 설치 목적에 따라 다를 수 있으나 일반적으로 30일이다.
49) 1995년에 도입된 것으로 항공기에서 열적외선을 이용하여 촬영하거나 300~600m 거리의 차량번호도 식별이 가능하고 촬영영상물을 영상전송시스템과 연동 시켜 상황실 등에 무선으로 전송할 수 있는 시스템으로 G-20, 핵 안보 정상회의나 강력사건 등 긴급상황 시 이용하게 된다.
50) 기지국을 3등분 하였을 때 PN(Pseudo Noise) 값이 1~168은 α 영역, 169~336은 β 영역, 337~504는 γ 영역으로 나오는데 이 수치가 나오면 핸드폰의 위치에 대한 방향과 범위를 압축하여 수색에 들어갈 수 있게 된다
51) Peripheral Component Interconnect의 약자로 주변장치 연결에 관한 값을 의미한다.
52) 키패드에서 *3001#12345#* 입력 후 통화 버튼을 이용하는 등의 절차를 밟아야 가능하다.

<복합적 기법을 활용한 살인사건 검거 사례>

00시의 한 모텔에서 한 여성에 대한 살인사건이 발생했다.

최근 유행하고 있는 데이팅 앱(App)을 통해 조건만남 거래가 성사되어 실제 성매매까지 나아가게 된 사건이었다. 대실로 모텔에 입실하여 성매매를 하는 과정에서 갈등이 생기자 범인은 여성의 목을 졸라 살해했다. 이후 범인은 시신의 발견을 늦추기 위해 모텔 측에 추가 비용을 제시하여 숙박으로 전환하고 차량으로 도주하였다.

(피의자가 도주 전 피해자의 핸드폰을 침수시켜 전원이 켜지지 않았다.)

경찰은 제3자의 112신고를 통해 사안을 인지하고 즉시 추격에 돌입하였다. 범인이 도주하는데 활용한 차량번호를 전국 수배하는 한편 우선 모텔 내 CCTV를 통해 용의자 인상착의를 확보하였다. 또한 객실 내 콘돔 포장지에서 발견된 지문을 통해 확인된 인적사항으로 조회된 인물과 모텔 CCTV 사진을 대조한 바 거의 유사하였다. 더욱이 용의자의 범행 전 이동 동선이 지문으로 확인된 인물의 주거지 주변에서 확인되었다.

이에 경찰은 범인을 해당 용의자로 특정하고, 용의자의 인적사항으로 가입된 휴대폰 번호를 파악한 뒤 긴급 위치추적을 의뢰하여 15시간 만에 긴급체포하였다.

다음으로 계정 실시간 통보기법이다. 범인의 게임·인터넷업체 가입여부 및 로그 기록을 확인하는 수사기법이다. 확인된 범인의 주민번호를 토대로 중복가입확인정보(DI, Duplication information)[53], 개인식별번호(CI, Connecting Information)[54]를 확인하여 게임사를 상대로 영장을 집행하여 개별 ID를 확인한 후 다시 영장을 발부받아 실시간으로 로그 IP 접속 확인과 위치추적을 통해 범인을 검거하게 된다.

다음은 건강보험공단 수진자 실시간 통보기법이다. 이는 범인이 병원 치료를 받을 경우 국민건강보험공단의 수진자자격 시스템[55]에 기록이 남게 된다는 점에 착안한 기법으로 수사기관이 법원의 영장을 발부받아 집행하면, 관계 시스템에서 조회되는 해당 병원과 연락처가 실시간으로 수사기관에 제공되게 된다.

다음으로 신용카드·은행입출금 실시간 통보기법이다. 수사기관은 범인의 인적사항을 확인한 후 압수수색영장을 통해 각 카드사로부터 사용내역과 금융서비스 이용 지역을 실시간 통보받을 수 있다. 또한 경찰에서 은행에 부정사용계좌로 등록요청하는 경우 범인이 계좌 사용 시 관할 경찰서와 지구대에 실시간 통보시스템을 통해 범인을 검거할 수 있다. 끝으로 영장 집행을 통해 휴대폰, 전화, 인터넷, 자동차보험 가입, 신용카드 발급과 대출, 차량 렌트, 네이버, 지마켓, 네이트온 등 회원 가입 시 통지되도록 하는 기법이 있다.

---

53) 특정 사이트에서 중복가입을 방지하기 위한 개인 식별 수단으로 각 사이트에서 개별보관하고 있다.
54) 주민번호 대신 신분 확인을 위해 사용하는 개인 식별 번호로 SCI평가정보(주)에서 보관하고 있다.
55) 의료기관 이용 시 부득이하게 건강보험증을 제시하지 못할 경우 본인의 주민번호와 이름을 이용하여 건강보험 자격을 온라인을 통해 실시간으로 확인할 수 있는 시스템이다.

5. '극한직업'의 '극한작업': 위기협상

경찰이 범인의 신원을 확인하고, 위치를 파악했다고 하더라도 마지막 관문이 남아있다. 범인이 쉽게 투항을 하지 않고 인질을 잡고 버티는 경우 별도의 전문적인 대응이 필요하다. 그렇지 않을 경우 범인의 생명은 물론이고 인질의 생명까지 영향을 미칠 수 있기 때문이다.

최근 2017년 7월 4일 발생한 경남 합천 초등생 아들 인질 사건, 2018년 4월 2일 발생한 서울 방배초 인질극 사건 등 사회적 이목이 집중되는 사건이 발생함에 따라 경찰도 전문적 대처를 위해 위기협상(Crisis Negotiation) 전문가를 육성·운영하고 있다. 위기협상은 범인을 물리력으로 제압하는 전통적인 방식이 한계를 보임에 따라 나오게 된 개념이다. 범인 제압에 있어 가장 빠르고 효과적인 방법은 특공대나 무장한 경찰관이 개입하는 것이다. 그러나 이러한 방법은 인질 살해나 자살 등 추가적인 범행을 저지를 우려가 없을 경우에 적합한 것이지 인질을 잡고 있거나 자살 우려가 있는 경우에는 전통적인 경찰의 개입방식이 추가적인 인명손실로 이어질 가능성이 커지게 되는 것이다. 따라서 범인이 인질을 잡고 있는 경우 최우선순위는 인질의 안전 확보여야 하고 이를 위해서는 전통적인 물리력 개입 이전에 범인과의 커뮤니케이션이 필요하다. 이것이 위기협상이고 이를 담당하는 경찰을 협상팀이라고 부르며,

각 지방청에 전문 협상팀이 있고 경찰서에도 강력팀 1개 팀을 협상팀으로 운영하고 있다.[56] 물리력의 개입은 실무에서는 특공대가 담당하고 전술팀이라고 부른다.

이러한 위기협상개념을 등장시킨 것은 미국의 뉴욕 경찰이었다. 1971년 미국 뉴욕 아티카 주교도소 폭동사건[57], 1971년 미국의 George Giffe 인질 사건[58], 1972년 독일 뮌헨 올림픽 이스라엘 선수단 인질 사건[59]의 영향을 받아 1973년 뉴욕 경찰에 처음으로 인질구출프로그램(Hostage Recovery Program)을 도입하게 되었고, FBI도 인질 사건과 상황에 대한 데이터베이스 시스템(Hostage Barricade Database

---

56) 경찰서에 인질협상교육과 경험이 있는 강력팀 팀장을 인질협상팀장으로 지정하고, 협상요원도 주 협상요원과 보조 협상요원, 분석요원으로 구성하고, 이동하는 인질범에 대해서는 가족보호요원, 통신수사요원, 금융수사요원을 별도로 추가 운영한다.

57) 1971년 9월 9일 살인 강간 등 강력범죄를 저지르고 복역 중이던 1,200여 명의 죄수가 교도관 20여 명을 인질로 잡고 교도소를 점거했다. 화장실 휴지를 늘려달라는 것에서부터 제3세계로 망명하게 해달라는 등 죄수들의 요구에 대해 주지사는 협상을 중단하고 나흘 만에 강제진압을 명령했다. 5~6분간의 진압작전으로 교도관 11명을 포함해 총 43명이 사망했다. 1년 후 미 정부 특별위원회가 발표한 '아티카 폭동보고서'는 진압방식이 적절하지 못했다고 결론지었다.

58) 1971년 10월 5일 미국 Nashville에서 45세의 Giffe 외 2명은 부인을 치료해야 한다는 사유로 비행기를 임차하였다. 탑승하는 과정에서 울부짖는 부인을 발견한 기장이 의료사유를 재차 확인하자 4.5구경 자동소총으로 위협하면서 비행기는 바하마로 출발했다. 운항 중 기장은 연료보충이 필요하다고 Giffe를 설득하여 Jacksonville 국제공항에 착륙하게 되고 FBI 책임자인 O'Conner는 공항에서 현장지휘를 하게 된다. O'Conner는 인질범이 폭탄을 가지고 있음에도 현장상황과 내부구조에 대한 파악을 무시하고, 인질범 중 1명이 요구사항을 전달하려 하자 체포하고, 비행기 타이어에 펑크를 내려했으나 실패하였으며, 비행기에 접근하면서 항복을 요구하자 Giffe는 부인과 조종사를 사살하고 자살하였다. 동 사건에서 조종사 부인이 민사소송을 제기하자 법원은 '인질의 안전을 위하여 조금 더 적합한 대안이 있었고, 물리적인 공격보다는 시간 끌기 게임이 우선적인 대안이다.'라고 판시하면서 원고승소 결정을 하였고, 이후 경찰에서도 위기협상이 제도화되는 계기가 되었다.

59) 1972년 9월 5일 팔레스타인해방기구(PLO)분파 조직인 '검은 9월단' 소속의 8명의 테러범들이 이스라엘 선수단 숙소를 급습해 20시간 넘게 대치상황이 계속되었으며, 당시 협상을 통해 이집트 카이로로 탈출하는 것을 승인했고, 선수촌에서 준비한 헬기로 공항까지 이송하고, 공항에서 준비한 비행기로 탈출하는 계획이었으나, 공항에서 저격수와 특공대는 인질범을 단번에 제압하지 못하였다. 결국 수류탄과 총기 등으로 저항하게 되면서 인질 9명 전원이 사망하고, 9월단 멤버 8명 중 5명이 사살되고 3명은 검거하게 되는 참담한 결과로 마무리되었다.

System)을 구축하게 된다. FBI가 2000년까지 축적된 자료를 조사한 결과 사건의 10%만이 인질극이었고, 90%는 비 인질극 사건[60]이었다. 이에 따라 위기협상도 더 넓은 범위로 논의의 초점이 옮겨지게 되었다. 그렇다면 인질극이 벌어지면 어떻게 대응하여야 할까? 우리나라의 대응도 인질이 있는 경우와 그렇지 않은 경우[61]로 나뉘고 있다. 인질이 있는 경우도 고정된 장소에서 발생하는 경우와 차량 등 이동수단에서 발생하는 경우로 나눌 수 있다. 가장 대표적이면서 위험성이 높은 경우는 고정된 장소에서 인질을 잡고 요구사항을 제시하면서 들어주지 않을 경우 인질을 살해하겠다고 요구하는 경우다.

인질극이 발생하면 일반 시민들도 피해 상황에 처할 수 있기 때문에 경찰이 인질 상황의 의미와 맥락을 파악하고, 어떤 개념과 우선순위를 가지고 대응하느냐에 따라 피해를 최소화하거나 모면할 수 있게 된다. 경찰에서도 위기협상 교육을 시키고 전문대응팀을 운영하지만 위기상황이 지속적으로 발생하는 것도 아니어서 실전경험을 한 경찰관들도 많지 않고, 지구대·파출소, 여청이나 다른 기능에서는 위기협상에 대한 개념이 약한 것이 사실이다. 그리고 경찰청에서 내려오는 위기협상 공문이나 자료 등이 있지만 현장 경찰관이 이를 실제로 현장에 적용하는 것은 쉽지가 않다.

---

60) 가정폭력, 고위험 자살기도자, 정신질환자에 의한 비 인질 대치상황을 말한다.
61) 자살우려자나 가정폭력 가해자가 부인이나 가족을 데려오라면서 고층빌딩 등 위험한 곳에서 뛰어내리겠다고 위협하는 경우를 말한다.

<위기협상을 시도하는 경찰관>

흉기를 든 경우에는 경찰관도 방검장갑과 방검복을 착용한다.

먼저 인질 협상에서 고려해야 할 것은 첫째 **인질의 생명**이다. 그것이 담보되도록 인질도 경찰관도 행동에 각별히 주의해야 한다. 인질의 생명을 구하기 위해 협상이 진행되는 것이다. 둘째, **인질범의 심리상태가 폭발 직전이라는 사실**이다. 인질이든 경찰관이든 섣부른 행동이나 언행은 인질범을 폭발하게 할 수 있기 때문에 각별히 조심해야 한다. 폭발성을 낮추는 것이 위기협상 경찰관의 가장 중요한 역할이다. 이를 위해서는 인질범의 동기나 성격 등을 이해하는 것이 필요하다. 셋째, **시간개념의 등장**이다. 다른 사건처리와 달리 급박하게 해결하려고 서두를 것이 아니라 여유를 가지고 시간을 지연시키면서 인질범의 심리적 폭발성을 낮추어 정상 상태로 회복시키려는 노력이 필요하다.

따라서 인질 상황이 발생하면 인질의 안전 확보를 위한 전방위적 활동을 해야 한다. 의사가 수술을 하듯이 해야 한다. 우선 폴리스라인을 쳐서 외부와 내부의 이동을 차단해서 관리범위를 한정시켜야 한다. 의사가 중요한 수술을 할 때 마취시키는 것과 유사하다. 특히 언론 등의 출입은 인질범을 더욱 흥분하게 만들 우려가 있고, 언론의 목적은 경찰의 목적과 달라 결과를 예측할 수 없는 만큼 신중을 기해야 한다. 두 번째로, 소방과 협조하여 인질이나 인질범, 작전 중 경찰관의 추락에 대비하여 에어매트를 설치하여야 한다. 가능하면 많은 양을 확보하고, 부상자가 발생할 것에 대비하여 구급차를 대기토록 해야 한다. 셋째, 협상을 하는 경찰관의 안전을 위해 방탄복을 착용하고, 고층에서 작전하는 경우 반드시 레펠 등 안전장치를 하고 접근하여야 한다.[62]

인질범의 심리적 폭발성과 긴장감을 낮추는 일은 협상의 몫이다.[63] 협상은 심리적 긴장감과 폭발성을 낮추는 것이다. 터지기 직전의 풍선에서 바람을 빼주는 역할을 하는 것이다. 인질범과 접촉하는 사람은 인질과 출동한 경찰관일 것이다. 이들이 인질범을 자극하거나 논리적으로 평가·비난하는 일이 없도록 해야 한다. 이 단계가 경찰관이 대처해야 할 가장 중요한 단계다. 처음 출동한 지구대·파출소 경찰관이 대화를 시작

---

62) 실제로 2008년 6월 5일 부산시 사하구 신평동 소재 4층 건물 옥상에서 한 남성이 헤어지는 여자 친구를 때린 뒤 자살소동을 벌였다. 이 남성은 설득과정에서 뛰어내렸고 특공대원이 허리를 잡고 구출하려다가 에어매트를 벗어난 곳에 동반 추락하여 같이 사망하기도 하였다.
63) FBI가 개발한 행동변화단계 모델은 적극적 경청(active listening), 공감(empathy), 친밀감 조성(rapport), 영향(influence), 행동변화(behavioral change) 5단계로 구성되어 있다.

하여 어느 정도 라포가 형성되었다면 협상가를 바꾸지 않고 전문 협상팀에서 조언을 해주는 것이 바람직하다. 만일 인질범과의 대화가 없었다면 협상팀에서 대화를 개시한다.

특히 적극적 경청이 중요한데, 끝말 따라 하기(Mirroring), 바꿔 표현하기(Paraphrasing), 감정 상태 정의하기(Emotion Labeling), 요약하기(Summary) 방식을 활용하여 라포가 형성되도록 노력해야 한다. 대화의 방식은 부드러운 어조와 행동이어야 하고[64] 인질범의 불만과 감정에 대해서 동조와 이해를 표명해야 한다. 인질범을 도와줄 수 있고 도와주고 싶은 의사를 나타내야 한다. 이를 위해 '인질', '테러', '범인' 등의 직설적인 표현과 '절대', '결코', '마지막' 등의 극단적인 표현은 자제한다. 인질범의 요구사항은 빠뜨리지 않고 처리상황과 결과를 알려주어 신뢰감을 주도록 하여야 한다. 인질범을 위협하면 분노를 유발하게 하는 등 의사소통에 방해가 될 수 있다. 인질범의 심리는 긴장, 흥분, 이완, 좌절, 그리고 긴장으로 급선회하는 등 불규칙적임을 이해하여야 한다.

다음은 인질범이 요구하는 사항에 대해 알아보자. 요구사항은 협상이 가능한 것과 가능하지 않은 것이 있다. 가능한 것은 음식[65], 담배, 약, 음료, 술[66], 언론보도[67], 교통수단, 돈[68], 자유[69]이고, 불가능한 요구사항은 무기, 마약, 죄수석방, 인질교환[70] 등이다. 다음은 시간 끌기 전략과 관련된 사항이다. 인질 상황에서 시간 끌기는 압박 수준을 낮추고, 이성을 증가시키며, 라포 형성과 의사소통에 도움을 준다. 또한 인질범을 피로

하게 하고, 인질이 다치지 않고 구출할 가능성을 증가시키며, 경찰과 인질범이 다칠 확률도 줄여준다.

현장 협상팀은 언론이나 정치권, 경찰 지휘부로부터 조속히 서둘러 해결하라는 압력을 받는다. 그러나 협상요원은 서두르면 안 된다. 인질 사건은 몇 시간에서 며칠이 걸릴 수도 있는 것이다. 인질 사건 발생 최초 15~45분이 가장 위험한 순간이다. 따라서 최초 신고 출동한 경찰관이 인질 상황을 지연시키기 위해 시간 끌기를 활용하는 등 다양한 협상 기술을 습득해야 한다.[71]

협상요원은 인질범의 생리적 욕구(음식, 물), 안전욕구(위험, 위협, 결핍으로부터의 보호), 사회 욕구(소속감, 관계, 인정, 우정), 존경 욕구(자부심, 지위, 인정, 감사), 자아실현 욕구 상태를 파악하여 필요한 사항에 대한 제공을 통해 대가를 얻어낼 수 있어야 한다. 시간 지연이 긍정적

---

64) 말은 내용보다 목소리, 억양, 태도, 신중함이 5배 더 영향력을 미친다고 한다.
65) 음식은 짜게 주어 갈등을 유발시켜 물을 추가로 요구하도록 만들어 또 다른 거래를 위한 계기를 제공하게 한다.
66) 알코올 중독자인 경우에는 약간의 술이 진정작용을 하는 관계로 약간의 술 제공은 검토될 수 있다.
67) 기자가 접촉이 허용된다면 기자의 안전이 확보되어야 하고, 기자가 협상을 방해하지 않고 현장상황에 대한 정보를 공유하도록 해야 한다. 그러나 현장에서는 언론과 경찰의 목적이 다르기 때문에 협상에 도움이 되는지 여부에 따라 신중하게 결정해야 한다.
68) 큰 액수의 돈을 요구하는 경우 짧은 시간에 구하는데 여러 가지 문제가 있는 만큼 협상 시간을 늘릴 수 있다.
69) 인질 석방의 대가로 자유를 얻으면 안 된다. 예외적으로 모든 인질과 시민이 확보된 후에는 검토 가능하다.
70) 인질 교환은 얻을 것이 아무것도 없다. 영화에서와같이 경찰관은 인질을 위해 거래될 수 없다. 경찰관이 인질로 교환되면, 인질범은 경찰관을 죽이는데 이익과 상징성이 있음을 알게 되고 협상요원이 받는 스트레스와 압박은 급격히 증가한다. 인질을 교환하게 되면 새로운 인질을 사람이 아니라 교환을 위한 물질로 인식하게 되어 인질범으로부터 피해의 위험이 더 커진다.
71) 그러나 아직도 지구대·파출소 경찰관들에 대한 교육은 미흡한 실정이다. 각 팀에 팀장급 1명은 반드시 교육을 받도록 하는 것이 필요하다.

효과만 있는 것은 아니다. 인질범과 협상팀 모두 정신적·육체적으로 피로하게 하고, 감정적인 충동을 증가시킴에 따라 합리적인 결정능력을 떨어뜨릴 수 있다. 경찰관도 거친 언행이 나올 수 있고, 지치고 지루해져서 빠른 해결책을 강행하려고 하고, 인질범도 급하게 일을 저지를 수 있다. 따라서 협상팀도 8~10시간마다 교대로 근무할 수 있도록 하여야 하고, 협상요원은 시간의 효과를 조절하여 협상이 적절한 속도로 나아가도록 해야 한다.

협상요원은 인질범이 요구사항에 대한 이행상태에 의문을 갖지 않도록 해야 한다. 만일 의문을 가질 경우 감정이 폭발하고 인질을 해칠 수 있기 때문이다. 그렇다고 해서 요구를 들어주기 위해서 최선의 노력을 다해서도 안 된다. 요구사항에 관해 물어보면 교묘히 지체시키기보다는 요구가 어떻게 구성되고 어떤 복잡한 절차를 거치고 있고 이를 위해서 어떤 노력을 하고 있는지를 상세하게 설명해주면서 공감대를 형성해야 한다. 유능한 협상요원은 대단치 않은 문제를 토의하면서 많은 시간을 보내는 것이다. 또한 요구사항은 인질범의 상황을 반영하는 것인 만큼 이를 평가할 수 있어야 한다. 협상은 주 협상요원과 보조 협상요원이 진행하고, 분석요원은 상황에 대한 기록과 분석 전파를 담당한다.

인질범이 이동하는 경우는 고정 장소에서의 인질범 대응에서 통신·금융수사팀, 가족 보호팀을 추가 구성한다. 비대치 상황에서는 고정 장소에서의 인질범 대응에 준해서 대응하면 된다. 마지막으로 특공대로 구성되는 전술팀을 투입하는 경우는 필요성, 위험과 효과대비, 수용가능성, 인질과 무고한 시민이 다칠 우려가 있거나[72] 경찰이나 인질범, 위기에 처한 자가 다칠 우려가 있는 경우 등을 종합적으로 고려하여 특공대를 투입하게 된다.

그러나 이러한 위기협상이 반드시 성공하는 것은 아니다. 위기협상은 만능이 아니다. 위기상황을 해소하기 위한 한 가지 방편일 뿐이다. 실제로 지난 2019년 7월 거제에서 발생한 사건에서 범인은 전처의 내연관계를 의심하여 건설회사 대표를 흉기로 살해 후 20층 옥상으로 도망하였다. 범인은 "전처를 만나게 해 달라. 전화 통화하게 해 달라."는 등을 요구하였고, 경찰은 프로파일러까지 출동시켜 위기협상을 진행하였다. 경찰이 16시간 동안 밤샘 대치를 하며 범인을 설득하였지만 결국 범인은 옥상 아래로 뛰어내려 숨졌다. 아파트 20층 위에서 보이지 않는 치열한 한판 승부를 펼쳤지만 경찰이 실패한 것이다. 이러한 사례에 대해서는 경찰 내부적으로도 장래의 효과적인 위기협상을 위해 꾸준한 연구가 검토되어야 할 것이다.

---

72) 2015년 1월 12일 발생한 안산 상록 가정집 내 인질 사건(2명 사망, 2명 구출)에서, 자수 의사를 밝힌 범인이 인질을 풀어주지 않고 돌연 휴대전화 전원을 꺼놓아 대화단절, 위기상황으로 판단 경찰특공대를 투입하였다.

6. FBI도 부러워하는 한국의 사이버 경찰

우리나라 경찰이 가장 내세울 수 있는 것 중의 하나가 사이버 분야다. 1995년 해커수사대를 창설한 이래 2000년에는 사이버테러 대응센터를 신설하고 2014년 사이버안전국[73]이 출범하여 오늘에 이르고 있다.[74] 또한 사이버수사역량을 제고하기 위해 IT기술[75]과 법률 지식을 겸비한 전문 인력을 2000년부터 매년 특별 채용하여 현재 사이버수사 분야에서 581명이 근무하고 있다.[76] 또한 모바일 포렌식 연구의 전문성을 높이기 위해 2007년부터 연구직을 채용하여 현재 13명이 근무하고 있다. 그렇다면 우리나라의 사이버 환경이 어떤지 살펴보자. 대한민국은 스마트폰 보급률 95%로 세계 1위, 페이스북, 트위터, 유튜브 등과 같은 소셜미디어 사용자 비율은 76%로 세계 2위를 차지하고 있다.[77] 즉 사이버 범죄가 쉽게 발생할 수 있는 환경과 여건이라 할 수 있다. 이러한 이유로 다양한

---

73) 사이버안전국은 사이버안전과, 사이버 수사과, 디지털포렌식센터를 두고 각 지방청에 사이버수사대를, 경찰서에 사이버수사팀을 두고 있다.

74) 그러나 2003년 1월 15일 미국과 호주 등으로부터 국내로 유입된 바이러스가 순식간에 전국적으로 확산되면서 8시간 동안 인터넷이 마비되는 사건을 계기로 국가 전체차원의 사이버안전을 총지휘할 '국가사이버안전센터'를 국정원 내에 설치하게 된다. 이후로 법령과 예산 등이 국정원 쪽으로 기울어지게 되지만 여전히 수사권을 행사하는 경찰청 사이버안전국은 수사와 디지털포렌식, 국제협력 분야에서 선도적 지위를 지키고 있다.

75) 컴퓨터 관련 자격증 보유자 중 관련분야 근무·연구경력 4년 이상인 자, 컴퓨터 관련학과 학사·석사학위 취득자가 응시요건이다.

76) 매년 7월 중순경에 경력특별채용공고를 내는데 일반사이버수사나 보안사이버수사도 채용규모가 늘어나는 추세다. (2018년 사이버 수사 117명, 사이버 보안수사 18명)

77) 미국시장조사기관 Pew Research Center(2019.2,5)

사이버 범죄 유형이 새로이 나타나고 있어, 미국이나 프랑스 등 선진국에서도 사이버 범죄에 대하여 한국 경찰과 정보와 수사기법에 대한 공유와 교류를 적극적으로 희망하고 추진하고 있다. 사이버 공간은 정치, 경제, 사회, 문화 등 모든 영역과 관련되며, 따라서 사이버 범죄의 피해는 우리의 일상에 직접적으로 영향을 미친다. 금전·정신적으로 그것도 지속적으로 피해가 일어날 수 있기 때문에 이에 대한 이해가 필요하다.

사이버 범죄는 크게 3가지로 나누어 대응하고 있다.

첫째는 정보통신망 자체에 대한 침해 행위[78], 둘째는 정보통신망을 이용한 범죄[79], 셋째는 불법콘텐츠 범죄[80]다. 우리나라 사이버 범죄의 규모는

<사이버 범죄의 유형>

정보통신망 침해 범죄	정보통신망 이용 범죄	불법콘텐츠 범죄
• 해킹 • 서비스 거부 공격 • 악성프로그램 • 기타	• 인터넷 사기 • 사이버 금융범죄 • 개인 · 위치정보침해 • 사이버 저작권 침해 • 기타	• 사이버 음란물 • 사이버 도박 • 사이버 명예훼손 · 모욕 • 기타

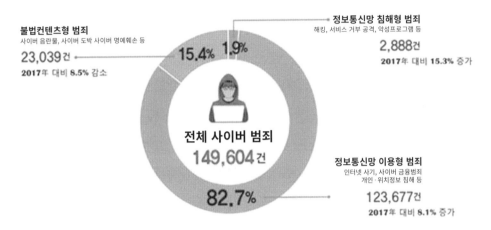

<사이버 범죄 유형별 발생 비율>

불법컨텐츠형 범죄
사이버 음란물, 사이버 도박 사이버 명예훼손 등
23,039건
2017年 대비 8.5% 감소

정보통신망 침해형 범죄
해킹, 서비스 거부 공격, 악성프로그램 등
2,888건
2017年 대비 15.3% 증가

전체 사이버 범죄
149,604건

15.4% 1.9%

정보통신망 이용형 범죄
인터넷 사기, 사이버 금융범죄
개인·위치정보 침해 등
123,677건
2017年 대비 8.1% 증가

82.7%

최근 5년간 13만에서 15만 건 내외로, 2016년 15만 3천여 건에서 줄어들다가 2018년 149,604건으로 증가추세에 있다. 2018년 기준으로 보면 검거율은 75% 수준인 112,133건이다. 전체 규모에서 정보통신망 이용 범죄가 82%(123,677), 불법콘텐츠 범죄는 16%(23,039), 정보통신망 침해 범죄는 2%(2,888) 정도를 차지한다.

정보통신망 침해 범죄가 전체에서 차지하는 비중은 적지만 한번 발생하면 국가기간망뿐만 아니라 사회 전체에 미치는 영향이 크다. 이중

---

78) 해킹, 서비스 거부 공격, 악성 프로그램 등이다.
79) 인터넷사기, 사이버금융범죄, 개인·위치정보 침해, 사이버 저작권 침해 등이다.
80) 사이버음란물, 사이버 도박, 사이버 명예훼손과 모욕 등이다.

해킹이 75%(2,178), 디도스 공격으로 알려진 서비스 거부 공격은 20건으로 1% 미만, 랜섬웨어와 같은 악성프로그램 공격은 4% 수준인 119건이다. 정보통신망 이용범죄 중에 인터넷 사기가 91%(112,000)로 압도적으로 많으며, 사이버 금융범죄는 5.5%수준(5,621)[81]이고, 사이버 저작권 침해는 3%(3,856), 개인·위치정보 침해가 0.2% 수준이다. 또한 불법 콘텐츠 범죄는 사이버 명예훼손·모욕이 70%(15,926), 사이버 음란물이 17.5%(3,833), 사이버 도박이 13%(3,012), 사이버 스토킹이 0.24%(60)이다.

개별 유형별로 살펴보면 인터넷 사기가 75%, 사이버 명예훼손이 10.6%, 사이버 금융범죄 3.8%, 사이버 저작권 침해와 음란물이 각각 2.6%, 사이버 도박이 2%를 차지한다.

늘어나는 유형은 피싱(전년대비 263% 증가), 사이버 음란물(+45%), 사이버 명예훼손·모욕(+19.3%), 몸캠 피싱(+14%), 직거래 사기(+9%) 순이고, 감소 추세에 있는 유형은 파밍[82](-89%), 사이버 저작권 침해(-42.2%), 사이버 도박(-41.3%) 개인·위치정보 침해(-40.4%), 해킹(-10.4%) 순이다.

---

81) 사이버 금융범죄는 2014년 15,596건, 2015년 14,686건, 2016년 6,721건, 2017년 6,066건으로 감소하고 있는 추세다. 그러나 이와 관련 있는 전화금융사기는 2017년 24,259건에서 2018년 34,132건으로 건수로 41% 증가하였고, 피해액도 4,049억 원에 이르고 있다. 경찰에서는 편의상 전화를 이용하는 대출사기(82%를 차지하고 2017년 대비 50% 증가)나 기관을 사칭(28%, 전년대비 9% 증가)하여 금원을 사취하는 것은 전화금융사기로, 가짜 사이트가 팝업창 등으로 현출되어 있는 곳에 피해자가 자발적으로 접촉하여 금융정보를 입력하는 경우 계좌에서 돈을 빼가는 유형 등은 사이버 금융범죄로 분류한다.
82) 파밍은 사용자를 속여 사용자가 가짜 사이트에 접속하도록 유도하여 금전을 편취하는 수법이다.

오늘날 사이버 세계와 이에 대한 범죄유형을 모르고서는 사회생활이 힘들뿐더러 범죄 피해에 쉽게 노출될 우려가 높다. 또한 이러한 사이버 범죄의 경우 범인이 외국 사이트를 이용하여 신원확인이 어려울뿐더러, 밝혀진다 해도 외국에 있는 사람에 대하여 피해를 보상받는 것은 불가능에 가깝다. 따라서 이에 대한 정보를 공유하여 억울하게 범죄의 표적이 되는 일이 없도록 정부나 경찰에서 적극적인 노력을 기울일 필요가 있다. 심지어는 같은 경찰관서에 근무하면서도 잘 모르는 경우가 있을 정도이니 일반인들도 대부분 알기 쉽지 않은 것은 당연한지도 모르겠다. 여기서는 추가적인 피해자가 나오지 않기를 바라는 마음에서 일반인들이 피해를 입을 수 있는 범죄유형에 대해 소개하고자 한다.

우선 시스템을 잠그거나 데이터를 암호화해 사용할 수 없도록 한 뒤, 이를 인질로 삼아 금전을 요구하는 랜섬웨어(Ransomware)에 대해 알아보자. 이메일이나 웹사이트, P2P 사이트 등을 통해 퍼지며, 사용자 눈에 띄지 않게 파일 또는 데이터에 숨어 정체를 숨기는 방식으로 사용자의 컴퓨터를 감염시킨다. 이때 피해자가 대가를 지불한다고 하더라도 복잡한 암호화 알고리즘으로 인해 이를 만든 해커도 암호를 풀 수 없는 경우로 변질되고, 대가 역시 비트코인과 같은 가상 화폐로 받는 탓에 범인 검거도 어렵다.[83] 따라서 비용 지급은 지양하고 피해가 발생하였을

---

83) 2016년 대학병원, 경기도 동탄산업단지에 입주한 기업들이 랜섬웨어에 감염되어 다수가 피해를 당한 사례가 있다.

경우 인터넷 선과 PC 전원을 모두 차단하고, 하드디스크를 분리하여 전문보안업체를 통해 암호를 풀도록 요청해야 한다. 감염된 PC는 포맷 후 백신 프로그램 최신 버전을 설치한 후에 사용하고 한국인터넷진흥원(KISA)에서 제공하는 원격점검 서비스를 이용할 수도 있다. 예방을 위해서는 중요자료와 업무용 파일은 분리된 저장소에 정기적으로 백업하여 보관하고, 이메일이나 첨부파일을 함부로 열거나 실행하지 않도록 하며, 신뢰할 수 없는 사이트 접속과 불법 파일 다운로드에 주의하고 최신 백신 프로그램을 수시로 업데이트하는 것이 필요하다.

다음으로 피해가 가장 많은 유형인 인터넷 사기다. 구체적으로 직거래나 쇼핑몰, 게임 아이템 구매, 조건만남 사기, 카카오톡 지인 사칭 사기[84] 로맨스 스캠[85] 등이 있다. 중고나라나 쇼핑몰 등 정상적인 사이트로 가장하는 경우도 있는데, 이러한 범죄 수법은 수요가 많고 가격이 높은 스마트폰, 가전제품, 상품권 등을 대상으로 하며 배송을 받기 전까지 피해사실을 인지할 수 없기 때문에 신속한 대응에 한계가 있다. 그 때문에 이를 예방하기 위해서는 판매자에게 결제하기 전에 경찰청 사이버안전국 홈페이지와 사이버캅에 판매자 전화번호 및 계좌번호를 입력

---

84) 네이버 주소록을 이용하는 피해자의 네이버 계정을 해킹하여, 주소록에 보관된 피해자 지인들 전화번호를 탈취하여 피해자 이름으로 카카오톡을 생성한 뒤, 지인들에게 급하게 돈이 필요하다며 돈을 요구하는 유형으로 외국에서 카톡을 하는 경우 사진란에 지구본이 뜨는데 이럴 경우 인터넷 사기로 보고 피해를 보지 않도록 주의해야 한다.
85) 페이스북이나 SNS를 이용하여 자신을 해외 파병 미군 또는 사업가, 의사 등 고위전문직으로 소개하고 2~3개월간 연인행세를 하며 한국에 들어가 같이 살자고 피해자를 속여 입국 비용 명목으로 돈을 계좌로 받아 편취하는 수법이다.

하면 최근 3개월 내 경찰에 신고된 내역이 있는지를 확인할 수 있다. 대금을 송금할 경우에도 직접 상대방 계좌로 입금하지 말고, 에스크로(Escrow)제도[86]를 이용하여 거래하는 것이 좋다.

2018년 우리 사회를 뜨겁게 달구었던 불법촬영물 유포도 사이버 공간을 통해 순식간에 불특정 다수인에게 전파된다. 사이버상에서 음란물은 성인음란물과 아동음란물로 나뉜다. 성인음란물은 우리나라만 처벌되고 미국 등 다른 나라에서는 처벌되지 않는다. 이러한 이유로 국제공조에 한계가 존재하는 것이 사실이다. 아동음란물은 국내·외를 불문하고 처벌되기 때문에 국제공조가 잘 이루어진다. 문제는 음란물의 개념이 일반인들이 생각하는 것만큼 폭넓지 않다는 데 있다. 음란물에 대한 법률상 개념 정의는 없으나 판례는 전적 또는 지배적으로 성적 흥미에만 호소하는 것으로 매우 제한적으로 보고 있다.[87]

따라서 인터넷이나 SNS상에 떠다니는 영상이나 사진 등에 대한 음란성 여부에 대해서도 개별적·구체적으로 살펴볼 필요가 있으며, 불법

---

86) 전자상거래에서 비대면거래의 피해를 방지하기 위해 거래대금의 입출금을 제3자의 회사에 맡기는 제도로, 2004년 5월 전자상거래에서 소비자 피해가 급증함에 따라 도입되었다. 구매자는 송부된 상품을 확인하고 제삼자에게 상품이 도착했음을 알리고, 당초의 거래내용과 다른 경우에는 상품을 반송하거나 거래를 파기할 수 있다. 구매자가 이상 없이 상품을 구매하였다고 제3자(네이버 등)에게 통보해주면 그때 대금이 판매자에게 송부된다.
87) 전적 또는 지배적으로 성적 흥미에만 호소하고 문화·예술·사상·과학·의학·교육적 가치를 지니지 않은 것, 과도하게 노골적인 방법에 의해 성적 부위나 행위를 적나라하게 표현하거나 묘사한 것(2007도3815), 사회적으로 유해한 영향을 끼칠 위험성이 있다고 평가할 수 있을 정도로 노골적인 방법에 의하여 성적 부위를 노출하거나 성적 행위를 표현하는 경우(2007도3119) 등으로 매우 좁게 해석하고 있다.

촬영물을 올리는 경우에 이를 음란물이라 단정하기 어렵고, 성폭력처벌법에 의해 피해자의 의사에 반하여 촬영하거나 유포하는 행위를 처벌하고 있는데, 특히나 유포(법문상 '반포·판매·임대·제공 또는 공공연하게 선시·상영')의 경우 피해자의 의사에 반하여 유포가 이뤄졌다는 것을 입증하여야 하는데 이는 실무상 매우 큰 어려움이 따른다. 특히 불법촬영물이라면 유포행위 자체도 피해자의 의사에 반해서 이뤄졌다고 응당 판단할 수 있지만, 촬영물 자체가 피해자의 동의하에 촬영된 것이라면 유포행위가 피해자의 의사에 반한 것인지 여부를 판단하기가 쉽지 않다. 그렇다면 음란물로써 처벌 가능성을 검토해야 하는데 법원이 음란물의 개념도 좁게 해석하다 보니 처벌의 공백 지대가 발생하게 되는 문제가 있다. 음란물에 이르지 못하지만 성적수치심을 일으킬 수 있는 촬영물의 유포에 대하여 사전 동의가 없는 경우 처벌하도록 하고 동의의 입증 책임을 유포자에게 부과하도록 법을 개정해야 유포행위에 대한 제재 효과가 있을 것으로 생각된다.

사이버 경찰의 영역은 최근 자살에까지 확장되었다. '동반 자살' 소식을 심심치 않게 뉴스에서 들어 본 적이 있을 것이다. 이러한 행위는 대부분 서로 인연이 없는 익명의 사람들이 사이버상에서 모여 결행에 이르게 되는 경우가 많았다. 다행히 개정 자살예방법이 시행되어 2019년 7월부터는 자살동반자를 온라인상에서 모집하거나, 구체적인 자살 방법을 담은 글·사진·동영상 등을 인터넷에 올리거나, 자살 위해물건의 판매나 활용 정보, 명백한 자살 유발 목적 정보를 유통하면 2년 이하의 징역에 처하거나 2천만 원 이하의 벌금을 부과하는 형사제제 대상이 되었다. 온라인상에서 유통되는 자살 유발정보를 차단함으로써 그간 만연해온 생명경시 현상을 해소할 수 있길 기대해 본다. 기술이 발전하면서 경찰의 활동 영역 또한 점점 넓어지고 있다.

7. 성폭력 트라우마에 대한 특별한 이해: 뇌과학

경찰은 사건을 통해서 사람을 만난다. 그 한 사람은 사건의 가해자, 다른 한 사람은 피해자이거나 목격자다. 이들에 대한 조사를 통해서 범죄 사실을 확인하고 특정한다. 그리고 그 기록은 검찰을 거쳐 다시 법원으로 가서 유무죄 판단의 근거가 되기도 한다. 즉 경찰은 법원에서 최종적인 유무죄를 판단하는 최초의 접촉점인 셈이다. 사람 관계도 첫인상과 첫사랑이 강렬하고 오래가듯이 피해자나 피의자 모두에게 있어 특히 사건으로 인해 정신없고 경황이 없는 상황에서 맞닥뜨린 순간은 오래오래 기억된다. 그것이 상처로 남을 때는 더욱 그러하다. 여기에서 '수사 과정상 2차 피해, 트라우마(Trauma)'라는 것이 문제 된다. 많은 사람들이 '트라우마'를 언급하지만 어떤 것이 트라우마고, 어떤 메커니즘 속에서 트라우마가 발생하며, 어떤 노력과 대책을 강구해야 하는지에 대해서는 제대로 된 연구와 노력이 없었다.

정부는 특히 1차적으로 사건에 개입하는 경찰만 몰아치면 해결되는 줄 안다. 과연 그러한 사고로 조사 과정상의 트라우마를 잠재울 수 있을까? 그렇지 않다. 체계적인 연구가 필요하고 그 결과를 토대로 제대로 된 교육을 철저하게 실시한 후에 경찰관이 피해자와 가해자를 만나게 해야 한다. 우리의 경찰조사관은 그런 교육을 받지 못했다. 그런 연구도 없었다. 사수와 부사수라는 관계에서 선배 경찰이 가르쳐주는 것을 전수받는 어깨너머 배우기와 범죄구성요건을 어떻게 하면 알아내는 요령만을 적시한 교재만으로 배워왔다. 피의자는 처벌받아야 할 대상 그 이상 이하도 아니었다. 그 사람을 배려하거나 인간으로서 존중해주어야 하는 교육은 받지 못했다. 물론 법이나 규정에서 요구하는 피의자의 인권은 항상 강조되었다. 그러나 그의 심리상태가 어떤 상태에 있는지는 고려할 대상이 아니었다. 어떤 사람은 조사를 받고 나가서 극단적인 선택을 했었다. 우리나라는 전통적으로 피의자들이 극단적 선택을 하지 않아 왔는데 최근 들어서 경찰뿐만 아니라 검찰에서 조사를 받고 나와서 극단적인 선택을 하는 경우가 많아져 사회적 충격을 주기도 했다. 그러나 그뿐이었다. 경찰이나 검찰의 조사방식에 어떤 문제가 있었고 개선책이 무엇인지에 대한 깊은 논의와 연구는 진행되지 않았다. 그것은 현재도 진행형이다.

그러던 중 2018년 미투 현상이 전국을 강타하면서 성폭력 피해자에 대한 수사기관의 2차 피해 방지를 요구하는 목소리가 높았었다. 정부든 경찰이든 대책을 내놓아야 하는 처지였고 궁여지책으로 내놓은 것이 성폭력 피해자 조사모델 개발이었다. 언론에서 대서특필해 주었고 정부에서도 대표적인 대책의 하나로 홍보되었다. 그래서 개발이 추진되었다. 모델 개발에 있어 하버드 메디컬센터에서 10년간 성폭력 피해자에 대한 궤적을 추적하면서 연구한 결과[88]와 경기남부 해바라기 센터 부소장을 경험하면서 피해자의 심리와 피해자를 조사하는 수사관도 심리적인 영향을 받는 것을 최초로 정리해준 장형윤 교수의 자료가 커다란 도움을 주었다. 이것은 향후 경찰 조사에 커다란 획을 긋는 것으로 성폭력 조사뿐만 아니라 다른 범죄에서도 피해자의 심리를 고려한 조사가 진행되도록 추가적인 연구가 이루어져야 한다.

이곳에서는 성폭력으로 인해 피해자들은 어떤 영향을 받는지 그리고 그것이 경찰 진술에 어떻게 영향을 미치는지 알아보고자 한다.[89] 이를 위해서 먼저 뇌의 반응 메커니즘을 이해할 필요가 있다. 우리의 뇌는 이성을 담당하는 전전두엽(Prefrontal Cortex), 공포 감정을 주관하는 편도체(Amygdala), 단기기억을 장기기억으로 변환시키는 해마(Hippocampus)로 구성된다. 첫째 성폭력이 발생하는 동안 공포 회로가 다른 뇌 부위를 압도하여 ① 합리적이고 이성적인 행동도 어려워지고, ② 기억에도 영향을 미친다. 2017년 스웨덴에서 연구한 바에 따르면 전체 성폭력 피해자의 70%가 긴장성 부동화(Tonic Immobility)[90]를 경험했다고 한다. 성폭력이 일어나는 동안 몸이 얼어붙거나 마비되었다. 묶인 것도 아닌데 움직일 수 없었다. 소리를 내거나 비명을 지를 수 없었다. 멍한 느낌이 들었고, 자신과 주변에서 일어나는 일들로부터 동떨어진 느낌이었다고 한다. 이러한 긴장성 부동화 현상은 동물의 세계에서 빈번히 확인되는 반응이다.

---

88) 성폭력과 뇌(2018, Jim Hopper. Pd.D., 미 Harvard Medical Center).
89) 이하 경기남부 해바라기 센터 부소장이며 아주대 정신과 의사인 장형윤 교수의 자료를 인용하였음.
90) 긴장으로 인해 움직일 수가 없는 것을 말한다.

<뇌 구조와 성폭력의 영향>

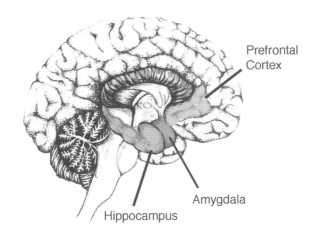

동물은 생명에 위협이 감지되는 순간 신체가 마비된 것과 같은 상태가 되며, 죽은 척함으로써 생존율을 높인다. 가사상태 혹은 긴장성 부동화 상태에 있는 동물은 겉으로는 죽었거나 잠을 자고 있는 듯이 보여 평온해 보이지만, 스트레스 호르몬 수치를 확인하면 극심한 스트레스 상태라는 것을 알 수 있다. 이러한 반응은 무릎반사 반응과 같이 의지로 조절되는 것이 아니기 때문에 성폭력 피해자들이 사건 발생 후에 '내가 그때 왜 더 적극적으로 저항하지 못했을까.' 하는 자책을 하는 경우가 많다. 이러한 자책감은 주변에서 '왜 저항하지 않았느냐'라고 추궁할 경우 더욱 심해지며 피해자의 회복을 저해하는 요소가 되기도 한다.

성폭력은 두 번째로 피해자의 기억에도 영향을 미친다. 단기기억을 장기기억으로 전환을 담당하는 해마의 기능을 저해하기 때문에 사건이 일어난 장소나 시간적인 순서에 대하여 불확실할 수 있다. 그러나 성폭력 사건 초기 발생 직전이나 직후에 일어난 일에 대해 자세하게 기억하는데 이는 우리의 뇌가 제한된 기억 저장 용량 내에서 생존에 필요한 유용한 정보만을 저장하는 메커니즘이 작동하기 때문이다. 그 이후에는 사건의 진행 과정이나 사건 후의 일들에 대해서는 기억을 잘 못 하거나 앞뒤가 안 맞고 조각난 기억만을 하는 경우가 많다. 즉 발생 초기나 성폭력을 당하는 동안 방어회로가 주의를 기울인 부분은 기억이 정확하고 일관성이 있지만 그 외 부분은 기억이 일관성이 없고 파편적이다. 문제는 방어회로라는 것이 본인이 도망가기 위한 것에 집중되어 있어서 범죄 수사에는 도움이 되지 않기 때문에 조사과정에서 피해자와 수사관 간에 문제가 발생하게 된다.

수사관은 범죄에 대한 입증을 위해 피해자 진술의 일관성과 정확한 기억을 요구한다. 수사단계에서 진술이 앞뒤가 안 맞고, 구체적으로 진술하지 않으면 수사관은 피해자를 의심하고 이상한 눈으로 보게 된다. 경찰, 검찰, 법원도 동일한 눈으로 피해자를 보고 있다. 이는 피해자의 뇌에서 일어나는 현상을 이해하지 못한 데서 발생하는 것이다. 미국의 경우 이러한 경험적·뇌과학적 지식을 경찰관, 검사, 판사가 공유하는 모임을 통해 피해자에 대한 이해를 넓혀가고 있다. 우리도 이런 종류의 모임이 활성화 되어야 할 것이다. '왜 사건 발생 당시 저항하지 않았을까?', '사건이 엄청 충격적이었다면서 왜 제대로 기억하지 못할까?' 등의 의문은 위의 설명으로 이해할 수 있는 것이다.

다음으로 '왜 사건 직후 바로 신고하지 않았을까?', '왜 신고까지 했으면서 수사에 비협조적일까?', '사건 후에 왜 피해자 같지 않게 행동했을까'하는 의문에 대해서 피해자는 성폭력 이후 사회의 편견과 비난, 수치심과 자책감으로 떳떳하게 행동하기가 어려워진다. 그리고 수사 과정에서의 질문으로 또다시 피해를 경험하게 되고 수사관이 자신의 진술을 신뢰하지 않는 듯한 느낌을 받게 되면 비협조적인 모습을 보이게 된다. 그리고 성폭력을 당했을 때 피해자가 사용하는 대응 전략은 회피와 부인이다. 사건을 인정하는 것은 본인이 피해자가 되었음을 인정하는 것이기 때문에 '별일 아니야', '똥 밟은 거야'라면서 아무렇지도 않은 것처럼 애쓴다. 이러한 메커니즘을 이해해야만 성폭력 사건에 대한 조사, 그리고 피해자에 대한 회복도 가능케 될 것이다.

성폭력 피해자들의 위와 같은 반응은 성폭력 사건을 조사하는 수사관들에게도 심리적인 영향을 주게 된다. 이러한 메커니즘을 이해하면서 수사관은 중립적이고 공정한 입장에서 조사할 수 있도록 노력해야 한다. 수사관에게 성폭력은 쉽지 않은 사건이다. 증거는 부족하고 진술에 의존해야 하며, 진술의 임의성, 구체성, 일관성 등 제반 사정을 감안하여 혐의 여부를 판단하는데 명확한 기준을 찾기가 쉽지 않다. 그럼에도 결론을 내야 하는 사건 자체의 어려움이 있고 사건 내용을 보면서 수사관도 피해자 또는 가해자에 대한 동일시 현상이 일어난다.

첫째, 피해자와의 동일시다. 피해자의 입장에 과도하게 감정이입을 하여 스스로 피해자와 동일시하는 심리상태가 될 수 있다. 특히 여성 수사관이 이런 상태를 경험하기 쉽다. 이 경우 피해자가 느꼈던 공포를 함께 느끼면서 압도된 느낌을 받거나, 지목된 가해자에 대한 분노가 강하게 들 수도 있다. 이때 수사관은 있는 그대로의 피해자를 보는 것이 아니라 자신의 주관이 투영된 피해자를 보게 된다. 일반적으로 피해자는 가해자에 대하여 좋거나 좋지 않은 여러 가지 감정을 갖게 되는데, 이러한 수사관 앞에서는 솔직한 자신의 감정을 그대로 진술하기가 어려워져 진술의 왜곡 현상이 있을 수 있다.

둘째, 가해자와의 동일시다. 이는 주로 남성 수사관에서 나타나는 현상이며, 심각한 2차 피해로 연결될 수 있다. 수사관은 피해자의 진술이 남성 전반에 대한 공격과 비난이라고 느껴질 수 있고, 가해자에 대한 분노가 자신에 대한 공격처럼 생각되어 반사적으로 가해자의 행동을 변명하거나 합리화하려 할 수 있다. 피해자도 즐긴 것은 아닌지, 피해자가 가해자의 의도를 잘못 이해한 것은 아닌지 등에 대하여 여러 번 묻거나 확인하는 행동을 취할 수 있다. 이때 피해자는 수사관이 공정하게 수사하는 것이 아니라 가해자 편이 되어 자신을 비난하고 있다고 느끼게 된다.

이상에서 살펴본 것처럼 경찰이 성폭력 사건 피해자 조사단계에서 단순히 범죄구성요건에만 충실해서는 경찰 목적도 달성할 수 없고 피해자에게 2차 피해를 줄 수 있다는 것을 알 수 있다. 경찰에서는 이미 19세 미만의 아동이나 장애인 등에게 신뢰관계인 동석, 진술 분석 전문가,

진술 조력인, 국선변호인, 속기사 지원 등의 제도가 마련되어 있고, 성폭력 수사와 의료기관인 해바라기 센터[91]에서 전문적인 조사가 진행된다. 병원에서 각 분야의 전문의가 모두 모여서 환자를 일시에 종합적으로 치료하는 것과 같은 개념이라 할 수 있다. 이러한 모델은 일본 등에서도 부러워할 정도로 발전된 모델이며, 향후 추가적인 예산지원을 통해 더욱 촘촘한 전국적인 망이 구축되어야 할 것이다. 경기남부의 경우 경찰서가 31개인데 해바라기 센터는 2개[92]에 불과하다. 이는 여가부가 매년 투입하는 예산을 전국에 1~2개 정도 지원하는 정도로 확보하고 있고, 병원 측에서도 해바라기 센터를 설치하게 되는 경우 별도의 경제적 이익을 얻지 못해 소극적인 입장을 취하는데 기인하고 있다. 향후 해바라기 센터를 신설하는 경우 병원에 일정한 메리트를 주고, 예산도 충분히 편성해서 병원에서 해바라기 센터 설치에 적극적으로 나설 수 있도록 정책적 배려가 필요해 보인다.

---

91) 해바라기 센터는 성폭력 피해자에 대한 통합적인 지원기관으로 전국에 총 32개가 있다. 이중 의료지원과 수사, 초기 심리치료를 담당하는 곳이 16개, 장기적인 심리치료까지 담당하는 곳이 16개가 있다. 이곳에는 상담사, 간호사, 여성 경찰 등이 상주하면서 통합적인 대응을 한다. 예산은 여가부 70%와 자치단체에서 30%를 부담하고 있다. 이곳에서 근무하는 여경들에 대해서는 동국대 조은경 교수팀이 초급, 중급, 고급, 동료전문가 수준별로 질문하는 요령과 실습 이에 대한 개인 피드백과 집단 피드백 등 상호 평가 등을 통해 아동·장애인에 대한 조사능력을 배양하고 있다.
92) 아주대 병원과 의정부 병원에서 운영하고 있다.

Part 2.

새로운 위험과 범죄 대응
[New Danger and Crime Management]

8. 여성이라서 '더' 무서워요.

경찰에게 여성은 어떤 의미이고 어떤 정책적 함의를 가질까? 이것을 알기 위해서는 먼저 범죄에 대해 여성이 남성과 달리 어떻게 반응하고 느끼는지를 알아볼 필요가 있다. 여성들이 갖는 범죄에 대한 막연한 두려움의 대부분은 성범죄일 것이다. 우리나라는 강력범죄 검거율이 월등히 높다. 그러나 그것은 여성 개개인이 겪는 범죄에 대한 두려움과는 별개이다.[93]

이와 관련해 2016년 12월 여성가족부에서 발간한 전국 성폭력실태조사 연구 자료에 따르면 '범죄피해에 대한 두려움'에 대하여 '전혀 두렵지 않다(1)'에서 '매우 두렵다(4)' 기준으로 조사한 결과 전체 평균은 2.0인데 반해 여성 평균은 2.5, 남성 평균은 1.6으로 나타나 여성이 남성보다 범죄피해에 대한 두려움이 더 큰 것으로 나타났다. 다시 말해 여성이 남성보다 본질적으로 일상생활에서의 두려움을 더 느낀다는 것이다. 두려움의 정도도 여성이 더 크지만 두려움을 느끼는 대상이나 상황도 현격한 차이를 보이고 있다. 여성은 밤늦게 혼자 다닐 때 성폭행에 대한 두려움이 76.3%로 가장 높았다. 택시, 공중화장실에서의 성폭행에 대한 두려움도 64.5%, 수리기사나 택배 등 집에 낯선 사람이 방문할 때도 65.3%, 폭행·강도·절도에 대한 두려움 61.5%, 길거리를 지날 때 남자들이 모여 있는 경우 52%, 지하철·버스 등에서의 성추행 49.3%, 불법촬영 영상물 유포 36.1%, 온라인상의 음란 채팅·욕설은 29.8%이었다. 이에 반해 남성의 불안감 최고 수준은 18.3%였다.[94]

여성의 불안감 수준

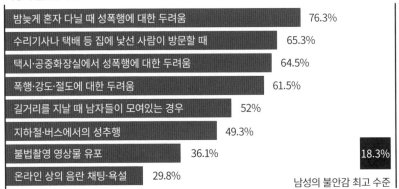

밤늦게 혼자 다닐 때 성폭행에 대한 두려움	76.3%
수리기사나 택배 등 집에 낯선 사람이 방문할 때	65.3%
택시·공중화장실에서 성폭행에 대한 두려움	64.5%
폭행·강도·절도에 대한 두려움	61.5%
길거리를 지날 때 남자들이 모여있는 경우	52%
지하철·버스에서의 성추행	49.3%
불법촬영 영상물 유포	36.1%
온라인 상의 음란 채팅·욕설	29.8%

18.3%
남성의 불안감 최고 수준

위의 자료를 보면 여성과 남성의 범죄에 대한 두려움 수준에 현격한 차이가 있음을 알 수 있다. 여성의 경우는 30%~80%에 육박하고 남성의 경우는 20% 이하 수준을 보여주고 있다. 또한 유형도 여성은 주로 성폭력, 신체와 재산 범죄 순인 반면 남성은 폭력이나 강도·절도 등 신체나 재산범죄에 대한 것이 비교적 높게 나타났다. 따라서 여성에 대한 치안 대책을 수립함에 있어 범죄피해 가능성에 대한 높은 수준의 두려움을 보이는 여성의 특성을 고려하여, 여성들이 두려워하는 범죄 유형

---

94) 구체적으로 살펴보면 폭행, 강·절도 등에 대한 두려움이 18.3%, 길거리를 지날 때 남자들이 모여 있는 경우 14.3%, 불법촬영 유포 11.6%, 밤늦게 혼자 다닐 때 성폭행에 대한 두려움 11.4%, 공중화장실 이용 시 성폭행에 대한 두려움 8.6%로 나타났다.

이나 상황에 대한 특별한 정책적 노력이 필요하다. 특히 통계청에서 발간한 '한국의 사회동향 2018'에 따르면 인구 10만 명 당 성폭력 발생률은 2007년에 비해 2016년에는 거의 2배로 증가하였다. 여성들 처지에서는 괜히 호들갑을 떠는 것이 아니다. 지난 10년 동안 2배 늘어난 유일한 범죄가 성범죄이기도 하다.[95]

경찰에서는 '여성'이라는 특별한 범주를 묶어서 종합치안대책을 추진하기보다는 2016년 5월 17일 강남역 살인사건이나 2018년 10월 22일 발생한 강서구 등촌동 전처 살인사건 등 사회적 공분을 불러일으킨 이슈에 발맞춰 정책적 대응을 해 왔다. 그러나 장기적이고 체계적인 접근은 여전히 부족한 것 같다.[96] 경찰청에서 여성안전기획관을 신설하여 여성범죄에 대한 대책을 기획하고, 현안 대응과 점검, 수사와 피해자 보호 등에 이르는 전반적인 대응을 하려는 것은 한 단계 진일보한 것이나 여성범죄의 본질에 대한 심도 있는 연구와 이에 따른 대책 등 체계적인 대응이 필요해 보인다. 이하에서는 2018년 봇물처럼 터져 나온 미투(Me, too)와 홍대 몰카 사건 이후 편파수사주장, 불법촬영 등 성폭력[97]과 가정폭력, 스토킹, 데이트 폭력에 대해 알아보고자 한다.

---

93), 95) 중앙일보, 2019. 3. 17, "범죄심리학자가 본 '대한민국 성범죄'… 실체 없는 불안의 원인!"
96) 각종 채널을 통한 의견수렴 및 범죄예방경찰관(C.P.O)이 진단을 한 후 순찰을 강화한다든지, 여성안심귀가길이나 여성안심순찰선을 설정하거나 필요시 특정지역을 여성안심구역으로 지정하여 특별순찰을 실시하거나 또는 CPTED 기법을 적용하여 환경을 개선하는 정도이다.
97) 우리나라의 성폭력 사건은 연간 3만여 건 내외다. 강간이나 강제추행이 2만 2천여 건, 카메라 이용촬영이 6천여 건, 통신매체이용음란이 1,200여 건, 성적 목적 다중이용장소 침입이 400여 건 정도 발생한다.

미투(Me, too) 돌풍, 경찰은 무얼 했나?: 성폭력

우리나라의 미투는 2018년 1월 말 서지현 검사의 jtbc 폭로 인터뷰로 시작되었다.

물론 서 검사의 폭로 이전에도 성폭력에 대한 폭로가 있었지만 폭발적인 관심을 얻거나 사회 전반에 영향을 미치지는 못했다. 서 검사의 폭로는 일반인의 상식을 넘어서는 것이었다. 당시만 해도 검사는 이 사회에서 힘의 상징이고 누구도 건드리지 못할 권위의 상징이었는데 이런 사람도 성폭력의 대상이 될 수 있고, 그 충격에 힘들어하며 더 나아가 가해자가 같은 검사라는데 사회적 충격파가 컸던 것 같다. 1차 충격파는 서 검사가 소속된 법무부와 검찰청이었는데 2월 말부터 연극계와 영화계 등에서 연이은 폭로가 나오면서 3월부터는 전 사회적인 현상이 되었다. 초기에 정부도 대책을 강구해야 했는데 어떤 부처가 관련되고 어디서 컨트롤타워를 해야 하는지에 대해서 논란이 있었다. 정부에서는 여성가족부를 컨트롤타워로 지정하고 문체부, 교육부, 법무부, 고용노동부, 행안부, 경찰청 등이 참여하는 협의체를 구성하였다. 물론 그 이전부터 협의체는 있었는데 어떤 부분에 초점을 맞추어야 할지 정확히 목표설정을 못한 채 공공부문에 대한 점검대책을 내놓아 언론의 따가운 질책을 받았다.

경찰도 예외가 아니어서 이제껏 '미투'와 관련해서 어떻게 입장을 취하고 대응해야 할지 선례가 전무했다. 국회에서는 연일 왜 경찰청에서 적극적으로 나서서 단속하지 않느냐면서 경찰을 질타했다. 국회도 '미투'가 무엇인지 어떻게 대응해야 하는지 본질을 알지 못한 채 몰아붙이기만 했지만 일부 입법적인 성과를 내기도 했다. 현재 국회에서는 동의하지 않는 성관계를 처벌하도록 하는 형법 개정안(일명 '비동의 간음죄')이 발의된 상태이다.

경찰의 입장을 정하는 것은 성폭력 대책과의 몫이었고 나는 그 책임자였다. 잡범이나 조폭처럼 수사본부를 설치하고 신고센터를 만들고 때려잡듯이 해야 하는지 확신이 서지 않아 여성단체 전문가와 박사급 연구원에게 자문을 받아보았다. 이들의 의견은 정반대였다. '미투' 현상을 경찰에서 신고센터를 세우고 강력하게 대응하면 '미투'는 움츠러들고

<'미투' 운동을 통한 법률 개정>

일 시	법 률 명	개정 내용
2018. 10. 16.	형법	'업무상 위계·위력에 의한 간음죄' 법정형 상향 (5년↓징역/1,500만 원↓벌금→7년↓징역/3,000만 원↓벌금)
2018. 10. 16.	성폭력처벌법	'업무상 위계·위력에 의한 추행죄' 법정형 상향 (2년↓징역/500만 원↓벌금→3년↓징역/1,500만 원↓벌금)
2019. 4. 17.	국가공무원법 지방공무원법	·임용결격성범죄 확대 : 성폭력처벌법 2조의 모든 범죄 ·임용결격성범죄 벌금 선고 형량 : 300만 원↑→100만 원↑ ·임용결격 기간 : 형이 확정된 후 2년 → 3년
2018. 10. 16.	예술인복지법	·국가 및 지자체의 성희롱, 성폭력으로부터 예술인 보호를 위한 시책 마련 규정 신설 ·한국예술인복지재단이 예술계 성희롱, 성폭력 예방 교육 및 예술인의 피해구제 지원토록 함

죽는다고 했다. '미투'는 자신의 내밀한 부분을 노출시키는 것으로 반드시 수사로 연결될 필요는 없고 다양한 단계에서 개선과 제재, 그리고 피해에 대한 회복이 이루어지는 과정을 거치는 것이 필요하다는 의견이었다. 이런 의견에 따라 경찰은 1차적으로 개입하기보다는 관련부처나 기관에서 자체적인 신고망을 가동하고 분류를 해서 처벌의 필요성이 있거나 피해자가 처벌을 원하는 경우 경찰에 넘기면 경찰은 신속하고도 엄정하게 처리하는 기조를 유지하되 경찰단계에서 2차 피해[98]가 발생하지 않도록 하고 피해자 보호에도 만전을 기하도록 했다.

　이러한 기조하에 초기대응이 이루어졌고, 처음 연극계에서 불거진 미투사건의 당사자들을 구속시키면서 정부의 강력한 기조가 힘을 받기 시작했다. 미투 수사가 진행되면서 각종 언론 등에서 연예와 사건의 경계를 넘나드는 보도가 넘쳐났고, 안타깝게도 목숨을 끊는 일도 있었다. 전 사회와 언론의 과도한 관심이 사람을 사지로 몰고 가지는 않았는지 되돌아봐야 할 일이다. 이렇게 미투 전쟁을 치르던 2018년 5월 중순경, 홍대 몰카 사건[99]이 발생했다.

---

98) 초기에 '2차 피해'의 개념에 대해서 명확하게 정립된 것이 없었다. '2차 피해'를 방지해야 한다는 용어를 사용했지만 그것이 어떤 의미인지는 논자에 따라 달랐다. 경찰에서도 '2차 피해'라는 용어를 부분적으로 사용할 뿐 명확한 개념이 없어서 개념의 명확화가 필요했다. 경찰에서 참고한 것은 미국 일리노이 대학 Rebecca Campbell과 Sheela Raja가 정의한 것으로 피해자에 대한 비난, 조사방식이나 환경 등에서 겪게 되는 트라우마로 정의했다. 이전에는 말투를 조심하라는 지시만 내려가서 일선에서 구체적으로 어떻게 적용해야 할지 몰라 수사관들이 현장에서 많은 고생을 했다고 한다.
99) 홍대 누드모델 몰카 사건은 5월 1일 홍익대 교실에서 모델의 신체를 촬영하고 남성혐오 사이트에 올린 사안으로 5월 4일 홍익대에서 수사의뢰하고, 경찰에서 신속하게 수사하여 5월 12일 여성 피의자를 구속하였다.

<불법촬영에 대한 처벌 상향>

시 기	법률 내용
2018. 10. 16. 이전	① 카메라나 그 밖에 이와 유사한 기능을 갖춘 기계장치를 이용하여 성적 욕망 또는 수치심을 유발할 수 있는 다른 사람의 신체를 그 의사에 반하여 촬영하거나 그 촬영물을 반포·판매·임대·제공 또는 공공연하게 전시·상영한 자(이하 '반포 등') <u>5년 이하의 징역 또는 1천만 원 이하의 벌금</u>에 처한다. ② 1항의 촬영이 촬영 당시에는 촬영 대상자의 의사에 반하지 아니하는 경우에도 사후에 그 의사에 반하여 촬영물을 반포 등을 한 자는 <u>3년 이하의 징역 또는 500만 원 이하의 벌금</u>에 처한다.

⇩

시 기	법률 내용
2018. 12. 18. 이후	① ...(중략)...<u>5년 이하의 징역 또는 3천만 원 이하의 벌금</u>에 처한다. ② ...(중략)...<u>5년 이하의 징역 또는 3천만 원 이하의 벌금</u>에 처한다.

속칭 '몰카 범죄'라고 하는 것은 성폭력범죄의 처벌 등에 관한 특례법 제14조(카메라 등을 이용한 촬영)에서 규정하고 있다. 한국여성인권진흥원에서는 '몰카'라는 표현이 범죄에 대한 안일한 인식을 줄 수 있어 '불법촬영'이라는 용어를 써줄 것을 요청하여 경찰 등 정부기관에서도 '불법촬영'이라는 용어로 통일하였다.

경찰이 미투나 불법촬영 사건에 신속하고 적극적으로 대응하던 차에 홍대 몰카 사건은 예기치 않은 방향으로 흘렀다. '불편한 용기'라는 여성단체에서 홍대 몰카 사건은 피의자가 여성이기 때문에 신속하게 수사를 진행하였다며 경찰의 편파수사[100]를 규탄하는 집회를 혜화역에서

---

100) 2012년~2017년 불법촬영에 대한 경찰청 통계에 의하면 남성의 구속 비율은 1.9%(538명/28,044명), 여성 구속 비율은 0.1%(1명/799명)로 남성의 구속 비율이 19배 더 높게 나오고 있다. 이에 대하여 여성단체에서는 수긍하지 않으면서, 불법촬영범죄에 대한 경찰이나 정부 당국의 의지, 수사단계에서 배려나 법제도적 지원기반이 부족하다고 비판하였다.

개최하면서 정부와 경찰을 공격했다. 예상보다 많은 인원이 모이자 정부에서는 정책적 관심을 가지고 대응 강도를 높여나갔다. 다만 정부로서는 구체적인 액션에 있어 당장 취할 수 있는 것이 별로 없었고 법 개정처럼 시간이 소요되는 것이 대부분이어서 가시적이고 속도감 있게 추진하기 위해서는 경찰에서 적극적으로 나서는 수밖에 없었다.

이에 경찰은 on·off-line 상에서 일어나는 불법촬영에 총력대응을 하였다. 특히 사이버수사 기능에서 미국 수사기관과 미국 서버의 협조를 받아 사이버 성폭력에 대하여 의미 있는 성과를 거두게 되면서 여성단체에서도 경찰에게 신뢰를 보내게 되었다. 또한 여가부·법무부·교육부·고용노동부 등 각 부처에서 법 개정과 제도개선을 같이 이끌어내면서 미투와 불법촬영, 사이버 성폭력 관리에 대해서 어느 정도 안정화 단계에 들어오지 않았나 생각된다.

이와는 별도로 경찰에서는 2018년 10월에 2차 피해 방지를 위해 성폭력 피해자 조사모델을 개발했다.[101] 미투 현상에 따른 여성계의 강력한 대책 요구에 경찰에서 내놓은 대책이기는 했지만 전 세계적으로 조사모델을 가지고 있는 나라는 없었다. 이러한 상황에서 제한된 시간 내에 연구자도 아닌 경찰청 담당자들이 조사모델을 만든다는 것은 쉬운 일이

---

101) 이에 대한 연구로는 미국 Harvard Medical Center(Jim Hopper, Pd.D)에서 10년간 성폭력 피해자에 대한 궤적을 추적한 '성폭력과 뇌', 아주대병원 소아정신과 전문의 장형윤 교수의 '성폭력 트라우마에 대한 이해'가 있다.

<성폭력 피해자 조사 모델>

'성폭력 피해자 조사 모델'은 일선 수사관들의 인식과 태도, 조사 관행 등을 획기적으로 개선하고자 제작되었고, 아래와 같은 내용을 담고 있다.

✓ 성폭력 피해 진술의 중요성과 법적 지위
✓ 성폭력 트라우마에 대한 이해
✓ 성폭력 피해자를 위한 정보수집형 면담 기법
✓ 실태조사를 통한 2차 피해 사례 분석
✓ 조사기법을 적용한 단계별 대응 가이드라인
✓ 피해자 조사 사례

아니었다. 성폭력 대책과 내에 T/F팀을 구성하고, 영국과 미국·UN 성폭력수사 가이드라인, 실제 피해자에 대한 수사관·심리상담사의 심층 면접, 피해자 진술조서 분석, 설문조사는 물론 심리학자·정신과 의사 등이 참여하여 1차 초안을 만들고, 다시 현장 수사 실무자와 경찰청 실무자 간 수차례에 걸친 합숙 토론을 통해 2차 초안, 그리고 수정·보완 후 변호사와 판사, 일선 수사관, 여성단체 등의 검토를 거쳐 시범실시 후 2019년 초기에 전국으로 확대 시행 중에 있다. 전문가와 현장 실무자 간 시간을 갖고 심층적인 연구와 조사를 토대로 진행되지는 않았지만 많은 경찰관과 전문가들이 사명감을 갖고 임해준 덕분에 결과물이 나올 수 있지 않았나 생각된다.

끝나지 않는 범죄, 충분치 못한 대응체계: 가정폭력

다음으로 가정폭력[102]에 대해 살펴보자. 우리나라에도 가정폭력이 더이상 집안 문제는 아니라는 인식이 널리 퍼져있고, 경찰에서도 강하게 개입하려는 의지를 피력하고 있다. 그럼에도 불구하고 가정폭력이라는 현상을 관리하기에는 현행 법제나 경찰관의 인식에 있어서 개선의 여지는 적지 않다. 살인이나 중범죄를 저지르는 사람의 70~80%가 가정폭력에 노출된 경험이 있다고 한다. 또한 가정폭력은 정서적·경제적으로 연결된 한정된 공간에서 이루어져 반복되어도 외부로 노출되지 않는 특성을 가지고 있다. 외부로 1회라도 노출되는 경우에는 1회 이상의 가정폭력이 있었을 것이라는 점을 감안하여 사안을 심각하게 받아들이고, 피해자의 의사가 가해자로부터 자유롭지 못하고 지배당하고 있다는 점에서 시간과 공간이 분리된 곳에서 처벌 의사를 물어야 함에도 현장에서는 이에 대한 인식 부족과 사무 공간상의 제약으로 적절히 처리되지 못하는 경우도 있다. 경찰에서는 이러한 공백을 메우기 위해 출동경찰관이 위험성을 판단할 수 있는 재범성위험조사표[103]를 활용하도록 하고 있다. 여기서는 사건의 심각성, 피해자의 심리상태, 가정폭력전력, 가해자 성격의 심리적 특성에 따른 평가 문항으로 일정 점수가 넘으면 위험하다고

---

102) 가정폭력은 연간 4만여 건 발생하며 점차 건수는 감소하는 추세다.
103) 현행 위험성조사표에 대하여 여성활동가들은 신체적·물리적 폭력의 심각성만으로 위험도를 측정하려 하여 현장에서 가정폭력 피해자가 처한 위험을 제대로 파악하지 못해 경찰이 적절한 조치를 취하지 못하게 하고 있다면서 정서적·성적·경제적 학대 및 지속과 반복성도 구체적으로 파악할 수 있도록 개선되어야 한다고 주장하였고, 이에 따라 경찰청에서 개선안을 마련하여 시행 중에 있다.

<가정폭력 검거·조치 현황[106]>

구 분	검거건수	검거인원			가정보호사건
		계	구속	불구속	
2014년	17,557건	18,666명	250명	18,416명	2,819명
2015년	40,882건	47,549명	606명	46,943명	15,710명
2016년	45,614건	53,476명	509명	52,967명	19,826명
2017년	38,489건	45,206명	384명	44,822명	15,965명

판단하여 긴급임시조치[104]를 취하도록 하고 있다. 그러나 현장의 문제점은 경찰관이 취할 수 있는 법적 조치인 현행범 체포, 긴급체포, 응급조치, 긴급임시 조치가 실효성이 떨어진다는 데 있다.

우선 현행범 체포범위는 일반인이 생각하는 것만큼 넓지도 쉽지도 않다. 일반인들은 싸움이 일어나서 신고를 했는데 이미 싸움이 종료된 경우에 도착한 경찰관이 왜 현행범으로 체포를 하지 않느냐면서 경찰을 비난하기도 한다. 그러나 경찰은 법률과 판례를 따를 수밖에 없다. 판례는 주민신고를 받고 현장에 도착하니 이미 싸움이 끝나 의자에 앉아 있는데 체포한 경우를 위법한 현행범 체포라고 판시하였다.[106] 법률은

---

104) 가정폭력 사건에 대하여 경찰관은 폭력행위의 제지, 분리 및 범죄수사, 피해자의 상담소 또는 보호시설, 의료기관 인도 등에도 불구하고 재발 우려가 있고 긴급한 경우 퇴거 등 격리, 100m 접근금지, 전기통신접근금지 조치를 취할 수 있고, 긴급임시조치를 취한 경우에는 임시조치를 검사에게 신청하여야 한다. 긴급임시조치를 위반한 경우 300만 원 이하 과태료, 임시조치 위반 시 500만 원 이하의 과태료에 처할 수 있다.
105) 가정폭력 범죄 검거·조치 현황 – 2018년 경찰백서 제4절 사회적 약자 보호 3대 치안정책 추진 편
106) 대법원 1995. 5. 9, 94도 3016

<가정폭력과 관련된 법원-경찰의 갈등 사례>

<2019. 4. 3. 조선일보, "112 신고된 집에 경찰 진입 안 된다고?">

영장 없이 집안에 들어온 경찰 때린 남성 무죄… 항소심 판결 논란
"묻지도 띠지지도 말고 들어가라더니 이세 와 위법" 경찰들 부글

→ "아버지와 아들이 싸우는 것 같다"는 112신고를 받고 대구의 한 가정에 출동한 경찰관이 현관 초인종을 누르고 문을 두드렸지만 집 안에는 인기척이 없어, 시정되어있지 않은 현관문을 열고 들어갔다. 그런데 안에 있던 OO 씨가 '누구냐'라고 소리를 지르며 유리병을 경찰관을 향해 던지고 주먹으로 경찰관의 얼굴을 때렸던 사건이다. 위 판결로 인해 당시 "112 신고된 집이 조용하면 그냥 돌아오라는 것이냐", "이후 발생할 수 있는 범죄는 누구의 책임이냐"며 경찰관들이 거세게 반발하였고, 경찰청 차원에서 검찰 측에 상고가 필요하다는 의견을 전달하여 법원 판결에 공식적으로 반발한 사례였다.

현행범을 범죄의 '실행 중'이거나 '실행즉후'[107]인 자를 말한다. 여기서 실행 중인 것은 문제가 되지 않지만 '실행즉후'에 대하여 판례는 행위를 종료한 순간 또는 이에 접착한 시간적·장소적 단계라고 정의한다. 이 접착성을 판례는 매우 좁게 해석하고, 만일 이러한 접착성이 인정된다고 하더라도 판례는 법률에 규정이 없는 도망이나 증거인멸이라는 체포의 필요성을 다시 요구하고 있다.

따라서 가정폭력 사건에서 현행범으로 체포할 수 있는 경우는 많지 않고 체포가 불법이라고 판단되는 경우 해당 경찰관은 불법체포·감금

---

107) 법률 규정상 '실행즉후'란 행위를 종료하는 순간 또는 이에 접착한 시간적 단계를 말하는 것으로 일반적으로 실행 직후로 이해하면 된다.

죄와 민사상 손해배상, 내부 징계까지 당해야 하는 처지에 놓이게 된다. 이러한 상황에서 현장 경찰관들이 신고자들이 요구한다고 해서 현행범 체포를 할 수 있겠는가? 특히 가정폭력과 같이 대부분 신고 현장에서 피의자가 현장을 이탈하지 않고 그대로 있는 등 주거지가 명확하거나 증거가 다 확보된 상태라면 경찰관이 할 수 있는 것은 상대방의 동의를 전제로 하는 임의동행에 의존할 수밖에 없다. 더욱이 대개 쌍방 폭행이 이루어진 탓에 일방을 전적으로 피해자라고 보기도 어렵다. 이에 신고자나 피해자들이 경찰이 소극적으로 대응하고 가해자 편을 드는 것이 아니냐면서 경찰을 비난하게 되는 것이다. 판사는 형사정책의 한 축이며 이들의 결정이 판결로 나타나면 형사정책에 커다란 영향을 미치게 된다.

자신들의 판결로 인해 현장에서 법 집행이 어떻게 왜곡되고 어떤 결과가 초래되는지에 대한 깊은 고민과 성찰이 부족한 판결들이 있다. 인권보호라는 명분으로 법률에도 없는 요건을 만들어 판결을 내보내고 그 결과가 다른 사람의 권익을 침해하는 결과를 초래하고 심각한 질서문란과 사회적 비용을 지출해야 한다는 사실을 알아야 한다. 따라서 법원에도 상식을 대변하는 배심원들이 더 폭넓게 들어가서 결정을 해야 한다. 즉 사법의 민주화가 필요하다.

다음으로 긴급체포에 대해서 알아보면, 법률에는 장기 3년 이상의 범죄로 체포의 필요성과 긴급성을 요구한다. 여기에서도 현행범 체포와 마찬가지로 도주 우려와 증거인멸이라는 필요성, 판사의 영장을 받아서는 체포할 수 없거나 체포가 현저히 곤란할 것을 요구[108]하는 등 적법성 확보 요건을 좁게 해석하고 있다. 따라서 긴급체포도 쉽게 할 수 있는 선택지가 아니다.

나음으로 경찰관이 현장에 출동해서 1차적으로 취하는 응급조치는 제지·분리, 수사, 상담소나 보호소·병원 인도 등인데 법적으로는 아무런 의미가 없는 응급조치라는 개념을 넣었다. 제지나 분리 등에 저항[109]한다고 해서 경찰이 할 수 있는 것은 아무것도 없다. 긴급임시조치나 임시조치를 취한다 해도 위반하는 경우 과태료부과[110]에 불과해 현장에서 가해자를 처벌하거나 제재할 수가 없다.

미국의 경우 가정폭력 가해자에 대해 체포 우선주의가 법으로 규정

\<가정폭력 범죄의 재범률과 (긴급)임시조치>

재범률 현황 : 2016년 3.8% → 2017년 6.1% → 2018년 9.2%

✓ 긴급임시조치
· 절차 : 현장 경찰관이 법원의 임시조치 결정 전에 직권 또는 피해자의 신청으로 결정
· 내용 : 1. 피해자 또는 가정구성원의 주거 또는 점유하는 방실로부터의 퇴거 등 격리
       2. 피해자 또는 가정구성원의 주거·직장 등에서 100m 이내의 접근금지
       3. 피해자 또는 가정구성원에 대한 전기통신을 이용한 접근금지
· 위반 시 처벌 : 과태료 300만 원(형사처벌이 아니므로 위반 시 강제력 행사 불가)

✓ 임시조치
· 절차 : 경찰관이 검사에게 신청 후 검사가 법원에 청구하여 법원이 결정
· 내용 : 1. ~ 3. 까지 긴급임시조치 내용과 같음
       4. 의료기관이나 그 밖의 요양소에의 위탁
       5. 국가경찰관서의 유치장 또는 구치소에의 유치
       → '5.'항의 경우 결정된 임시조치를 위반해 재발 우려가 있는 경우 가능
· 위반 시 처벌 : 과태료 500만 원(형사처벌이 아니므로 위반 시 강제력 행사 불가)

되어 있으며, 영국도 중재 중심의 정책에서 체포 중심의 정책으로 전환하여 가정폭력에 대한 대응 수위를 높이고 있다. 우리나라의 경우 앞에서 이야기한 바와 같이 현행법상 체포하기에는 현실적으로 어려운 여건이 많고, 각종 임시조치는 영장주의의 적용을 받는 것으로 보아 검사를 경유하여 법원을 통해 결정받는 구조로 되어 있어 법원의 결정진까지 피해를 막는 데에는 제도적으로 한계가 있다.

이러한 상황이라면 어떻게 해야 할까? 현장에서 경찰관이 현행범[111]과 긴급체포를 용이하게 할 수 있도록 판례에서 현재보다 더 넓게 인정하거나 아니면 법률을 개정할 필요가 있다. 다음으로 가정폭력처벌법에서 규정하고 있는 응급이나 긴급임시조치, 임시조치 위반에 대하여 형벌을 부과함으로써 현장에서 집행력을 제고해야 한다.[112] 뿐만 아니라 경찰 스스로도 현장 법 집행을 담당하는 지구대·파출소 직원에게 가정폭력의 본질과 특성에 대한 교육을 강화하여 가정폭력을 다루는 경찰들이 효과적으로 대응할 수 있도록 하여야 한다.

---

108) 대법원은 경찰관이 필로폰 투약의 의심이 있는 피고인의 주거지를 방문하여 나오라고 하였으나 응하지 않자 강제로 문을 열고 들어가 긴급체포한 사안에서, 경찰관이 이미 피고인의 신원과 주거지, 전화번호 등을 모두 파악하고 있었고, 당시 마약 투약의 증거가 급속하게 소멸될 상황도 아니었던 점 등의 사정을 감안하면 긴급체포가 미리 체포영장을 받을 시간적 여유가 없었던 경우에 해당하지 않아 위법하다(대법원 2006. 9. 8, 2006도 148)며 긴급성의 범위를 매우 좁게 해석하고 있다.
109) 물론 공무집행방해에 이를 정도로 폭행·협박이 있는 경우에는 공무집행해죄로 처벌은 가능하다.
110) 과태료는 행정질서벌로 행정청에서 사후에 경제적 제재금을 부과하는 것으로 형벌이 아니기 때문에 강제력을 사용할 수 없다.
111) 여성가족부와 법무부는 가정폭력처벌법 개정안에는 응급조치 내용에 현행범 체포를 규정한다는 것인데 의미 없는 규정이며, 현행범의 개념을 개정하는 것이 바람직한 개정 방향이다.
112) 이에 대해 법무부나 검찰에서는 행정명령을 위반했다고 해서 바로 형벌을 부과하는 것은 법체계에 맞지 않고, 현장에서 경찰에게 강제권을 부여하는 것은 인권남용이 있을 수 있다면서 반대하였으나 2018년 11월 27일 정부합동 대책 회의에서 형벌을 규정하기로 입장을 변경하였다.

열 번 찍어 안 넘어가는 나무 없다?: 스토킹

스토킹과 데이트 폭력은 현행법상 법적인 개념은 아니다. 행위 유형은 비슷하게 나타나지만 스토킹은 사귀기 전이나 헤어진 후에 발생하며, 데이트 폭력은 사귀는 과정에서 발생한다. 데이트 폭력과 가정폭력은 사실혼 여부에 따라 달라진다. 사실혼이 성립하려면 주관적으로 당사자 사이에 혼인의 의사가 있어야 하고, 객관적인 면에서 부부 공동생활을 인정할 만한 혼인생활의 실체가 있어야 한다. 통상 경찰에서는 사실혼 여부를 현장에서 판단하기 어려워 판례를 유형화하여 기준을 삼는데 주로 3년 이상 동거 여부, 가해자와 자녀 출산 여부, 제사 등 가해자 집안 행사 참여 여부, 생활비 공동이용, 주위에서 결혼한 것으로 인식하는 항목 중에서 2개 이상에 해당하는 경우 사실혼으로 간주한다. 따라서 단순히 동거 중인 상태에서 폭력이 발생하면 가정폭력으로 인정되지 않아 가정폭력처벌법상의 긴급임시조치나 임시조치의 보호대상이 될 수 없는 맹점이 있다.

먼저 스토킹에 대해서 알아보자. 현재 스토킹에 대한 대표적인 법률은 경범죄처벌법이다. 동법 제3조 41호에서 '지속적 괴롭힘'이라는 죄명으로 '상대방의 명시적 의사에 반하여 지속적으로 접근을 시도하여 면회 또는 교제를 요구하거나 지켜보기, 따라다니기, 잠복하여 기다리기 등의 행위를 반복하여 하는 행위'에 대하여 10만 원 이하의 벌금, 구류, 과료의 형에 처할 수 있도록 규정하고 있다.

그러나 스토킹 양상은 폭행, 협박이나 사이버 공간을 이용한 영상 유포 등 경범죄처벌법의 규정 범위를 뛰어넘는 다양한 양상으로 나타나고 있다. 구성요건도 '상대방의 명시적 의사에 반하여'라는 규정으로 명시적 의사에 반하였는지 여부를 입증해야 처벌이 가능하고 이로 인해 '명시적으로 반대 의사'를 밝히기 어려운 경우 처벌이 불가능하게 된다. 설사 구성요건에 해당한다고 하더라도 처벌 수준이 10만 원 이하의 벌금 정도에 불과하여 가해자를 현행범으로 체포[113]하거나 효과적으로 제재할 수 있는 강력한 법적 수단이 없다.

앞서 본 바와 같이 스토킹은 경범죄처벌법 이외에 다양한 유형으로 나타난다. 전국적인 통계는 없지만 오산경찰서 2018년 통계를 보면 행위 주체는 남자가 83.3%, 여자가 16.7%, 관계는 연인 사이가 58.3%, 모르는 관계가 41.7%, 유형은 교제 요구가 75%, 지켜보기·따라다니기·반복 전화가 각 8.3%를 차지했다. 통계에 산입되지는 않았지만 현실에서는 신체에 대한 폭행, 협박, 주거침입, 허위사실 유포·위계·위력에 의한 업무방해, 정보통신망을 이용한 영상이나 사진, 문자, 부호의 전달, 통신매체를 이용한 음란물 등의 전달 등도 이루어지고 있다. 다만 이러한 행위는 형법이나 성폭력특별법 등 개별 법률에 근거하여 처벌할 수 있다.

---

113) 앞에서도 설명했지만 현행범은 범행 중이거나 실행즉후인 경우에 해당하여야 하고, 체포를 위해서는 증거인멸이나 도주 우려가 있어야 한다. 특히 50만 원 이하의 벌금에 처하는 경우에 주거가 불분명할 때에만 체포가 가능하다. 따라서 현장 경찰관이 할 수 있는 수단이 거의 없다고 보면 된다.

<스토킹 행위유형별 관련 처벌 규정>

행위 유형	처벌 규정
폭행(신체에 대한 유형력 행사)	형법 / 폭행(제260조) 2년↓싱역 또는 500만 원↓벌금
협박(공포심을 일으킬 정도의 해악의 고지)	형법 / 협박(제283조) 3년↓징역 또는 500만 원↓벌금, 구류,과료
주거, 관리하는 건조물 등 침입	형법 / 주거침입(제319조) 3년↓ 징역 또는 500만 원↓벌금
허위사실 유포 위계 위력 업무방해	형법 / 업무방해(제314조) 5년↓징역 또는 1500만원↓벌금
공포심/불안감 유발하는 부호 문언 음향 화상 영상을 반복적으로 전달	정통망법 / 공포심 불안감 유발 (제44조의7 제1항 제3호) 1년↓징역 또는 1000만 원↓벌금
음란한 부호 문언 음향 화상 영상을 배포 판매 임대하거나 공공연하게 전시	정통망법 / 불법음란정보 유통 (제44조의7 제1항 제1호) 1년↓징역 또는 1000만 원↓벌금
자기 또는 타인의 성적 욕망을 유발하거나 만족시킬 목적으로 통신매체 통해 성적수치심, 혐오감을 일으키는 말, 글, 영상 등 전달	성폭력처벌법/통신매체이용 음란(13조) 2년↓징역 또는 500만 원↓벌금
명시적 의사에 반해 지속적으로 면회, 교제요구, 지켜보기, 따라다니기 등 반복	경범죄처벌법 / 지속적괴롭힘 (제3조41호) 10만 원↓벌금, 구류, 또는 과료
정당한 이유 없이 전화 문자 편지 등을 여러 차례 되풀이하여 괴롭힘	경범죄처벌법 / 장난전화등 (제3조40호) 10만 원↓벌금, 구류, 또는 과료
정당한 이유 없이 길을 막거나 모여들거나 뒤따르거나 겁을 주어 불안, 불쾌하게함	경범죄처벌 / 불안감 조성 (제3조19호) 10만 원↓벌금, 구류, 또는 과료

문제는 개별 법률에 의해 처벌되지 않을 정도로 괴롭히는 경우 현행 법률로는 한계가 있어 2018년 5월 법무부에서 스토킹처벌법 제정을 입법 예고 한 바 있다.[114] 동 법률안은 스토킹을 범주화하고, 그 구성요건도 '명시적 의사에 반하여'를 '의사에 반하여'로 바꿔 잠정적 반대 의사에 의한 처벌 공백을 해소하며 처벌 수위도 강화함으로써 진일보한 것으로 볼 수 있으나, 긴급잠정조치와 잠정조치를 위반하는 경우 과태료를 규정하고 있어 가정폭력처벌법과 같은 문제점을 동일하게 반복하고 있다. 입법 과정에서 과태료 대신 형벌을 부과함으로써 현장 경찰관이 적절한 대응을 할 수 있도록 해야 할 것이다.

피해자 입장에서는 가해자가 반복적으로 스토킹했다는 것을 부인하거나 피해자가 증거를 가지고 있지 않을 경우 경찰도 가해자에게 법적 조치를 취하기 힘든 점을 감안하여 스마트폰의 녹음기능이나 촬영기능을 이용하여 사진을 찍거나 동영상을 확보해 놓는 것이 신고 이후 대처에 큰 도움이 될 수 있다. 향후 스토킹처벌법이 입법화되면 체계적인 대응이 더 용이할 것으로 생각된다.

---

114) 동 법률안에서는 스토킹의 개념을 '피해자의 의사에 반하여 정당한 이유 없이 지속적 또는 반복적으로 피해자에게 ① 접근하거나 따라다니거나 진로를 막아서는 행위 ② 주거, 직장, 학교 그밖에 일상적으로 생활하는 장소 또는 그 부근에서 기다리거나 지켜보는 행위 ③ 우편·전화·모사전송기·컴퓨터 통신 또는 정통망법 상의 정보통신망을 이용하여 글, 말, 부호, 음향, 그림, 영상, 화상 또는 물건을 도달하게 하는 행위 ④ 직접 또는 제3자를 통하여 물건 등을 도달하게 하거나 주거 등 또는 그 부근에 물건들을 두는 행위를 하여 불안감 또는 공포심을 일으키는 것'으로 규정하고 있다. 그리고 위반하는 경우에는 3년 이하의 징역이나 3천만 원 이하의 벌금에 처하고 처벌을 원치 않을 경우에는 처벌하지 아니한다. 다만 흉기 또는 위험한 물건을 휴대하거나 이용한 경우에는 5년 이하의 징역과 5천만 원 이하의 벌금에 처하고 피해자의 의사와 무관하게 처벌하도록 하고 있다. 그리고 가정폭력처벌법과 마찬가지로 응급조치와 긴급잠정조치를 규정하고 있다.

'사랑이 아닌 폭력' 그리고 강력범죄의 잠재성: 데이트 폭력

다음으로 데이트 폭력에 대하여 살펴보겠다. 데이드 폭력도 법적 개념이 아니기 때문에 스토킹과 동일하게 행위 유형에 따라 대응이 달라질 뿐 법률적으로 특별한 지위를 갖는 것은 아니다. 다만 실무적으로는 스토킹이나 데이트 폭력에 대해서도 가정폭력에 준해서 위험성이 높은 경우 임시보호시설을 제공하거나 스마트 워치 제공, 신변보호 등 경찰 차원에서 피해자 보호를 위한 제도를 시행하고 있다.

<경찰의 신변보호제도>

연번	종류	처벌 규정
1	보호시설	여성긴급전화 1366경기센터(6일 1년 이내)
2	임시숙소	신변위협으로 귀가 등 곤란한 피해자에게 제공
3	신변경호	위험이 긴박한 피해자 한시적 경호 실시(형사, 여청)
4	맞춤형순찰	대상자의 생활패턴 등을 고려, 지역경찰이 주거지 주변 순찰
5	112등록	시스템에 주거지, 직장, 전화번호 등록 → 신고접수시 신속 출동 지령
6	위치추적 장치대여	시계 형태의 위치추적장치(스마트워치, GPS)를 피해자에게 대여 위급상황 시 스마트워치의 비상버튼을 클릭 시 경찰 긴급출동
7	CCTV설치	피해자 요청 시 KT텔레캅에 CCTV 설치 요청하여 설치 ※ 앱(App)을 통해 모니터링 가능하고, 비상버튼 클릭 시 경찰 긴급출동
8	경고제도	가해자에 대한 적극적, 사전적 위해방지조치
9	권고제도	피해자에게 일시적 피신권고 및 관련절차 안내
10	신원정보 변경보호	이름, 전화번호, 자동차번호 등 신원정보변경 및 가정폭력 피해자 주민등록 열람제한 조치 등 신원정보보호

데이트 폭력은 스토커와 달리 언어폭력(비난, 무시, 협박, 욕설 등) ⇒ 단순폭행 ⇒ 상습폭행 ⇒ 상해 ⇒ 범행도구 이용(주거지나 직장으로 찾아가 위협하거나 자해 협박) ⇒ 사망 등 단계적으로 악화되는 경향을 띠고 있다. 따라서 최근 연인 간 '안전이별'이라는 신조어가 생겨날 정도로 데이트 폭력은 젊은 세대뿐 아니라 노년층에서도 사회문제화되고 있다.

발생 원인에 있어서도 사귀는 단계에서 발생하기 때문에 스토킹이나 가정폭력과는 다르다. 사귀고 사랑하면서 관계의 친밀도가 높아짐에 따라 상호 간의 과도한 집착과 소유욕에서 옷차림, 핸드폰 사용, 지인 관계까지 통제하려고 하는 데서 주로 발생한다. 폭력이 발생해도 "너를 너무 사랑해서 그랬다. 네가 먼저 잘못한 것이다"라는 등 '사랑'이라는 이름으로 은폐되거나 반복되는 경향이 있다.

오산경찰서에서 2019년 1월~5월간 데이트 폭력을 분석한 결과 신고 건수 112건 중 폭행(62건), 폭언이나 다툼(21건), 스토킹(11건), 주거침입(4건) 등이었고, 이중 정식사건으로 처리된 것은 34건이었다. 가해자 34명 중 30대가 13명으로 가장 많았고, 60대 이상이 6명, 20대가 5명으로 나타나 60대 이상도 적지 않음을 알 수 있었다. 원인은 결별 요구가 13건으로 가장 많고, 주취폭력 12건, 외도의심이 7건이었다.

최근 데이트 폭력이 심각해짐에 따라 영국처럼 조속히 데이트 상대방의 폭력 전과를 조회할 수 있는 제도[115] 등을 도입하거나, 데이트 폭력을

<데이트 폭력 112신고접수 현황>

계(건)	폭행	협박	스토킹	주거침입	감금	성폭력	재물손괴	폭언·다툼
112	62	7	11	4	1	2	4	21

<데이트 폭력 가해자 연령별 현황>

계(명)	10대	20대	30대	40대	50대	60대 이상
34	1	5	13	5	4	6

<데이트 폭력 발생 원인별 현황>

계(명)	결별요구	주취폭력	이성의심	금전다툼
34	13	12	7	2

가정폭력범죄의 범위 내로 인정할 수 있도록 하여 법적 보호 범위 내로 들어오도록 하는 것이 필요해 보인다.

또한 데이트 폭력은 남녀가 자연스럽게 사귀는 과정에서 나타나는 것으로 중·고생이나 대학생들을 대상으로 연애의 과정과 폭력사용시의 위험성과 영향 등을 교과과정으로 편성하여 교육시킬 필요가 있다.

---

115) 2009년 영국에서 있었던 데이트 폭력 사건을 근거로 만들어진 일명 '클레어법'이 있다. 클레어 우드라는 여성이 인터넷에서 만난 남자의 과거 성폭력 전과를 모른 채 교제를 하다가 외도로 인해 헤어진 직후부터 전 남자친구로부터 지속적인 폭행, 협박 등을 당했다. 클레어는 살해당하기 직전까지 전 남자친구로부터 집에 불을 지르겠다는 위협을 받거나 성폭행을 당했다고 경찰에 거듭 신고했다. 그러나 경찰은 전 남자친구를 잠시 유치했을 뿐이었다. 결국 그해 2월 클레어 우드는 전 남자친구에 의해 강간살해당한 후 시신은 불태워졌다. 이 사건을 계기로 영국에서 데이트•가정폭력 전과공개제도가 만들어졌다. 그러나 개인정보의 과도한 침해라는 지적에 따라 무조건 정보를 공개하는 것이 아니라 경찰이 위험요인 등을 분석해 적절하다고 판단할 경우에 공개한다..

아울러 이별 방법과 문제에 대하여 상담이나 조언을 할 수 있는 상담기
관을 두어 언제든 상담과 법적 조언을 쉽게 들을 수 있도록 하고, 효과
적인 이별 방법에 대해서도 연구용역 등을 통해 실제 현상분석을 통해
대안을 마련하여 공유하는 노력이 필요할 것이다.

9. 두려움을 모르는 청소년, 어떻게 해야 하나?

청소년은 경찰에서 특별 취급을 받는다. 청소년은 성인과 달리 정신적으로나 신체적으로 성장단계에 있어서 성인과 같이 취급하는 것은 바람직하지 않고, 이들에게는 처벌보다는 공동체의 관심과 선도가 더 필요하다. 따라서 이름도 성인에 대해서는 '사건'이라고 하는데 반해, 청소년에게는 '보호사건'이라고 한다. 이를 뒷받침하기 위한 대표적인 법률이 소년법이다.[116] 동법에서 소년은 '19세 미만인 자'를 의미하는데 이중 10세 미만은 법원에서 심리를 개시하지 않는다. 따라서 소년법에서 다루는 영역은 10세 이상 그리고 19세 미만[117]인데, 형사소송법에서 형사미성년자를 14세 미만자로 하고 있기 때문에 14세 이상 19세 미만은 형사처벌[118]이나 보호처분 둘 다 가능하다.[119] 그러면 남는 것이 10세 이상에서 14세 미만[120]인데 이들에 대해서는 경찰서장이 검사를 거치지 않고 직접 소년부에 보호처분을 위한 기소를 하게 된다.[121]

---

116) 청소년을 규정하는 연령은 개별 법률별로 다르다. 13세, 14세, 15세, 16세, 18세, 19세, 23세, 24세 등 총 8가지 형태로 형법, 성폭력처벌법, 민법 등 개별법에서 규정하고 있다.
117) 이를 우범소년이라 부른다.
118) 이를 범죄소년이라 부른다.
119) 범죄소년에 해당되는 경우에도 경찰서장이 보호사건으로 검사를 거치지 않고 소년부에 송치하게 되며(기소와 마찬가지 개념), 소년부 판사는 심리결과, 동기와 죄질이 중한 경우 형사처분이 이루어지도록 검사에게 사건을 송치하면 검사가 다시 기소하게 된다.
120) 이를 촉법소년이라 부른다.

경찰은 청소년에 대한 선도와 신속한 학업 복귀를 목적으로 2016년도부터 선도심사위원회[122]를 운영하고 있다. 법률적으로도 즉결심판절차법 제3조 1항 규정에 따라 20만 원 이하의 처단형[123]에 대해서 경찰서장은 기소 여부의 적정성을 따져 기소 또는 불기소 결정을 할 수 있다. 기소독점권의 유일한 예외이긴 하나 범위가 매우 경미한 사안에 한정되어 있고, 법률에 규정되어 있음에도 검찰과의 갈등이나 경찰 스스로 법적인 자신감이 적어서 활성화하지 못했던 부분이었다.[124] 또 행사하더라도 일정한 기준이나 절차도 규정되어 있지 않아 이러한 권한을 행사하였을 때 인권침해라거나 법률 위반이라는 비판을 받을 경우 견디어 내기 힘든 내부 분위기도 있었다.

선도심사위원회를 경찰청에서 공식적으로 추진하게 된 계기는 2012년 형소법 개정으로 '경찰의 수사개시권'이 인정되는 법적 환경의 변화와 학교폭력 사건이 사회문제화되면서 처벌과 별도로 선도목적의 제도적 도입이 필요하였기 때문이었다. 이와 함께 선도심사위원 구성도 장학사, 상담사, 의사, 변호사 등 지역 전문가가 참여하도록 하고, 대상 사건도

---

121) 이는 검사에 대해서는 기소편의주의를 취하고 있는데 반하여 경찰서장에게는 기소법정주의를 규정하고 있는 것이라는 견해가 있다.
122) 경미범죄를 범한 만 14세 이상 19세 미만의 청소년에 대하여 위원회를 통해 즉결심판 또는 훈방 처분 유무를 결정한다.
123) 처단형은 검사의 구형에 대해 판사가 법률상·재판상 가중 또는 감경하여 조정된 형을 말하며, 법정형은 법률에 정해진 형량을 말한다.
124) 일부 사시 출신이나 법적 소양과 자신감이 있는 서장들이 과감하게 시행하기도 했다.

폭력서클이나 폭력조직과 관련 있는 등 사안이 중한 경우를 제외하고, 비행의 내용이나 동기, 비행 후 정황, 상습성과 재범 위험성, 평상시 생활 태도나 주거환경과 인성, 보호자의 관심 정도, 피해회복 노력 및 처벌 의사 등을 고려하도록 하여 형사사선인 경우에는 즉결심판으로, 즉결심판은 훈방 순으로 최초 개입단계보다 1단계만 가볍게 처벌하도록 하였다.[125)]

필자도 서장으로서 선도심사위원회를 주재하다 보면 많은 것을 느끼게 된다. 우선 선도심사위원회에 참석하는 청소년들의 장래에 커다란 영향을 미칠 수 있기 때문에 거의 모든 경우에 학생과 부모들이 같이 참석하도록 하였다. 특히 청소년상담사나 장학사, 교감 선생님들의 질문은 이들과 자주 접촉한 현장경험을 토대로 심리학적 접근과 처방이 같이 이루어져 법률가 못지않은 영향력을 발휘한다.

한 가지 사례를 들어보면, 고등학교 2학년생이 친구의 부탁을 받고 편의점에서 콘돔을 훔치다 적발된 사안이 있었다. 부모가 있으나, 일을 하는 관계로 학생을 계속 돌볼 수 있는 환경은 아니었지만 그런대로 정상적인 가정이었다. 학생은 학업에 뜻이 별로 없었고, 무엇을 해야 하는지에

---

125) 일부에서는 형사입건한 대상도 요건이 충족되면 훈방할 수 있도록 2단계 경감을 가능하도록 해야 한다는 주장을 하고 있다. 현재 경찰청에서는 남용에 대한 우려로 1단계만 하향시키고 있지만 향후 2단계 감경도 가능하도록 개선될 여지가 있어 보인다.

대한 명확한 생각도 없는 듯했다. 늦게까지 스마트폰을 보다가 잠이 안 오니 늦게 잠자리에 들고 아침에 늦잠을 자게 되어 지각도 자주 했다. 아버지가 출석했는데 아버지도 아들에게 강하게 뭐라고 하지 못하는 것 같았다. 이런 상황에서 선도심사위를 진행해야 하는가에 대한 의구심도 들었다. 그러나 이 학생을 조사한 담당 경찰관은 조사 당시에 아버지와 같이 출석해서 성실하게 조사를 받았고, 반성하고 있으며, 피해자와 합의하였고, 처벌을 원치 않으며, 피해 금액도 9,900원인 점 등을 고려할 때 형사입건보다는 선도조건부 즉결심판으로 처리하는 것이 좋겠다는 의견이었다.

선도프로그램은 세 가지가 있다. 우선 분노조절장애가 있는 소년범을 대상으로 대한신경정신의학회 소속 중 희망병원을 지정하여 전문의 면담(2회)이 있고, 공감능력 향상, 분노조절, 의사소통훈련 (8회)의 프로그램이 총 10시간에 걸쳐 이루어진다. 두 번째는 가정법원에 송치하는 소년범을 대상으로 자치단체에서 운영 중인 '사랑의 교실'은 감정인식과 표현, 공감능력 증진, 긍정 및 칭찬대화법 등 10시간에 걸쳐 이루어진다. 세 번째는 즉심이나 훈방 또는 학교생활에 적응하지 못하는 학생을 대상으로 경찰서에서 운영하는 자체선도프로그램이 있다. 이는 자치단체에서 하는 사랑의 교실 내용에다 범죄예방 교육 및 경찰장구나 업무를 체험하는 프로그램을 추가하여 운용하고 있다.

필자는 선도심사위원회에서 정규 선도프로그램뿐만 아니라 학생이 가장 중요하게 생각하는 핸드폰에 대한 제재를 가하고 싶었다. 그래서 위원장인 필자가 반성하는 차원에서 한 달간 핸드폰을 경찰서에 맡기는 것은 어떠냐고 했더니 엄청나게 놀라면서 말도 안 된다는 반응이었다. 그래서 열흘 정도는 어떠냐고 했더니 이것도 받아들일 수 없다고 했다. 이때 청소년상담사가 개입했다. 청소년들에게 핸드폰은 생명과도 같은 것이어서 핸드폰을 뺏는다면 죽음을 달라고 할 정도라는 것이 그들의 세계라는 것이었다. 그래서 3일 정도는 어떠냐고 물어보니 3일도 안 된다는 반응이었다. 위원회 분위기는 순간 싸했다. 반성한다는 사람이 저 정도도 못 받아들이느냐는 반응이기도 했다. 이때 중학교 교감 선생님이 부모님에게 학생한테 언제까지 핸드폰 사용을 허용하고 있는지 물었다. 그랬더니 10시 반까지 허용한다고 했다. 그러나 10시 반 이후에 실제로 사용하는지 여부를 확인하기도 쉽지 않다고 했다. 그래서 필자가 대안으로 학생에게 당분간 핸드폰 사용 시간을 기존 10시 반에서 9시 반까지로 제한하는 것을 제안하자 그제야 그 정도는 받아들일 수 있다는 입장이었다. 물론 기성세대의 시각으로 보면 '한 달 정도쯤이야!' 할 텐데 청소년들의 시각은 '하루도 어렵다.'는 것이었다. 그 차이를 찾는 과정에 선도심사위원회의 진정한 의미가 있다는 생각이 들었다.

그렇다면 청소년 중에 범죄를 저지른 사람들은 보호사건이나 형사사건으로 처벌하면 되지만 법을 위반하지 않으면서 부모님이나 선생님 등의 통제에서 벗어나 문제를 일으키는 학생에 대해서는 어떻게 해야 할까? 이러한 소년범에 대해서도 소년법은 별도의 규정을 두고 있다.

소년법 제4조 제1항 3호에서 '가. 집단적으로 몰려다니며 주위 사람들에게 불안감을 조성하는 성벽이 있는 자', '나. 정당한 이유 없이 가출하는 자', '다. 술을 마시고 소란을 피우거나 유해환경에 접하는 성벽이 있는 자' 위 3가지 중 어느 항목에 해당하는 사유가 있고 그의 성격이나 환경에 비추어 앞으로 형벌 법령에 저촉되는 행위를 할 우려가 있는 10세 이상인 소년에 대해서는 보호사건으로 경찰서장이 법원 소년부에 송치할 수 있다. 이러한 권한은 경찰서장만 가지고 있는 것이 아니라 보호자, 학교장, 사회복리시설장도 법원 소년부에 통고를 하면 보호사건에 대한 절차가 진행되게 된다. 보호사건에서도 신병확보를 위해서 영장이 등장하는데 구속이나 체포영장이 아니라 동행영장이 발부되면 소년범을 최소 2주간 소년분류심사원에 구금시킨 후 소년부의 심리를 거쳐 1호~10호에 해당하는 보호처분[126]을 결정하게 된다.

필자가 근무하는 경찰서에 있는 생활안전계장의 경험담에 의하면, ○○ 지역에서 관내·외를 주름잡으며 절도, 무면허 운전, 폭력, 가출, 음주를 일삼는 학생이 있었다고 한다. 이 학생은 고등학생, 중학생, 초등학생을 불문하고 여러 학교에서 이름이 유명했었는데 잡고 보니 이 학생은 키도 작은 겨우 초등학교 6학년의 남학생이었다. 어떻게 이런 학생이 선배 고등학생, 중학생들까지도 포섭하여 범행을 일삼고, 다수의 선배들을

---

126) 보호처분은 10가지로 보호자 감호위탁, 수강명령, 사회봉사명령, 보호관찰, 시설위탁, 치료위탁, 단기·장기 소년원 송치 등이 있다.

자기의 영향력 아래에 둘 수 있었을까. 조사과정에서 해당 남학생은 그간 수십 건의 범죄에 관련된 적이 있고, 부모가 이혼하였으며, 학교에서도 적응하지 못하는 등 좋지 않은 환경 속에 있었다고 한다. 그러한 환경에서 생존하기 위해 계속 범죄와 일탈을 일삼았을까. 이 남학생이 가지고 있던 환경은 안타까웠지만 그 존재로 인해 주변이 비행과 범죄로 물들고 있었고, 주변에서는 이 남학생에 대한 두려움이 커지고 있었다. 이를 방치할 수 없었기에 우선 법원의 동행영장을 발부받아 보호 조치하였다. 범죄를 논하기에 앞서 소년법상의 '우범소년'에 해당되기 때문이다. 그렇게 남학생은 보호조치 되어 소년분류심사원에 수용되었다. 이후 남학생은 조사 과정에서 반성의 기미를 보이며 잘못을 인정하고 당시 10여 건에 이르는 범행을 모두 인정하였다고 한다.

일반적으로 14세 이상에 대하여 형사처벌을 한다고 하더라도 소년범의 연령, 지능과 환경 등 양형조건을 감안하면 구속되는 경우가 드물고, 재산형인 벌금을 가하더라도 부모가 부담하지 소년범이 직접 부담하지 아니하는 까닭에 그리 무서워하지 않는다. 또 학교에서도 중학교까지는 의무교육이기 때문에 퇴학이라는 제도 자체가 없다. 따라서 사유가 중하더라도 다른 학교로 전학 가거나 정학 등을 받은 경우가 가장 높은 단계의 징계다. 따라서 보호사건으로 가는 것은 그만큼 효과가 있다. 그럼에도 불구하고 학교장은 이들에 대하여 소년법상 주어져 있는 보호사건에 대한 통고처분 권한을 행사하지 않는다. 행사할 의지도 없다. 현장에서 교육청 관계자들과 이런 이야기를 하면서 왜 학교에서 학교장에게 인정된 권한을 적극적으로 행사하지 않느냐고 물으면 '스승이 어떻게 제자를 처벌해 달라.'고 할 수 있느냐면서 어렵다는 반응이었다. 학교장과 학교 당국이 소극적으로 대처하다 보니 학생들이 그것을 알고 선생님들을 우습게 알고 무서워하지 않는 결과가 나타나는 것이다. 학교 당국도 스스로 인정된 권한을 두려워 말고 제대로 처리할 때만이 학교의 질서가 잡히고 교사의 권위도 설 수 있다고 생각한다.

주민들이 범죄에 대한 대표적인 불안 요인 중의 하나로 꼽는 것이 청소년들이 골목이나 공원에서 집단적으로 모여서 담배를 피우거나 술을 마시는 것인데, 이에 대한 대책 요구는 대부분의 지역에서 나타나는 경향이다. 학교폭력의 방향이 최근 신체에 대한 폭력에서 담배셔틀[127]이나 SNS상의 언어폭력으로 변화하고 있다. 이 중에서 담배셔틀은 주로 학교 밖에서 발생하는데, 이에 대한 법규가 충분치 못하다. 청소년보호법상 학생의 동의를 받아서 수거할 수 있을 뿐 강제적으로 수거하거나 이에 불응하는 경우 처벌하는 규정은 없다. 이러한 이유로 현장에서 경찰관에게 영장을 요구하면서 대드는 경우 경찰관이 어려움을 겪기도 한다. 이러한 경우 유치하지만 경범죄처벌법상 10만 원 이하의 벌금, 구류, 과료에 처하는 오물·쓰레기 투기죄를 적용하여 학생들의 신원을 확인하고, 순순히 잘못을 인정하는 경우에는 기록을 유지하고, 그렇지 않은

---

127) 친구들에게 돈도 주지 않고 담배를 사오도록 시키는 행위를 말한다.

경우에는 신원을 확인하여 학교에 통보하여 징계를 받을 수 있도록 하고, 담배나 술을 구입한 편의점이 어디인지 확인해서 처벌하게 된다. 연령 확인을 하지 않고 담배나 소주를 판 경우 편의점은 벌금과 행정처분을 받을 수 있는 만큼 각별한 주의가 필요하다.

이에 대해서는 사실 경찰 안팎에서 다양한 의견이 존재한다. 비행행위를 저지른 것은 청소년인데 이로 인해 형사처벌을 받게 되는 것은 술·담배를 제공한 업주뿐이어서 청소년들은 계속 비행을 저지르게 된다는 논리이다. 즉 청소년 당사자에 대한 직접 제재가 필요하다는 것이다. 심한 경우에는 청소년 자신이 처벌받지 않는다는 점을 이용해 술값을 내지 않을 목적으로 청소년이 자진신고하거나 경쟁업체가 청소년을 매수해 상대 업체에 영업정지 처분을 받게 하는 등 청소년보호법을 악용하는 사례도 들려오고 있다. 해외의 경우 청소년 음주규제 방안에 청소년 당사자에 대한 직접 제재를 포함함으로써 법의 실효성을 높이고 청소년 음주가 초래하는 결과를 예방하고 있다. 우리나라의 법은 청소년이 주류를 구입·소지하는 것을 직접 제재하는 것은 지나치다고 보는 것 같다. 이 부분에 대해서는 사회적인 공론화를 통해 의견을 수렴하고, 제재가 필요하다면 어느 정도 수위로 할지 등에 대한 정책적인 결단이 필요할 것으로 보인다.

연간 소년범 규모는 7만여 명 정도이며,[128] 이중 학교폭력은 1만3천 건 내외[129]이고 이중 학교 밖에서 발생하는 학교폭력은 35% 수준인 4,700

여 건 정도이다.[130] 전체 소년범 중 학교폭력이 차지하는 비중이 절반을 넘지는 않지만, 학교 당국의 적극적인 노력과 지역사회에서 이들을 향한 상담과 치료, 그리고 관심이 병행되어야 학교폭력과 소년범을 줄일 수 있을 것이다. 경찰의 힘만으로는 한계가 있고 이들을 지역전문기관과 통합해서 대응할 수 있는 통합기구나 연계조직을 만드는 것도 필요해 보인다. 또한 소년법이 제1조(목적)에서 "반사회성이 있는 소년의 환경조정과 품행 교정을 위한 보호처분 등의 필요한 조치를 하고, 형사처분에 관한 특별조치를 함으로써 소년이 건전하게 성장하도록 돕는 것을 목적으로 한다."고 규정하는 것처럼 소년범에 있어서는 이른바 '회복적 사법'이 적극적으로 도입될 필요가 있다.

'회복적 사법'이란 가해자뿐만 아니라 피해자, 지역사회공동체까지 해결 주체로 끌어들여 피해자 치유와 더불어 가해자의 정신 심리적 치유, 피해변상, 가해자와 피해자·가족·사회와의 관계회복을 도모하는 과정이다. 미국의 일부 주에서는 이러한 회복적 사법을 민간위탁 등을 통해 적절히 활용하여 성공적으로 진행하고 있다. 현재 사법체계는 저지른 죄에 대한 처벌에 집중하는 응보적 사법이다. 이러한 응보적 사법도 일정 부분 필요하겠지만 사안에 따라서는 회복적 사법을 통한 품행

---

128) 2017년 72,752건, 2016년 76,356건, 2015년 80,321건이다.
129) 2017년 14,000건, 2016년 12,805건, 2015년 12,495건이다.
130) 2017년 4,850건, 2016년 5,125건, 2015년 5,169건, 2014년 4,199건이다.

교정과 재발 방지가 더 중요할 수도 있다. 소년범 중 재범자 비율이 증가하고 있는 것은 이러한 제도 도입의 필요성을 말해준다고 본다. 응보적인 사법만으로는 소년범이 "난 죗값을 치렀으니 되지 않았느냐"는 식의 내노를 보일 수 있으니 말이다.[131]

---

131) 법률신문, 2017. 12. 15, "소년범, 무조건 엄벌보다 '회복적 사법'에 중점 둬야"

10. 정신질환자를 왜 경찰이 대응할까?

경찰과 정신질환자[132]의 관계는 두 가지 측면에서 바라볼 수 있다. 하나는 범죄의 피해자가 되는 경우로 경찰이 보호나 특별한 처우를 해야 하고,[133] 또 다른 하나는 범죄나 위험성의 주체가 되는 경우 수사나 치료를 위해 정신병원에 입원을 요하는 경우로 나누어 볼 수 있다. 이하에서는 범죄나 위험성의 주체가 되는 경우, 어떻게 경찰에서 대응하는지에 대하여 알아보고자 한다.

2016년 5월 17일 오전 0시 33분 범인은 서울 강남역 인근 노래방 화장실에서 들어가서 대기하고 있다가 남성 6명은 그냥 보내고 약 30분 뒤인 오전 1시 7분에 들어온 하모(23세) 양을 길이 32.5cm인 주방용 식칼로 찔러 살해했다. 범인은 "여성들로부터 무시를 당해서 범행을 저질렀으며, 피해자와는 모르는 사이"라고 진술했다. 사건 발생 이후 강남역 10번 출구는 피해자를 추모하는 뜻을 전하는 포스트잇과 국화가 놓이는 등 여성 혐오 문제에 대한 상징적 장소가 되었고, 여성 혐오 범죄에 대한 정부 차원의 대책을 요구하기에 이르렀다. 당시 경찰은 범인에 대한

---

132) 장애는 신체적 장애와 정신적 장애, 정신적 장애는 다시 발달장애, 정신질환으로 구분된다.
133) 장애인에 대한 성폭력 사건수사 시 국선변호인, 진술녹화, 진술분석전문가, 진술조력인, 속기사 등이 지원된다.

심리 프로파일러의 분석 결과 위 사건이 전형적인 피해망상 조현병에 의한 '묻지 마 범죄'라는 결론을 내렸다. 즉 여성 혐오 범죄가 아니라는 입장이었다. 여성 혐오냐 아니냐에 대해 전문가와 학자들 간에 많은 논란이 일었던 시기였다. 의학계에서는 이번 범죄를 정신질환과 연관시키는 것에 대하여 우려를 표시하였고,[134] 자치단체마다 남녀공용 화장실에 대한 개선이 필요하다는 여론도 커지자 남녀화장실 분리 설치비용으로 최대 천만 원까지 지원하는 정책을 내놓기도 했다.

강남역 살인 사건은 여성들이 불안을 느끼는 범죄를 예방할 의무를 지고 있는 경찰에게도 정책적 책임을 느끼게 했다. 대책[135] 중 정신질환과 관련하여 행정입원에 경찰관이 개입하는 권한을 부여하도록 법률을 개정하고, 정신질환자의 범죄 위험도를 객관적으로 진단할 체크리스트를 배포하겠다는 것이었다. 2016년 5월 29일 정신보건법이 개정되었고,[136] 동법에서는 행정입원단계에서 경찰관이 정신질환자를 발견하고, 자·타해 위험성이 있는 경우 지방자치단체장에게 행정입원 신청을 하도록 의뢰할 수 있게 되었다. 그리고 정신질환자 체크리스트를 만들기 위해 2016년 5월 한양대 의과대학 모 교수에게 연구용역을 의뢰하여 2017년 2월에 통보를 받았다.[137] 그러나 문제가 발생했다. 용역연구 결과인 체크리스트의 내용이 2013년 9월에 맨체스터 대학과 랭커셔 경찰이 공동 개발한 경찰정신건강 질문지(The Police Mental Health Screening Questionnaire)와 동일한 내용으로 구성되어 있고, 정신질환자의 위험성을 판단하는 기준이 아니라는 비판이 나왔다. 또 장애인

단체에서는 경찰에서 정신질환을 몇 가지 체크리스트로 판단하는 것은 장애인에 대한 또 다른 인권침해라는 비판도 나왔다.

경찰도 처음에는 전문가의 연구결과에 신뢰를 주고 별 의심 없이 받아들였으나, 외국자료 원문을 읽어보니 그게 아니었다. 전문가의 함정에 빠져있었던 것이다. 급히 방향을 선회하기로 했다. 한양대 의대 연구교수에게 다시 정신질환 추정성에만 한정해서 의견을 내주도록 했고, 응급입원의 요건인 자·타해 위험성[138]과 급박성[139]은 경찰에서 자체 사례를 수집·분석하여 만들었다. 그러나 문제는 정신질환자를 발견했을 경우 경찰이 개입할 수 있는 영역이 행정입원과 응급입원인데 법리·현실적인 문제들이 해결되지 않은 채 방치되어 있다는 데 있었다.

---

134) 2011년 범죄분석보고서에 따르면 조현병 환자의 범죄율을 일반인의 10분의 1 수준으로 나타났다. 그러나 한 번 발생하면 결과가 크고 예측 가능성이 낮기 때문에 사회적 파장이 큰 것은 사실이다.
135) 신변 위해 우려 여성에게 웨어러블 스마트 워치 지급, 범죄예방진단팀을 전국 경찰관서로 확대하여 여성 대상 범죄 취약요소 적극 발굴, 취약지역 내 CCTV 설치, 건물신축 시 화장실 남녀구분 의무화, 기존건물 분리 시 예산지원 등.
136) 구법인 정신보건법상의 보호자 동의에 의한 입원 규정이 2016년 9월 29일 입원대상자의 의사 확인이나 불복 제도를 충분히 갖추지 않고 신체의 자유를 과도하게 제한하는 등 침해의 최소성 원칙에 위배되고, 보호자 2인과 정신과 전문의 1인의 판단만으로 보호입원이 가능하도록 한 것은 법익균형성 원칙에 위배된다며 헌법 불합치 결정을 받았다. 이후 개정을 통해 법 이름도 정신건강복지법으로 바꾸고 보호자 2명의 동의, 전문의 의견만으로 가능하던 것을 추가적으로 다른 병원에 소속된 전문의 2명의 동의를 받고, 입원요건도 '자해 또는 타 해의 위험'에서 '자해 그리고 타 해의 위험'으로 요건이 강화되었다.
137) 체크리스트는 정신건강 체크리스트와 폭력성 체크리스트로 구분된다. 정신건강 체크리스트는 11개 질문항목으로 고위험 5개, 중위험 3개, 저위험 3개 항목으로 고위험 1개 이상이면 응급입원 의뢰대상이고 폭력성 체크리스트는 6개 질문항목(혼란스러움, 예민함, 시끄러움, 신체위협, 언어위협, 기물파손)으로 나누고 2개 항목 이상 시 응급입원 의뢰대상으로 판단토록 했다.
138) 생명 신체 위험, 재물파손, 언어위협, 행위의 지속성, 행위의 회복 불가능성, 중한 결과 등을 감안하여 판단토록 했다.
139) 급박성은 인수할 보호자가 없거나 야간 등의 이유로 다른 방법에 의한 입원이 어려운 경우로 한정했다.

우선 경찰의 개입이 새로이 인정된 행정입원은 자치단체장이 정신병원에 의뢰하는 방식이다. 법률은 자치단체장이 정신질환자를 진단하거나 입원시키는 과정에서 자·타해 위험성이 있는 경우 소방에 도움을 요청할 수 있도록 하고 있다. 그러나 현장에서 경찰관이 정신질환자를 발견하여 행정입원을 의뢰하는 경우 경찰관이 강제로 이들을 정신건강복지센터까지 후송할 수 있느냐의 문제가 있었다. 이에 대해 법률가들은 강제력을 행사하는 경우 위법한 구금이 될 수 있고, 경찰관은 급박한 위험을 제지하는 데 그쳐야 한다는 의견이 다수이다. 그렇다면 경찰관이 요청하면 자치단체 소속의 정신건강전문요원이 현장을 방문하고 필요하면 소방에 호송요청을 해야 하는데, 또다시 호송 시 소방은 경찰에게 도움을 요청하는 경우가 있을 수 있다. 이때에도 호송의 주체는 법률에 의해 소방이고 경찰은 위험을 제지하고 도와주는 수준에 머물러야 한다는 것이 법리적인 판단인데 실무에서는 경찰에게 많은 것을 요구하고 있고 이에 대한 명확한 법적 정리를 해주지 않은 상태로 머물러 있다.

응급입원은 정신질환 추정성, 자·타해 위험성, 급박성을 요건으로 하며, 정신질환자를 발견한 자가 요청하는 경우 경찰관과 의사의 동의를 받아서 정신병원에 의뢰하는 방식이다. 현장에서는 신고한 사람이 보복을 두려워해 요청하는 경우가 드물어 경찰관이 요청자이면서도 동의자가 되기도 하는데, 경찰에서는 실무적으로 '발견한 자'를 최초 발견한 자뿐 아니라 신고를 받고 현장에 도착하여 발견한 경찰관도 포함되는 것으로 해석하여 의뢰자로 보고, 다른 출동 경찰관 동의를 받아 응급입원을 의뢰한다. 문제는 경찰관의 동의 후에 의사의 동의를 받기 위해 의사가 있는 곳까지 강제력을 동원해서 호송할 수 있는지 여부이다. 이에 대해 의사의 의견이 없는 상태에서 강제력의 행사는 위법의 소지가 있는 만큼 의사와의 실시간 연락체계를 구축하고 의견을 청취하는 것이 필요하다는 것으로 정리를 하여 일선 경찰에 하달한 바 있다.

그런데 위와 같은 문제만이 있는 것이 아니다. 다음은 서울 서대문경찰서의 한 형사가 경찰 내부망에 개선대책을 요구하며 올린 글이다.

2017년 8월 4일 15시경 이유 없이 식당에 들어가 오랜 시간 누워있고, 침을 뱉는 등의 업무방해 혐의로 현행범 체포된 피의자를 조사하는 과정에서 피의자는 자신이 투명 인간이라도 되는 듯 '너 내가 보이냐?' 등의 엉뚱한 말을 하는 등 조사가 불가능하고 정신질환이 의심되어 피의자 가족과 연결을 시도하였다. 그러나 가족들은 이미 포기한 상태였고, 전에 환각물질을 흡인한 적이 있으며, 환시 등의 정신질환으로 자살기도 경력이 있어 치료가 우선이라 판단하고 17시경 서울 시립 은평병원에 응급입원을 시키기 위해 호송하였다. 문제는 여기서부터 발생했다. 담당 의사는 피의자의 상태를 확인하고, 가족들로부터 '전에 자살을 시도하여 허리에 금이 가는 부상을 당한 적이 있다'는 이야기를 듣고[140] 은평병원

---

140) 확인 결과 피의자는 2017년 5월경 허리뼈에 금이 가는 부상을 당했으나 1달간 입원 치료를 정상적으로 받은 상태였고, 이후 3개월간 허리를 고정시키는 보호대를 착용해야 하는데 중간에 보호대를 풀었지만 피의자는 보행하는데 아무런 문제가 없었고 통증을 호소하지도 않았다.

에는 신경외과가 없으니 피의자의 현재 허리 상태를 알 수 없다며 응급입원에 동의하지 않았다. 담당 형사가 가족들과도 연락을 취하겠고, 피의자가 통증을 호소하지도 않은 상태이면서 자·타해 위험성이 있으니 입원을 시켜달라고 했으나 의사는 '척추에 대한 진단을 받아 오기 전에는 입원이 불가능하다'는 답변만 되풀이하면서 협진이 필요한 병원도 알려주지 않았다. 계속된 항의에 의사는 '진료의뢰서'만 써주었다. 결국 담당 형사는 피의자를 경찰 차량에 태우고 국립의료원으로 갔다.[141] 23시경 국립의료원에서 피의자에게 안정제를 3회 투여한 후 검사를 마쳤고 입원하기에 이상이 없다는 진단을 받았다.

담당 형사는 은평병원으로 출발하기 전에 의사에게 전화를 걸어 척추에 이상이 없으니 출발하겠다고 하자 교체된 당직 의사는 "교대 전 의사에게 전달받았는데 추가로 뇌의 MRI 검사가 필요하다고 전달받았다. 뇌에 이상이 있는지 확인되지 않으면 입원이 불가능하다"고 하였다. 새벽 01시경에 다시 국립의료원에서 MRI 검사를 받고 이상 없다는 결과가 나왔다.[142] 의사는 원무과에서 소견서를 받으라고 하여 담당 형사가 원무과에 소견서를 요청하니, 환자의 주민등록증 등 신분증을 요구하여 "신분증 등 아무런 소지품이 없고 신원은 경찰에서 확인하였다"고 해도

---

141) 병원에서 병원 간 이송을 119구급대에 요청하였으나 자신들의 업무가 아니라는 이유로 경찰 차량으로 이송하게 되었다. 그러나 정신건강복지법 제 50조 2항에는 '응급입원 의뢰할 때에는 동의한 경찰관 또는 구급대원은 정신의료기관까지 그 사람을 호송한다.'라고 되어 있어 동의한 담당 형사도 호송하지만 호송시설을 갖춘 119구급대도 호송업무를 거부할 수는 없다.
142) 은평병원에서는 야간에 MRI 검사가 안 된다고 하여 국립의료원에서 검사를 하였으나 MRI 기사가 상주하지 않아 도착 시까지 추가로 1~2시간이 소요되었다.

막무가내로 "신분증이 없으면 소견서를 발급하지 못한다."면서 발급을 거부했다. 근거가 무엇이냐고 물으니 원무과 지침이란다. 답답한 담당 형사가 국립의료원 담당 의사와 은평병원 의사를 전화로 연결시켜 소견만 전달하면서 은평병원으로 호송이 가능하게 되었다. 은평병원에 도착하자 당직 의사는 형사에게 "정식으로 항의하겠다."라며 형사들의 이름을 적기 시작했고, 형사들도 항의하겠다는 의사를 전달한 뒤, 새벽 02시경에 피의자를 입원시켰다.

만일 형사가 피의자 정신질환자의 위험성을 방지하고 치료를 위한 입원 조치를 취하지 않으면 1~2시간이면 조사가 끝났을 것을 담당 형사가 은평병원에 후송한 이후 의사의 무성의, 병원 간 네트워크 부족, 소방의 무책임 등으로 9시간을 허비한 것이다. 이것이 우리나라 정신질환자를 대하는 보건복지부, 병원, 소방의 실태다.

경찰에서는 2017년 5월 30일부터 시행되는 정신건강복지법상 비자의적 입원대상을 '정신과 전문의 2명의 일치된 소견'이 필요한 것은 물론, ① 입원치료가 필요한 (중증) 정신질환자이면서 ② 자해 또는 타해 위험성을 모두 필요로 하는 것으로 바뀜에 따라 상당수가 정신병원에서 퇴원할 것으로 예상하고 현장에서 문제 될 수 있는 상황에 대한 분석과 보건복지부, 소방, 신경정신의학회와의 협의에 공을 들였다. 먼저 어느 정도 인원이 퇴원할지에 대하여 걱정을 했다. 2017년 5월 현재 입원환자 6만 4천 명 중 자의입원[143]을 제외한 4만 1천여 명이 심사대상이 되었다. 전문가들은 1만 9천여 명이 나올 것이라고 예측했고, 복지부는 1천 명

선이라고 예측했다. 경찰에서는 퇴원 규모에 촉각을 곤두세웠고, 이에 따라 보건복지부와 지속적으로 접촉하였다. 시행 1달이 지난 2017년 6월 30일 보건복지부는 공식적으로 200명은 확인되고 보호입원 대상자 중 심사 내상사 6전 명에 대해서는 자의입원 여부 등 계속 추적하고 있다고만 했다. 경찰에서도 보건복지부만 믿고 있을 수가 없었기 때문에 전국 경찰서를 통해 자치단체별 정신복지센터와 협조한 결과 확인이 안 되는 부산, 인천, 경기북부를 제외하고 5,445명으로 집계되었다. 부산, 인천, 경기북부 등을 합치면 6,000명 선이 될 것으로 예상했다.

이후 경찰도 긴장하고 지역별 건강복지센터, 정신병원과의 연계 등으로 문제는 드러나지 않았다. 그러나 2019년 1월 9일 복지부 박능후 장관이 정신질환자에 의한 강북삼성병원 의사 사망사고와 관련한 국회 보고에서 "정신질환자의 규모 등 실태 파악이 안 되어 있었다."라고 답한 것이 우리나라 정신질환자 대책에 대한 정확한 실태를 드러내는 말이다.

필자는 이러한 것을 보건복지부 공무원들과 협의를 하면서 직접 느낄 수 있었다. 개정된 정신건강복지법에 따르면 총괄부서는 누가 뭐래도 보건복지부다. 그리고 담당부서는 정신건강과다. 그런데 경찰에서 위와 같은 사례에 대해 경찰이나 소방, 병원 등이 협조를 할 수 있도록 하려고

---

143) 자의입원은 본인 스스로의 의사에 의해 본인이 입원신청서를 제출하는 것으로 2개월마다 퇴원 의사를 확인하는 외에 다른 절차는 없다. 일부는 보호자 입원의 엄격함을 피하는 차원에서 자의입원으로 전환하는 것으로 보인다.

쟁점을 다 정리해서 보건복지부에 의견을 달라고 연락을 취해도 답변을 받지 못했다.[144] 담당 공무원 1명이 이 일을 한다면서 보건복지부 내에서도 서로 기피하는 자리이고 하루 속히 다른 부서로 갔으면 한다고 한다. 총리실도 마찬가지다. 총리실은 말 그대로 국무를 조정하는 부서다. 그래서 이름도 국무조정실 아닌가. 그럼에도 기관과 기관을 연결해주고 전달하는 역할만 하지 문제가 생겼을 때 이를 해결하고 끌고 가려는 의지와 능력이 있는지 많은 의문이 들었다.

준비가 제대로 되어 있지 않으면 독박을 쓰는 것은 일선에서 처음 정신질환자와 가족, 주변인, 의사, 소방들과 부딪히는 경찰관이다. 그러기에 경찰에서 문제를 제기하고 관련 부서와 기능에서 협조해주기 바랐던 것인데 쉽지 않았다. 그 부담은 고스란히 일선으로 전가되고 문제가 발생하면 1차적으로 경찰, 다음으로 정부가 타격을 받게 되는 것이다. 그럼에도 조정이 잘 되지 않는 것을 매우 안타깝게 생각한다. 국무조정실에서는 각 분야의 쟁점을 다 조정하고 리드한다는 것이 쉽지 않겠지만 하나의 부서에서 문제가 발생하면 관련 부서들을 연계하고 조정하면서 적극적으로 문제를 해결하는 것이 필요하다.

다음으로 경찰과 정신병원과의 관계다. 앞에서 형사가 정신질환이

---

144) 전화나 문자, 이메일을 계속 보내도 답을 주지 않아서 담당자에게 연락했던 시간과 내용을 기록을 남겨놓으라고 한 적이 있다. 만일 나중에 문제가 생겨서 협조가 안 되었다고 비난받을 때를 대비해서 말이다. 당시 상황은 이 정도로 같은 공무원이면서도 이해하기 힘들었다.

있는 피의자를 응급입원하려고 정신병원에 가지만 의사는 타박상이나 외상, 뇌 등 다른 질환이 있으면 그것을 경찰관에게 추가로 확인한 다음에 데리고 오라고 요구한다. 그런데 의료법상 의사는 정당한 사유[145]가 없으면 진료를 거부할 수 없다. 이를 위반할 경우 1년 이하의 징역이나 1천만 원 이하의 벌금에 처하도록 되어있다. 그럼에도 의사를 상대로 의료법 위반으로 정식 수사하지 않거나 못하는 것은 현장에서 정확한 법리에 대한 법적 확신이 부족하고, 의료진에 대한 수사 시 일어날 사회적 파장의 부담 등을 감안하여 참고 넘어가는 것이 지금까지의 관행이었다.

이러한 문제에 대하여 정신과 의료진의 의견을 듣기 위해 대한신경정신과협회 간부진과 논의를 진행하여 진료 거부 시 의료법 위반으로 수사가 개시될 수 있다는 것을 사전에 주지시켜 주었고, 보건복지부를 통해서도 전파해주도록 했다. 다만 경찰이 아직까지 실제로 입건한 건수는 없지만 앞으로 유사 사안 발생 시 수사가 개시될 수도 있을 것으로 보인다. 그러나 지역사회에서 정신질환자 응급입원은 경찰과 병원의 협조 관계에 의해 원만히 이뤄질 수 있는 만큼 현실적으로 이러한 수사 행위로 나아가는 것이 어느 쪽이나 부담이 될 수밖에 없을 것이다.

---

145) 예를 들면 병원에 병실이 없다든지 하는 사유는 가능하겠지만 허위로 병실이 없다고 하는 경우에는 법 위반이 될 수 있다.

다음은 소방과의 관계다. 소방은 해방 후 미군정에서는 경찰과 분리되었으나, 1948년 8월 15일 정부 수립과 함께 경찰에 편입되어 내무부 치안국 소방과로 출발하였다가 1975년 경찰과 분리되어 내무부 민방위본부 소방국으로 이관되어 오늘에 이르고 있다. 이러한 이유로 지방경찰서 지서에는 소방 사이렌을 울릴 수 있는 시설이 갖춰져 있었다. 지금은 사라졌지만... 이러던 소방에서 이제는 화재진압뿐만 아니라 인명구조 영역이 큰 비중을 차지하게 되었다. 이 부분이 경찰과 중첩되면서 현장에서 갈등이 있다. 주로 발생하는 영역이 주취자이기는 하지만 여기서는 정신질환자를 후송하는데 누가 해야 하는지에 대한 것을 다루고자 한다. 현행법은 자치단체가 행정입원을 위한 병원 후송이 필요할 때 구급대(소방)에 요청하도록 명문으로 규정하고 있으나, 응급입원과 관련해서는 호송을 누가해야 하는지에 대해 조금은 모호하게 규정되어 있다.[146] 문제는 경찰 차량이 정신질환자 호송에 적합한 구조로 되어 있는 것이 아니라 일반 승용차와 별반 다르지 않다는 것이다.

프랑스의 경우에는 환자이송에 적합한 구조를 갖고 있는 소방에서 이송하는 것을 원칙으로 하고 있다. 우리나라도 소방에서 보유하고 있는 구급차량이 이 업무를 담당하는 것이 현실적이고 규범적으로도 맞는다고 보인다. 다만 현장에서 정신질환자가 난동을 부린다든지 구급대원에게

---

146) 정신건강복지법 제50조 제2항에서 '1항에 따라 입원을 의뢰할 때에는 이에 동의한 경찰관 또는 구급대원은 정신의료기관까지 그 사람을 호송한다.'라고 규정하고 있다.

폭력을 가하는 경우에는 경찰관이 제압하고 동행하는 것은 가능하다 할 것이다.

정신병원에서 추가적인 진단과 치료가 필요한 경우 호송은 원칙적으로 병원에서 강제력을 행사할 수 있는 만큼 병원 응급차량을 이용하거나 필요하면 소방의 도움을 요청하는 것이 바람직하고 위에서 언급한 대로 물리적인 충돌이 발생할 경우 필요시 경찰이 개입하게 하면 될 것이다. 경찰은 긴급신고에 대한 초동적인 대처를 하는 경향이 강하며 항상 부족한 인력과 장비를 가지고 대응하여 왔다. 빗발치는 급박한 사건사고에 경찰이 적시성 있게 대처하기 위해서는 긴급한 일이라 볼 수 없는 추가 진단이나 치료가 필요한 업무를 경찰이 아닌 다른 기관에서 인계받아 해결함이 국민의 이익을 위해 타당하다고 보며 이러한 사항들이 제도적으로 정비될 필요가 있어 보인다.

11. 경찰관은 왜 살인범보다 주취자를 더 무서워할까?

우리나라 주세법은 '술'을 알코올 1도 이상의 음료로 정의하고 있다. 대표적 독주로 알려진 소주는 보통 20도 정도를 말하는데 최근 저알코올 선호 추세에 따라 소주회사에서 앞다투어 17도 내지 16도의 소주를 출시하고 있다. 한동안 포도주가 유행하다가 또 막걸리가 인기를 끌기도 했지만, 소주는 도수가 낮춰지면서 꾸준히 소비되고 있고, 폭탄주의 원료로 이용되면서 소비가 유지되는 것 같다.[147]

경찰관은 술을 어떻게 인식하고 있을까? 물론 경찰관도 스트레스를 풀기 위해 직원들과 회식하면서 폭탄주를 마시기도 한다.[148] 그러나 여기서는 경찰관이 술을 마시는 경우보다는 술에 취한 취객을 어떻게 대처하는지에 대하여 알아보고자 한다. 경찰에서 주취자를 접하는 경우는 여러 가지 유형이 있다. 필자는 서울 마포서장을 한 적이 있는데 홍대역 주변은 금요일과 토요일 저녁 소위 불금·불토가 되면 홍대 전철역 8번

---

147) 2019년 3월 7일 영국의 일간지 가디언은 '세계에서 술을 가장 많이 마시는 도시' 중 하나로 서울을 꼽았고 이는 "회식이 잦은 직장문화의 영향이며, 일주일에 평균 13.7잔의 소주를 마신다."면서 러시아의 2배 수준이라고 보도했다.
148) 종종 경찰관이 음주 교통사고를 내는 것이 언론에 보도되기도 하는데, 경찰에서는 이러한 자체사고에 대하여 매우 엄격하게 징계를 하고 있다. 음주로 인해 교통사고를 내는 경우 해임 등 배제징계를 하는데 이는 타 부처에서 찾아볼 수 없는 강한 징계라 할 수 있다. 이로 인해 자체사고를 낸 경찰관이 심리적 압박을 이기지 못해 목숨을 끊는 안타까운 일이 발생하기도 한다.

출구부터 인파에 이끌려가야 할 정도로 사람이 많다. 크지 않은 지역인 홍대 구역에 2만에서 3만 명 정도가 모이는 것으로 추정하고 있다. 이들은 주로 홍대 클럽을 이용하기 위해 모이는 젊은 층들이다. 홍대 클럽은 늘이문화로 유명해서 지방에서도 방학을 이용해 올라와 즐기기도 하고 해외에서도 홍대 문화를 즐기기 위해 오는 외국인들도 있다. 국내에 있는 미군들도 이태원은 용산기지 외에 평택이나 의정부에 근무하는 병사들이 자주 찾고, 용산근무 미군들은 홍대 클럽을 자주 찾아 종종 폭력 사건이 터진다고 한다. 그래서 홍익지구대에는 주말 야간에는 통역 의경을 배치하여 운영하고 있다. 날이 따뜻해지는 봄부터 여름이 되면 대학생들이나 젊은 층들이 갑작스럽게 술을 많이 먹고 쓰러지는 경우가 많은데, 112신고가 주말이 되면 60~70건에 이른다. 최근 도수가 낮은 소주를 마시면서 포도주와 별반 차이가 나지 않는 정도라 여겨 부담 없이 먹다가 자기 주량을 이기지 못하는 것이다. 젊음을 마음껏 즐기고 싶은 그들의 마음을 전혀 이해 못 할 바는 아니지만 홍익지구대는 남·여 주취자의 광란으로 눈뜨고 보기 힘들 정도의 광경이 종종 목격되기도 한다.

그렇다면 이러한 주취자에 대하여 우리 법률은 어떻게 대응하고 있을까? 크게 보면 주취자에 대한 처벌 규정은 없다. 그러니 이들은 경찰에게는 범죄자가 아니다. 오히려 알코올에 의해 정신적 또는 신체적으로 위험에 처한 사람이다 보니 경찰은 주취자의 가족에게 연락해서 인계하거나 지구대·파출소로 데리고 와서 깨도록 도와주는 역할을 한다. 이를 법률에서는 '보호조치'라고 한다. 그러나 일부는 오바이트를 하거나 옷을 벗는 사람도 있고 난동을 부리는 사람도 있다.[149] 이러한 사람은 주변의 다른 사람을 위험하게도 하지만 자기 자신을 위험에 빠뜨리게 할 수도 있다. 그 때문에 경찰은 현장에서 이들이 안전하게 귀가하도록 도와준다. 그러나 문제가 있다. 주취라는 것이 생각만큼 단순하지가 않기 때문이다. 주취의 상태는 단순히 시간만 지나면 깨어나는 것에서부터 토하면서 기도가 막히면서 급박한 상황이 될 수도 있고,[150] 과도한 음주로 의식이 흐리거나 없는 경우, 체질에 따라 급격한 변화가 일어나는 등 경찰관의 능력 범위를 벗어나는 상황이 발생할 수 있음에도 경찰관이 온전히 담당하고 있다.

법률적으로는 경찰관직무집행법 제4조에서 '술에 취하여 자신 또는 다른 사람의 생명·신체·재산에 위해를 끼칠 우려가 있는 사람을 발견하였을 때에는 보건의료기관이나 공공구호기관에 긴급구호를 요청하거나 경찰관서에 보호하는 등 적절한 조치를 취할 수 있고, 긴급구호를 요청받은 보건의료기관이나 공공구호기관은 정당한 이유 없이 긴급구호를 거절할 수 없다.'라고 규정하고 있으나 처벌 규정도 없고 이를 담당할 보건의료기관이나 공공구호기관에 대한 예산투자와 인프라가 갖추어져 있지 않다 보니 자치단체나 의료기관의 협조가 어려운 것이 현실이다. 주취자가 사망했을 경우 최초 신고를 접수한 경찰관이 책임을 져야 한다는

---

149) 난동을 부리는 사람들이 다치지 않도록 지구대나 파출소에는 충격을 완화하는 충격 흡수 장치를 벽면과 바닥 등에 해두고 있다.
150) 과거 경찰서에 주취자 안정실을 두고 관리하였는데, 토하는 것을 방치하여 사망자가 발생하곤 했다.

문화가 퍼져있기 때문에[151] 일선 경찰관들은 상당한 부담을 안고 있다. 법률에 의하면 주취자가 갈 곳은 ① 보건의료기관 ② 공공구호기관 ③ 경찰관서이다. 2010년까지 경찰서에 주취자 안정실을 운영하였으나 주취자가 사망하는 사고가 연이어 발생하고, 유치장 강제구금으로 오해하는 등 국민 정서에 반하여 폐지하였다. 따라서 경찰관서에는 전문 시설을 갖춘 보호장소는 없고, 결국 지구대·파출소 등 일선 현장의 경찰관들이 주취자의 가족 등과 연락을 취해 데려갈 것을 요청하고, 여의치 않으면 지구대에서 깰 때까지 기다리는 경우가 있는데 밤새 신고처리를 하고 각종 민원인을 응대하여야 하는 현장 경찰관이 주취자를 지속적으로 주시하는 일은 쉽지 않은 일이다.

다음은 보건의료기관에 이관하는 문제다. 병원에서는 주취가 치료대상이 아니고,[152] 병원에 주취자를 내려놓고 경찰관이 가버린 후 주취자가 행패를 부리는 경우 통제를 할 수 없다며 거부하고 있다. 구호기관인 자치단체는 한술 더 떠서 보호할 장소가 없다며 인수를 거부하고, 소방에서도[153] 응급환자가 아닌 단순 주취자는 구급 요청을 거절할 수 있어 현장 경찰관은 이러지도 저러지도 못하는 상황에 처하게 된다. 이런

---

151) 형사나 민사적으로 책임을 지기 위해서는 급박한 위험을 방치한 경우에 물을 수 있을 것이나 이러한 경우는 거의 없고 만취 상태는 아니지만 주취자가 혼자 집에 간다며 가다가 사고가 발생하는 경우, 언론이나 피해자 가족은 경찰의 보호조치가 소홀했다며 문제를 제기하게 되며 경찰 감찰에서 잘잘못을 조사하게 되어 경찰관은 더욱 위축되게 된다.
152) 물론 의식이 없는 등 중증 상태의 경우에는 치료 대상이 된다.
153) 응급의료에 관한 법률 시행규칙 제2조에 의해 '알코올의 과다복용이나 중독'을 응급증상으로 규정하고 있다.

상황에서 경찰청은 경찰서의 주취자 안정실을 없애버린 후 2005년 '주취자보호법'을 제정하기 위해 노력했으나 자치단체에서 설치하게 될 주취자 구호 및 보호에 필요한 시설에 드는 예산이 과다하고 인권침해가 우려된다는 이유로 무산되었다. 이에 대한 대안으로 경찰에서 마련한 것이 2012년부터 운영되는 주취자응급의료센터다.[154] 문제는 응급의료센터에서도 중증만 담당하지 단순 주취자는 취급하지 않는다는 것이다. 이들 중 일부 병원에서는 초기에 단순 주취자를 받았으나 난동만 부리고 치료할 것도 없는 등 관리가 점점 어려워지자 중증 주취자만 받고 단순 주취자는 받지 않고 있다. 여전히 근본적인 문제는 해결되지 않고 있다.

그러면 주취자는 어떤 유형이 있는지 알아보자. 4가지 유형이 있는데, 만취자, 술에 취해 폭력 등 범죄를 저지르는 사람, 주취 상태에서 소란을 피우는 사람, 단순 주취자 등 4가지로 나눌 수 있다. 이중 문제 되는 것은 주취 소란자와 단순 주취자다. 이 중에서 만취자는 응급환자로 간주되어 병원에 입원 의뢰하면 된다. 범죄를 저지른 주취자는 체포 등 수사 절차를 밟으면 된다. 문제는 주취 소란자나 단순 주취자의 경우 강제할 수 있는 수단에 한계가 있어서 일선에서 처리에 많은 애로를 겪고 있는 것이다.

---

154) 현재 5개 지방청관에 10개 의료기관에서 주취자응급의료센터를 운영하고 경찰관이 24시간 상주하면서 난동 등 주취자에 대응하고 있다.

이러한 전제하에서 문제가 되는 부분을 알아보자. 만취자의 경우 응급의료법 제6조에 의해 응급환자에 해당되는 경우 응급의료를 거부할 수 없도록 되어 있다. 또한 119구급대원은 구조대 및 구급대의 편성·운영 등에 관한 규칙 제31조에 의해 '술에 취해 강한 자극에도 의식의 회복이 없거나 외상이 있는 경우'에는 구급 요청을 거절할 수 없도록 하고 있다. 이러한 규정에도 불구하고 현장에서는 주취자를 발견하면 경찰은 '응급환자에 해당하는 만취자'라면서 소방에서 인수해서 병원으로 호송하기를 바라고, 소방은 경찰의 요청으로 현장에 도착해서 주취자에 대해 외관상 상처가 있는지 그리고 꼬집거나 목, 정강이 관절을 문지르면 반응을 한다면서 단순 주취자라서 이송을 거부하는 사례가 매일 발생하고 있다.[155] 그래도 소방은 권역별로 지도의사제도를 두어 현장 상황을 의사에게 물어보고 나서 판단을 하지만 경찰은 이러한 제도도 없는 상태에서 소방에서 단순 주취라고 하면 달리 항변할 수 있는 전문지식도 없고 야간에 전문지식을 자문받을 수 있는 곳도 없다. 주취자응급의료센터에 연락을 해도 단순 주취자는 받지 않고, 가족도 연락이 되지 않는다. 경찰서에는 주취자 안정실도 폐지되었다. 도대체 현장 경찰은 어떻게 해야 하는가? 방법이 있다면 지구대나 파출소에서 술이 깰 때까지 보호하다가 술이 깨면 귀가시키는 방법뿐이고 그 과정에서 사고가 발생

---

155) 경찰에서 주취자 관찰 판단기준으로 꼬집는 방법 등으로 의식 어부를 확인하도록 하고 있는데, 일선에서는 남자의 경우 목 부위와 가슴 부위가 만나는 곳을 주먹으로 가볍게 문지르거나, 사타구니 주변을 손으로 쥐거나, 물티슈에 물을 발라 얼굴과 목 부위를 닦아준 후 손가락에 물을 묻혀 얼굴에 뿌리면서 '앗 비 온다'라고 말해주면 목이 움츠러들면서 잠시 후 일어나 앉고 자진해서 귀가하게 하는 방법을 쓰는 등 웃지 못할 일들이 현장에 일어나고 있다.

하지 않도록 지속해서 보살펴야 한다. 이 과정에서 다른 범죄 예방과 신고 출동에 투입되어야 할 경찰의 인력과 시간이 낭비되지 않겠는가? 필자는 현행 제도하에서 단순 주취자와 만취자를 구별할 수 있는 의료적 기준을 현장 경찰관이나 소방 의료기관 등이 공유할 수 있는 기준을 만들 필요가 있다고 생각한다.

방법을 찾아야 한다. 결국은 돈의 문제로 귀결되지만, 이제는 예산을 투입해서 주취자에 대한 일선 경찰관의 공포와 두려움을 걷어주어야 한다. 그러나 돈만으로 해결되지 않는다. 실제 예산을 들여서 단순 주취자도 병원에서 받는다 하더라도 주취자에게 치료목적을 위해 강제할 수 있느냐의 문제가 생긴다. 우리나라에서 강제한다는 것은 인권침해를 의미하는 것이고 역사적으로 민감하게 반응하여 반드시 법관의 영장에 의하도록 하고 있다. 우리나라에서 행정 구금은 하나의 예외만을 두고 있다. 출입국관리에서 외국으로 추방하기 전에 외국인에 대하여 구금하는 것이 유일하다. 나머지는 형법적으로 범죄가 되어야 경찰이 강제력을 행사할 수 있게 된다. 그러나 우리나라와 일본을 제외한 거의 모든 선진국은 공공장소에서 주취 상태로 있는 것 자체를 범죄로 규정하고 있다. 미국의 경우 경찰은 이들을 범죄로 처벌하거나, 아니면 깰 때까지 주취 안정실에서 대기하게 한 후 형사사건에 대하여 처벌을 하지 않는 조건으로 알코올해독병원에서 치료를 받게 한다. 물론 비용은 개인 부담이다. 주취자 입장에서는 형사처벌로 벌금이 나오는 비용보다 병원을 가는 것이 더 저렴하기 때문에 해독병원을 이용하게 되는 것이다.

우리나라도 이제는 의료·법조계·경찰·소방·주류회사 등 관련 전문가와 기관이 모여서 해결방법을 찾아야 한다. 알코올해독을 위해 정부, 자치단체, 주류회사에서 전향적인 투자가 선행되어야 하며, 주취자가 알고올해독병원을 의무적으로 갈 수 있는 방법을 찾아야 수취자 자신과 그 가족, 그리고 경찰, 사회도 좀 더 건강해질 것이다. 이 방법은 주취상태를 범죄로 하는 방법도 있지만 범죄로 하지 않고 과태료부과대상으로 하되 치료를 하면 과태료를 면제한다든지 하는 방안 등 다양한 검토가 조속히 이루어져야 한다.

경찰청에서도 현행 제도가 바람직한 방향으로 바뀌면 더 좋겠지만 현행 제도 하에서라도 일선 경찰관들의 부담을 덜어주는 노력을 기울여야 한다. 그 일환으로 2010년에 폐지되었던 주취자 안정실[156]을 조속히 부활하여야 한다. 다만 그간 주취자 안정실에서 주취자가 사망한 것을 감안하여 주취자에 대하여 보호 조치하기 전에 의사의 진단을 필수적으로 하도록 할 필요가 있다. 이로 인해 사망자가 발생하는 것을 최소화하고, 경찰관이 의료전문가가 아닌 점을 감안하여 사망자가 발생하더라도 주의의무를 다한 경우 책임을 묻지 않도록 하는 것이 필요하고 이에 대한 경찰지휘부, 언론, 여론의 지지가 있어야 할 것이다.

---

156) 프랑스, 독일, 미국, 캐나다 등 거의 모든 나라에서 주취자 보호시설을 운영하고 있다.

12. 화약기술, 임진왜란에 어떤 영향을 주었을까? 그리고 경찰

화약이라는 단어가 처음 문서에 등장한 것은 중국 송나라 시기 (960~1279)에 집대성한 도장경(道藏經)에서다. 당시 중국에서 화약이라 부르던 것은 오늘날의 폭발물(explosives)이 아니고 일종의 약(藥, Medicine)으로 인식되었다. 즉 불을 붙이면 타거나 불로 만든 약이었다. 화약이 폭발물로서 각광을 받은 것은 무기에 사용되면서부터다. 이후 금나라는 송나라로부터, 몽고는 금나라의 화약기술자들로부터 화약기술을 전수받게 된다. 1274년 몽고·고려 연합군이 일본을 원정할 때에도 몽고군이 오늘날 수류탄의 일종인 진천뢰(震天雷)로 추측되는 병기를 사용하였다고 일본의 문헌은 기록하고 있다. 이러한 중국 화약의 유럽으로의 전파는 두 가지 통로로 전파되는데, 하나는 아랍·이슬람 상인에 의한 것이고 다른 하나는 몽고의 정복 활동에 의한 것이다.

이후 11세기에서 13세기 말까지(1096~1291) 이어진 십자군 전쟁의 영향으로 화약과 무기는 전 유럽으로 급속히 확산되었고, 1326년 이탈리아가 최초로 금속으로 만든 관형화기인 철포를 만들었고 이어서 1342년 영국도 철포를, 1348년에는 독일에서 장형홍동총(긴 모양의 금이 섞인 구리로 만든 총)을 만들었다.

의학적 목적에서 출발한 화약은 군사적 목적 또는 광산이나 토목공사 등의 산업용으로, 불꽃놀이 등 레저용으로 그리고 다시 의학용으로 이용되고 있다. 특히 산업용으로 여러 가지 화약이 발명되었고 대표적으로 다이너마이트와 에멀젼 폭약의 등장으로 많은 발전이 있있다. 우리에게 다이너마이트라는 이름으로 잘 알려진 폭약은 1847년 이탈리아의 화학자 소브레로(Ascanio Sobrero, 1811~1888)가 질산·황산 혼합액에 글리세롤을 가하여 처음 만든 니트로글리세린[157]이라는 폭발물질에서 비롯된 것이었다. 발명 초기 이탈리아에서는 제조과정에서의 폭발사고 등으로 관심을 끌지 못하다가 1867년 스웨덴의 노벨이 규조토에 니트로글리세린을 흡수하는 방식을 취해 취급상의 위험성을 혁신적으로 낮추었다. 이때 이름도 다이너마이트(Dynamite)라고 명명하게 되었고 이후 산업용 폭약으로 각광을 받게 되었다. 그러나 다이너마이트도 수중폭발에서는 한계가 있고, 여전히 폭발사고의 위험성이 높아 이를 보완하기 위해 반죽 형태인 Slurry 폭약이 개발되었으며, 이어 오늘날 혼합 액체 형태인 에멀젼(Emulsion) 폭약으로 발전되었다.

이러한 화약은 산업용뿐만 아니라 불꽃축제나 해상 조난 시 인명구조를 위한 선박용 신호기에서 사용될 뿐만 아니라 고속도로 등에서 자동차

---

157) 분자식은 $(CH_5(ONO_2)_3)$이며 질소량이 18.5%로 많고 질소가 유리되는 동안 탄소와 수소원자들을 산화시키고도 남을 만큼 충분한 산소를 가지고 있어 가장 강력한 폭발물 중의 하나이다. 폭발로 생기는 기체는 보통 실온과 압력 하에서 원래 부피의 1,200배 이상으로 팽창하며, 열은 약 5000°C 이상의 온도상승을 초래한다. 충격이나 급속한 가열에 매우 민감하며 50~60°C에서 분해되기 시작하여 218°C에서 폭발한다.

사고나 고장이 났을 경우 특히 야간에 2차 사고를 예방하기 위해 자동차 긴급신호용 불꽃신호기[158] 등으로 사용되고 있다. 또한 의학용으로도 사용되고 있다. 니트로글리세린은 협심증 치료제로 1897년부터 영국에서 처음으로 사용되었고 오늘날까지도 이용되고 있다. 1981년 일본에서는 환자의 체내에서 화약을 미소량 발파하여 방광과 요도결석을 파쇄하는 기술을 통한 치료 방법을 고안하기도 하였다. 방광 내 결석이 작을 경우에는 직접 결석에 대고 폭발시키고 직경이 3.5㎝가 넘을 경우 결석에 미세한 천공을 내어 화약을 장전하여 폭발시키는 방법으로 시술하였다.[159]

일상생활에서는 자동차용 에어백을 작동시키는 가스발생 장치가 있다. 에어백은 충돌 시 충격을 감지하여 가스발생 장치가 작동하여 에어백을 부풀려줌으로써 승객이 직접 차량 내부와 부딪치는 것을 방지하는 안정장치다. 그뿐만 아니라 폭약이 폭발할 때 순간적으로 발생하는 폭발에너지를 전기에너지로 변환시키는 폭발발전이 2차 세계대전 종전 후 미소 양국에서 연구되기도 하였다.

우리나라의 화약 역사를 살펴보면 1374년 공민왕 23년에 명나라에

---

158) 통상 도로 여건에 따라 다르지만 500m 전방 등 충분한 거리를 두고 설치하는 것이 시인성 확보와 사고 예방에 도움이 된다.
159) 오늘날 결석 치료 방법은 레이저로 분해하거나 체외충격파쇄석술이 사용되고 있다.

화약을 요청하였지만 거절당하였다는 기록이 고려사에 기록되어 있다. 고려 말의 화약은 염초(질산칼륨 KNO3), 유황, 숯을 혼합하여 만드는 일종의 흑색화약이었다. 당시 숯은 쉽게 구할 수 있었지만 염초와 유황이 문제였는데 특히 염초를 만드는 것에 가장 큰 어려움을 겪었다. 염초 제조 방법이 당시 전략기술로 극비사항이어서 명나라에서 이를 알려주지 않던 차에 1370년 최무선이 중국 상인 이원으로부터 염초제조법을 배워 국내 최초로 소개하여 화약 원료의 국산화를 이루었다는데 큰 의미가 있었다.[160]

화약기술을 보유하게 된 조선은 일본에 대한 화약기술 유출방지에 힘쓰게 되지만 일본은 1543년 규슈의 가고시마현에 있는 다네가시마에 표류한 포르투갈인으로부터 철포(화승총, 조총) 2정을 입수하고 화약 제조법까지 습득하게 되고, 명나라 해적들의 화기 제작기술을 전수받으면서 조선이 일본에게 누려왔던 화약 병기 기술의 절대적인 우위가 깨지기 시작한 것이다. 1555년 을묘왜변에서 일본은 자신들이 만든 화기의 우수성을 유감없이 발휘했다. 일본에 화약 무기가 전해진 지 겨우 10년밖에 안 된 시기였다. 임진왜란이 발발하면서 조선의 화약 사정은 크게 달라질 수밖에 없었다. 염초생산량에는 한계가 있었고 전량

---

160) 이러함에도 당시 염초를 만들기 위해 마루 밑 흙 등 10종의 흙과 쑥재 등 6종의 재를 채취하여 이루어졌다. 흙과 재에는 각각 진산이온과 칼륨이온이 주로 함유되어 있었으며, 특히 사람의 생활환경에 노출되고 미세한 유기물질이 축적되는 마루 밑 흙에 질산이온이 제일 많이 포함되어 있었다. 흙과 재의 1:1 혼합 추출액으로부터 최대 68% 순도의 염초를 얻을 수 있었다.

일본으로부터 들여오던 유황까지 수입이 단절되었다. 일본과 조선의 전쟁은 게임이 되지 않는 상태에서 진행될 수밖에 없는 일방적 전쟁이었다. 임진왜란을 겪으면서 선조는 일본 포로 또는 명나라 군사로부터 비밀리에 염초 제조법을 입수하기 위해 혈안이 된다. 당시 염초 제조법은 최무선 때부터 도입한 방식으로 오래된 건물의 추녀나 담장 밑의 짜고 습한 흙에서 염초를 추출 정제하는 방법으로 대량생산이 불가능했고, 한번 흙을 파낸 곳에서는 오랜 시일이 지난 후에나 재채취가 가능할 뿐만 아니라 자기가 살고 있는 집 안팎을 파내는 것에 대한 민원도 끊이질 않았다.

중국으로부터 염초 수입이 완전히 중단된 1632년(인조 10년) 11월 이후 조선은 염초생산을 위해 많은 노력을 기울이게 되고 1635년 '신전자취염소방'이 나오면서 중국 제품의 수입 없이도 100% 자급자족 체계를 갖추게 된다. 유황도 중국과 일본에서 수입하던 것을 수입이 차단됨에 따라 1661년(현종 2년) 경에 조선의 유황광 개발이 본격화되면서 자급자족을 하게 된다. 하지만 조선은 몇십 만근의 화약 재고에만 만족하고, 신기술 개발을 소홀히 하면서 19세기 서양 군함 몇 척에도 쩔쩔매는 수준에 머무르게 된다. 이후 일제강점기를 거쳐 해방 후 1952년 한국화약주식회사를 설립하면서 비약적인 발전이 있었고 오늘날에 이르고 있다.

다음으로 이러한 화약으로 만들어진 총기와 화약 관리에 대해서 알아보자. 우리나라 총·포와 화약의 관리 책임은 경찰청장이 진다. 총포·화약은 민간에서 사용하는 것과 경찰·군에서 사용하는 것으로 나눌 수 있다. 경찰과 군에서 사용되는 것은 별도의 규제를 받기 때문에 경찰의 규제대상은 아니다. 경찰의 규제대상은 민간에서 사용되는 것에 한한다.

먼저 총에 대하여 알아보면 총의 개념은 총과 포, 부품을 포함한다. 총은 다시 공기총과 엽총 등으로 나눌 수 있는데 공기총은 공기의 압력으로, 엽총은 화약 폭발의 힘으로 발사되는 원리이고, 탄알도 공기총은 단탄·산탄이고 엽총은 산탄이라는 차이가 있다. 총기는 인명 살상의 위험성이 있기 때문에 제조·수입·수출·운반·판매·소지·폐기 등 모든 단계에서 허가를 필요로 한다. 종종 수렵총기나 사제총기에 의한 강력사건이 발생할 때마다 정치권에서는 강력한 대책을 요구하고, 종편방송

<오패산 사제 총기 난사 사건에서 실제 사용된 범행도구>

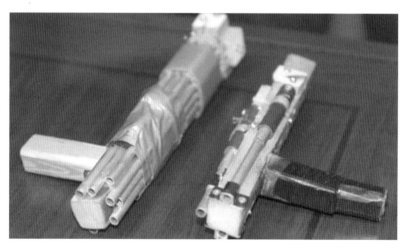

에서는 패널들이 나와서 정부와 경찰에서 강력한 총기 관리 체계를 만들고 인터넷상에 나와 있는 총기 제조법에 대해서도 단속을 강화해야 한다고 강변하기도 한다.

총기사고는 생명에 직접적인 영향을 미치기 때문에 엄격한 관리와 강력한 대응체계를 구축해야 한다는 것은 당연하지만 현실을 보다 냉정하게 볼 필요가 있다. 우리나라 총기 숫자는 경찰의 강력한 규제정책[161]으로 2001년 39만여 정에서 2018년 13만여 정으로 18년 만에 1/3 수준으로 줄어들었고, UN에서 발표한 인구 10만 명당 총기 사망자 현황[162]도 미국은 3.92명, 독일 0.33명, 일본 0.03명, 한국 0.027명으로 미국보다 100배, 독일보다 10배 이상 낮은 수치다. 따라서 이러한 객관적 상황에 대한 인식을 전제로 총기사고가 발생했다고 해서 너무 과도하게 국민에게 불안감을 조성하는 것은 바람직하지 않고 차분하게 개선방안을 강구하는 것이 필요하다. 그리고 언론에서 언급하는 총기 제조 동영상은 대부분 외국에 서버를 두고 있고, 규모도 'making gun'으로 입력하면 600~700만여 개가 검색되는 상황에서 이러한 제조법에 대한 단속과 처벌은 현재로서는 불가능에 가깝고 실효성도 적다고 볼 수 있다. 실제로

---

161) 위험성이 있는 권총, 소총, 공기총과 엽총은 전부 경찰서에 영치하고 있어서 수렵인이 총기를 구입하고 소지허가를 얻어도 경찰서에 보관하고 있기 때문에 평소에는 볼 수도 없고 만질 수도 없는 상태이고, 겨울철에 수렵 허가를 받더라도 해당 자치단체에 수렵장 이용 비용으로 50여만 원 상당을 지급해야 한다. 게다가 수렵 시에는 2인 이상이 동행해야 해서 비용과 불편함이 따르며 총기 소지도 하지 못하는 상황으로 인해 수렵총기 소지 인원이 급격히 줄어들고 있고 총기 판매상이나 운반 등 전반적인 총기산업 자체가 축소되고 있는 것은 사실이다.
162) 2007년 UN Office on Drugs and Crime 통계.

2016년 10월 19일 오패산 터널 인근에서 발생한 총격 사건에서 사용된 사제총기는 파이프에 구슬을 상전하고 화약을 사용하는 것으로 중학생 정도만 되어도 만들 수 있을 정도로 간단했다. 화약도 장난감 폭죽에서 빼내면 될 정도로 확보가 용이하며 경우에 따라서는 성냥에 있는 화약으로도 가능하다.

이러한 상황이라면 파이프와 성냥, 폭죽 구매를 규제해야 하는데 이는 현실적으로 불가능하다. 따라서 이러한 총기에 대한 제조나 사용 및 위험성이 있는 사람에 대해서는 경찰 등 정부 당국의 지속적인 모니터링과 더불어 주변인들의 적극적인 관심, 그리고 문제가 있을 경우 경찰에 신고해 주는 시민의식이 필요하다.

다음은 민간 총기가 사용되는 유형에 대해 알아보려고 한다. 첫째, 관광객을 상대로 하는 25개의 실내사격장과 선수들을 위한 179개의 실내사격장이 있다. 둘째, 멧돼지나 까치 등이 농작물을 훼손하는 것을 막기

<총기소지 허가 현황, 2019. 3월 기준[163]>

구분	계	권총	소총	엽총	공기총	가스 발사총	마취총	산업총	기타총
소계	130,020	1,774	637	37,190	77,140	2,626	817	9,262	574
소지	1,244	-	-	-	-	2,501	574	9,099	270
보관	117,576	1,774	637	37,190	77,140	125	243	163	304

---

163) 총기소지 허가 현황 – 사이버 경찰청 사전정보공표

위해서 사용하는 경우가 있는데 이는 다시 두 가지로 나뉜다. 하나는 수확기[164]에 지자체별로 수렵면허나 경력 있는 자 중에서 포획단을 선정하여 야생동물에 의한 피해 예방 활동을 하고, 그 외의 시기에는 경작자 등의 신고를 받고 출동한다. 다른 하나는 수확기가 끝나는 11월 말부터 2월까지 전국의 지자체가 환경부의 허가를 받아 지정하면 수렵면허와 총기소지허가를 받은 자가 수렵을 할 수 있는 방법이다. 두 가지 다 경찰서 지구대나 파출소에서 매일 입·출고를 관리하고 있어 수렵인들이 유력 국회의원 등 정치권에 손을 써서 규제를 완화해 달라고 요청하기도 한다. 어떻든 총기관리는 한국법제와 경찰이 가장 강력하고도 엄격하게 관리하고 있다는 것이 사실이다.

경찰에서는 수렵이나 유해조수구제용 엽총이나 공기총[165]으로 인한 사고방지를 위해 GPS가 내장된 '위치추적 단말기' 부착 정책을 추진 중에 있다. GPS 부착에 대한 법적 근거는 2015년 11월 2일 개정을 통해 이루어졌으나 시스템 구축과 어느 정도 범위(모든 총기 또는 사용되는 총기[166]에 한정하느냐의 문제)에 누구(국가 또는 소지자)에게 의무를 부과하느냐에 대한 논의가 정리되지 않아 늦어졌지만 경찰청에서 2020년까지 시스템 구축과 장비 구입을 완료하면 상당 부분 총기로 인한 사고의

---

164) 보통 8월에서 11월까지이나 지역별로 상이한 경우도 있다.
165) 2018년 말 기준 114,933정.
166) 연간 1만여 정 정도에 불과하다.

방지와 초기 대응이 빨라질 것으로 보인다. 다음으로 화약의 경우도 총기와 마찬가지로 제조·수출입·판매·양도 양수·폐기 등 각 단계에서 허가를 필요로 하며 특히 화약 운반 시 차량에 GPS를 부착하여 운반정보를 실시간 관리하고 비상상황에 대비하고 있다. 또한 화약 관리의 전문성을 제고하기 위해 2013년부터 매년 5명씩 화약류 관리기술사, 관리기사, 제조기사 등을 선발하여 운영하고 있고, 현재 총포·화약관리를 경찰청 생활질서과 총포계 5명이 담당하고 있는데 향후 총기 이용범죄의 증가 및 전문성 확보, 전국적인 총포 관리능력 제고 차원에서 과 단위로 확대 개편할 필요가 있다.

13. 정치경찰인가 국가경찰인가?: 정보경찰[167]의 딜레마

최근 검·경 수사권 조정 시점에서 박근혜 정부 시절 정보경찰이 선거에 관여한 혐의로 당시 청와대 치안비서관, 경찰청 정보국장, 차장, 청장 등이 수사와 재판을 받고 있다. 2016년 박근혜 정부 당시 4.13 총선에서 '친박' 당선을 위해 경찰 지휘부가 정보경찰을 동원하여 판세를 분석하고 선거 전략을 짜는 등 선거에 개입한 혐의를 받고 있다.

또 2016년 6월 검찰은 삼성전자 상급노조인 금속노조 집행부의 동향을 삼성 측에 전하며 노조와해공작에 개입하고, 노조와 경총이 진행한 블라인드 협상에도 관여한 혐의로 경찰청 ○○○ 경정을 구속하여 재판이 진행 중이다. 이와 같이 연일 경찰이 선거와 노사교섭에 개입한 혐의로 수사와 재판을 받는 상황에서 경찰의 정보기능은 과연 무엇이고 어떤 일을 하는지 알아보자.

국가의 정보기능은 과연 필요한 기능일까? 만일 정보기능이 없다면

---

167) 우리의 경찰제도는 일본이 프랑스와 독일 경찰제도를 계수하여 이식시킨 제도이다. 프랑스에서 정보경찰이 처음 탄생한 것을 구체제 하에 여론을 감시하는 것에서 유래하고 있다. 공식적으로는 1811 황제 칙령에 규정하고 있다. 민심과 상업과 징집 관계, 세관, 국경, 외국과의 통신, 서점, 정치, 종교단체에 대한 감시에서 1893년에는 정치정보와 무정부주의에 대한 정보까지 확대되었다.

국가를 경영하는 정부로서는 전쟁이나 각종 대형위험과 사건 등 사회적 혼란에 효과적으로 대응하지 못할 것이다. 이러한 기능을 최고수준으로 제도화한 것이 대통령을 정점으로 하는 국가안전보장회의(NSC)이고 이를 뒷받침하기 위한 것이 국정원·경찰·군에 전문적인 정보 채널을 구축하여 적시에 정보를 제공받아 정책결정에 활용하고 있다. 이러한 정보를 활용하는 주체는 대통령일 수도 있지만 그 외의 다른 부처 장관의 정책결정에도 도움이 될 수 있을 것이다.

정보경찰은 국가정보기능의 하나로서 이름처럼 정보 수집을 기본으로 한다. 정보 수집을 넘어 분석과 대안을 마련하여 관련 기능에 배포도 한다. 이는 정보를 수집하는 기관의 당연한 속성이고 의무이기도 하다. 문제는 수집하는 정보의 범위가 어디까지인가? 즉 한계의 문제이다. 이를 위해 먼저 정보활동을 위한 법적 근거를 살펴볼 필요가 있다. 정보경찰의 법적근거도 일반경찰의 법적근거와 같이 경찰법과 경찰관직무집행법에 근거하고 있다.[168] 동법률에서는 '치안정보의 수집·작성 및 배포'를 경찰의 업무로 규정하고 있고, 대통령령인 '경찰청과 그 소속기관 직제' 제14조에서 '정치, 경제, 노동, 사회, 학원, 종교, 문화 등 제반 분야에 관한 치안정보와 정책정보의 수집, 종합, 분석, 작성, 배포'를 경찰청 정보국의 사무로 규정하고 있다.

---

168) 경찰법 제3조 제4호, 경찰관직무집행법 제2조 제4호에서 각각 규정하고 있다.

법적 근거에는 문제가 없으나, 국민의 권익을 침해하는 경우[169]에는 조직(임무)법적인 규정이 아니라 구체적인 권한을 규정하는 권한 규정이 있어야 한다는 견해에 따른다면 정보경찰 활동은 상대방의 동의를 전제로 하더라도 활동에 법적 제약이 따를 수밖에 없다.[170] 그러나 위와 같은 주장을 하는 학자들을 독일의 법제와 사고를 기준으로 우리의 법제를 판단하는 것으로 학자들 간에도 찬·반론이 존재하고, 실제로 독일도 프로이센 경찰법 당시 직무를 규정한 법률을 근거로 경찰권 발동을 인정했다는 점,[171] 우리 판례의 입장도, 경찰법 규정에 대해서는 직무를 규정한 것으로 보았지만 경찰관직무집행법상의 직무범위 규정에 대해서는 작용과 권한 규정으로 보고 있는 점 등을 감안할 때 정보활동의 법적 근거는 인정된다 할 것이다. 다만 강제력을 사용할 수 있는 경우란 급박한 위험의 경우 일시적으로 짧은 시간 내에 가능하다는 즉시강제의 일반법 원칙의 적용을 받는다 할 것이다.

다음은 정보경찰 활동의 범위가 어디까지인가의 문제가 있다. 경찰관직무집행법은 정보경찰의 범위를 '치안정보'로 규정하고 있고, 대통령령은

---

169) 경찰권 발동에 권한 조항을 필요로 하는 경우는 행정객체에게 권리의 변동을 발생하게 하거나, 행정객체의 의사에 반하여 권리침해 내지 강제를 하여야 할 필요가 발생하거나 강제력을 동반하지는 않으나 업무수행의 정당성을 인정받고 행정력의 과다한 운용을 막기 위하여 업무의 범위를 설정하고자 하는 경우 등 세 가지라 할 수 있다(경찰대학, 2002, 방법기본법, 57)

170) 이러한 견해는 경찰의 직무 범위라는 제목으로 직무를 규정한 것을 근거로 경찰 활동을 할 수 없으며, 구체적으로 정보경찰의 권한이라는 조항을 별도로 만들고 이들 조항 내에서 정보경찰의 활동조건이나 개입범위, 통제 등에 대한 구체적 조항을 근거로 해서만 가능하다는 견해로 독일 법제에서 통용되는 것을 관련 규정이 미흡한 우리의 법제에 기계적으로 적용하려는 견해에 따른 것으로 동의하기 어려운 견해라 생각된다.

171) 아직도 일본이나 프랑스는 직무규정이나 권한규정을 명확하게 구분하지 않고 있고, 심지어 프랑스는 불문법에 의한 경찰권 발동도 판례가 인정하고 있음을 참고할 필요가 있다.

'분야를 가리지 않고 치안과 관련된 정보와 정책정보'를 규정하고 있다. 법체계상 정책정보는 치안정보의 개념 안에 포함된다고 할 것이다. 왜냐하면 법률에서 치안정보를 규정하고 있는데 대통령령에서 확대해서 범위를 규정할 수는 없기 때문이다. 그렇다면 치안정보와 정책정보란 무엇인가? 치안정보는 경찰개념과 관련된 정보다. 경찰개념은 대륙법계에서는 행정경찰과 사법경찰로 나뉜다. 이는 우리가 알고 있는 범죄의 예방과 발생 이후의 검거나 수사 등과 같은 미시적인 개념이 아니다. 프랑스에서 행정경찰 개념은 전통적으로 공공의 안전과 평온, 공중위생까지 포함하는 개념이었다. 이러한 행정경찰 개념도 시대변화에 따라 공중도덕, 인간의 존엄성, 개인의 보호, 청소년의 보호와 같은 개념이 포함되고 개념의 확대는 열려있다고 하여야 할 것이다. 그러나 공공질서를 넘어서는 미관의 보호, 국제관계의 유지, 남녀 차별의 유지[172] 등은 일반이익(Intérét Général)에 해당하여 경찰 조치를 취할 수 있는 대상이 아니라고 보고 있다. 따라서 프랑스의 경우 경찰개념을 생각보다 넓게 잡고 있고, 시대에 따라 변한다는 것을 알 수 있다.

우리의 경우 경찰개념이 어디까지인지에 대하여 깊은 논의는 없는 것으로 보인다. 다만 경찰관직무집행법상에 나오는 '국민의 생명·신체 및 재산보호, 범죄의 예방·진압 수사 등 공공의 안녕과 질서유지'로 보고

---

172) 아랍 여성들을 대상으로 한 기성복 패션쇼에 여자들만 초청한 것에 대해 남녀차별을 이유로 행사를 금지시킨 조치에 대하여 이는 공공질서에 대한 교란이 명백하지 않은 것이라며 금지조치가 정당하지 않다고 판시하였다.

있기도 하다.[173] 이러한 관점은 앞에서 언급한 프랑스 사례와 같은 경우를 다 포섭하기도 하지만 그 한계가 불명확하게 되는 문제가 발생할 수 있다. 더욱이 대통령령에서는 '정치정보'까지 명문으로 규정하고 있어 어디까지가 '치안과 관련된 정치정보인가'를 명확하게 판단하기가 일선 정보 현장에서 판단하기란 쉽지 않다. 따라서 정치정보를 삭제하거나 개념을 보다 명확히 할 필요가 있다.

경찰에서도 이러한 문제를 인식하고 2019년 1월 정보경찰 활동 규칙을 만들었다. 동 규칙에서는 정보활동의 범위와 절차·한계를 명확히 하고, 특히 정치개입·불법사찰 논란을 차단하는 것을 내용으로 하고 있다. 정당사무소나 민간단체의 상시 출입을 금지하고, 집단민원이나 노사 갈등 현장에서 대화의 제안이나 촉진은 가능하나 분쟁의 내용에 개입하거나 화해를 강요하는 행위, 특정 상대방의 의견을 지지 또는 비방하는 행위를 금지하고 있다.

또한 치안정보의 정치화를 차단하기 위해 개입범위를 '공공안녕[174]'에 대한 위험의 예방 및 대응을 위한 정보의 수집·분석·종합·작성 및 배포와 그에 수반되는 사실확인 및 조사'로 한정하였다. 정보활동의 범위도 '국민안전과 국가안보를 저해하는 위험요인, 국가중요시설·주요인사의

173) 문경환·이창무 공저, 경찰정보학 제3판, 박영사, 2019, p. 174.
174) 공공안녕은 개인의 권익(생명·재산·자유 등의 권리)과 객관적 법질서, 국가의 존속과 국가 및 그 밖의 공권력 주체의 제도와 행사와 관련된 경우를 말한다.

안전 및 보호, 집회·시위 등 사회갈등과 다중운집에 따른 질서·안전유지 관련 정보, 국민의 생명·신체의 안전이나 재산의 보호, 생활의 평온과 관련된 정책의 입안·집행·평가에 관한 정보[175] 등으로 구체화하였다. 결국 순수한 성치정보는 배제하고 공공질서와 공공안전에 관한 정보에 구체화하고 한정시켰다는 점에서 진일보하였다고 평가된다. 다만 갈등·분쟁 현장에서 경찰이 할 수 있는 것을 너무 소극적으로 제한 시켜 정보활동이 위축될 우려가 있다. 대화는 주선하되 내용에는 일절 개입하지 말라는 것인데, 경찰의 갈등 조정기능을 인정한다면 공적 기관으로서 현장에서 법적 정보와 객관적 상황 제시를 통해 특정 일방의 의견을 지지하지는 않지만 어떤 것이 공적 기관인 경찰이 보기에 바람직하다는 의견 표명은 있어야 방향성과 갈등관리가 가능하지 않을까 싶다. 갈등이 발생하면 경찰에게 사회자나 진행자의 역할은 주어져야지 당사자끼리의 대화만 주선한다는 것은 경찰 기능을 너무 제한하게 되고 결과적으로 사회의 갈등을 조기에 해결하고, 갈등비용을 감소시키는 데 도움이 되지 못하고 있다. 결과적으로 국가와 사회의 문제해결 능력과 경쟁력 약화로 귀결될 것이다.

따라서 현 활동 규칙 시행을 통해 드러난 문제점, 그리고 판례, 갈등 주무기관 관여도 등을 감안하여 갈등이나 분규 유형에 따라 탄력적으로 규정하고 대응할 필요가 있다고 생각한다.

---

175) 이를 정책정보라고 한다.

이상에서 정보경찰의 필요성과 한계, 그리고 최근의 개혁 논의에 대해서 살펴보았다. 그렇다면 현장에서 서장으로서 느끼는 정보기능은 어떠할까? 우선 서장 입장에서 정보기능은 가장 편하게 다양한 주제에 대하여 논의할 수 있는 파트너이다. 정보경찰은 문제가 있으면 배경과 문제의 핵심, 경과, 문제해결 방안, 조치 이후 반응을 분석하며, 해당 기관에 통보하는 등 경찰 기능 중에 가장 폭넓은 시각을 갖춘 전략 전문가들이다. 특히 경찰서장들은 1년마다 근무지를 옮기는데 해당 지역의 해박한 정보관을 통해서 지역 내 사정과 현안 등을 단시간에 파악할 수 있고, 타 기관장과 만날 때에도 정보관들이 동행하면서 분위기를 잘 이끌어준다.

또한 관내 각종 집단민원이나 집회·시위가 발생하거나 발생이 예상되는 경우에도 정보기능에서 사안의 배경과 쟁점 그리고 이해당사자의 입장, 향후 전망과 집회·시위로 이어질 경우 집단이나 단체의 이동경로, 문제점과 대응방향을 분석해주는 역할을 한다. 따라서 관내에서 규모가 있는 집회·시위가 있는 경우 거의 모든 기능이 참여하게 되는데 정보와 경비가 주된 역할을 하게 된다.

집회·시위 현장에서도 정보기능은 상황을 실시간으로 제공함으로써 서장이 원활한 지휘를 할 수 있도록 해준다. 경우에 따라서 정보와 경비 기능 간에 갈등이 발생하기도 한다. 정보에서는 상황에 따른 대응을 강하게 하도록 요구하여 사후 문제가 생겼을 때 빠져나가려는 경향도 있다. 이러한 상황에 대한 정보를 전달받은 경비기능에서는 직접적으로 경찰력을 배치하고 필요에 따라서는 해산이나 검거를 하게 되는데, 이러한 과정에서 문제가 생기면 책임은 경비기능에서 전적으로 부담하게 되다 보니 경비기능에서는 경찰력을 적극적으로 활용하려고 하지 않으려는 경향도 있다. 실세 집회 현장에서 상부에서는 해산과 검거를 하도록 하는데 무리한 지시가 내려가는 경우 경찰부대 지휘관은 사후 책임을 우려하여 진압하는 시늉만 내는 경우가 발생하기도 한다.

경찰서 관내에서 정보기능은 집회·시위만 관여하는 것이 아니다. 위에서도 알아보았듯이 치안과 관련된 정보 등을 생산하면서 다양한 인맥을 연결할 수 있는 네트워크를 가지고 있어서 경찰을 넘어서 다른 기관이나 단체의 협조가 필요한 영역에서 특히 정보기능의 역할이 빛나게 된다.

현재 수사권 조정과 맞물려 정보경찰의 개혁 작업이 진행되고 있다. 정보기능의 긍정적인 면이 보장되면서도 정보기능에 대한 건설적인 통제를 통해 건강한 정보기능으로 다시 태어나기를 기대해 본다.

14. 대한민국에 911테러가 발생한다면?

　우리의 테러대응 시스템은 어떠한가? 테러대응시스템이 법적 형태로 처음 등장한 것은 박근혜 정부시절인 2016년 3월 2일 국회를 통과하여 2018년 10월 18일부터 발효된 '국민보호와 공공안전을 위한 테러방지법'에서다. 그 이전에는 1982년 1월 21일 제정된 대통령 훈령형식인 '국가대테러 활동지침'이 있었다. 내용은 법률로 규정된 내용과 유사하지만 국정원의 테러정보수집활동이 법률의 근거 없이 행해짐에 따라 적법성 논란이 끊임없이 지적되어 법률형식으로 격상하는 것을 국정원에서 추진하게 된 것이다.

　그렇다면 법률로 제정된 테러대응시스템을 간단히 살펴보자. 우선 전체적인 틀은 국정원이 담당한다. 테러의 개념을 '국가·지방자지단체 또는 외국 정부의 권한 행사를 방해하거나 의무 없는 일을 하게 할 목적 또는 공중을 협박할 목적으로 사람을 살해·인질을 잡거나 항공기·선박 안전과 관련된 범죄, 생화학·소이성 무기나 장치를 차량이나 시설에 배치하거나 폭발시키는 행위, 핵물질과 관련된 범죄 등'으로 명확화하였다는 데 의미가 있다.

　더 나아가 국가정보원장은 테러 위험인물에 대한 출입국·금융거래 및 통신 관련 정보를 수집할 수 있고, 금융거래의 지급정지 요청권과 테러위험인물에 대한 개인정보와 위치정보 요구권이 인정되었다. 그간 수사기관에만 인정되던 권한이 국정원에도 공식적으로 인정된 것이라 할 수 있다. 이러한 권한을 가진 국정원은 국무총리가 위원장이 되고, 관련 부처의 장이 구성원으로 참여하는 국가테러대책위원회를 소집한다. 여기에서 기본계획을 수립하고 관련 기관 간의 역할을 분담·조정하는 역할을 수행하며, 집행기관으로 대테러센터를 두고 국정원 원장이 센터장을 맡는다. 기능적으로 우리나라에서 테러대응은 각 부처별로 사안에 따라 전담조직을 두도록 하고 있다. 외교부 장관은 국외테러사건 대책본부, 국방부 장관은 군사시설테러사건, 국토부장관은 항공테러사건, 경찰청장은 국내일반테러사건, 해양경찰청장은 해양테러사건에 대한 대책본부를 운용한다. 이것이 대통령령으로 내려오면 특별시·광역시 등 지역 단위에 지역테러대책협의회를, 공항·항만에도 테러대책협의회를 구성하도록 하고, 국정원 관계자가 의장을 맡는다. 테러 현장에 테러주무부처의 지정에 따라 현장지휘본부를 운영하도록 하고 있다.

언뜻 보면 시스템이 잘 구축되어있는 것 같이 보이지만 실제 상황이 발생하면 작동이 가능할까? 우리나라는 테러가 자주 발생한 외국에 비하면 아직까지는 테러 청정 지역이다. 테러가 많이 발생했고 국제적인 주목도 많이 받았던 미국, 영국, 프랑스는 1990년대부터 최근까지 끊임없이 테러가 발생하였고 인명도 적지 않게 사망했다. 테러가 발생하고 나면 나라별로 원인과 대응에 대한 반성과 성찰을 했고 이를 통해 대응

능력을 발전시켜 왔다. 법률을 새로 만들거나 새로운 기구를 만들었으나, 여전히 테러에 대한 불안감과 대응능력에 대한 한계를 호소하고 있는 것이 현실이다. 왜냐하면 대부분의 테러 발생 국가들이 식민과 이민의 역사를 가지고 있고 이들과의 통합에 어려움을 겪고 있으며, 아직도 진행 중에 있기 때문이다. 또한 아프가니스탄이나 이라크 등 국제적인 분쟁지역에서 미국이나 선진국을 향한 분노가 테러의 형태로 나타나고 있기도 하다.

우리나라는 어떠한가? 다른 나라를 지배한 적도 없고 다른 민족을 괴롭힌 적도 거의 없다. 문제는 우리나라가 이제 선진국에 진입하고 경제적으로나 문화적으로 세계적인 관심을 받으면서 이민의 역사가 시작되고 있다는 점이다. 테러는 집단적이고 대규모적인 살상과 충격을 주기 위해 시도된다. 우리나라와 특별히 역사적으로나 민족적으로 나쁜 감정이 있지 않은 상태에서 우리나라를 상대로 한 테러를 감행한다고 생각하기는 쉽지 않다. 지금까지 우리의 상황이 이러하였고, 지리적으로 반도 국가이면서 북으로는 38선이라는 남북 대치 상황이 역설적이게도 치안이나 테러적인 측면에서는 매우 긍정적인 요인으로 작용했다고 볼 수 있다. 다시 말하면 북한을 제외한다면 섬나라와 같은 치안이고 섬나라 중에 3면만 지키면 치안이 확보되는 유리한 지형이라고 할 수 있다. 그러나 이제는 상황이 달라지고 있다. 출생률 저하와 노동력 급감에 따라 중국과 베트남, 필리핀 등 동남아에서 결혼과 일자리를 위해 우리나라로 유입하는 이동의 규모가 커지고 있다.[176]

이들이 국내에서 일을 하고, 결혼과 아이를 출생하면서 국적을 취득하게 되는 경우 기존 한국사회와 다문화사회 간의 갈등을 최소화되도록 하는 것이 가장 중요한 과제다. 주지하다시피 한국사회는 초경쟁사회다. 한국인끼리도 학교에서 왕따를 시키고, 폭력을 행사하는 등 문제가 심각한 수준이다. 다문화가정의 아이들이 정상적인 학교생활을 할 수 있도록 환경을 만들어 주어 이들이 한국사회에 대해 분노를 가지지 않도록 하는 것이 중요하다. 특히 중국에서 중학교나 고등학교에 다니다가 국적을 취득하는 경우 이들에 대해 교육을 담당하는 기능이 전무하다. 이들은 한국사회의 밑바닥으로 내몰려질 수 있고, 이에 따라 범죄자로 이어질 수도 있는 것이다. 그리고 이들은 성장하여 군대도 가고 사회로 진출하게 되는데 자칫 성장 과정에서 배양된 분노와 군대에서 배운 무기 탄약에 대한 기술이 결합하게 되면 엄청난 불행이 테러라는 형태로 나타날 수 있다.

따라서 현 단계에서 하드웨어적인 시스템 정비 못지않게 테러 발생환경 차단을 위한 교육을 실시하고 단계별로 언어나 말이 다름으로써 생기는 차별이 발생하지 않도록 교육하고 감시하고 이를 시스템화하는 것이 무엇보다 중요하다. 그리고 이들이 성장하여 사회로 진출하게 되는 경우 정상적인 능력을 발휘하면 큰 문제가 없겠지만 사회에 부적응하고

---

176) 2018년 기준 체류 외국인은 2,367,607명이다. 이중 중국인이 100만 명 수준이고, 외국인 근로자는 594,991명, 결혼이민과 혼인귀화자는 288,234명이다.

범죄나 사회에 대한 적개심을 보일 수 있는 만큼 사회안전망 차원에서 이들에 대한 재교육과 이에 대한 재정적인 투자도 필요하다고 보인다.

우리나라에서 테러가 발생하는 시기는 예측하기 싫지만 이들이 사회에 진출하는 시점이 될 것이다. 이에 대비하여 테러대응시스템을 전반적으로 점검할 필요가 있다. 현재 우리나라의 테러대응시스템은 어떻게 보면 북한으로부터의 테러 위협에 집중되었었고, 이후 이슬람 세력인 ISIS, 미국 국무부가 지정하는 52개 테러 단체에 대한 위협에 집중되어 있다. 이들이 한국사회에 위협을 가할 가능성을 배제할 수는 없지만 이들이 구태여 먼 한국까지 와서 그리고 교통도 복잡해서 찾아갈 수도 없고, 한글도 읽을 수 없는 상황에서 과연 한국을 목표로 삼을 필요가 있을까? 가능성은 매우 낮다고 생각한다. 그렇다면 테러가 발생할 가능성이 높은 영역에 초점을 맞추어 정보를 수집하고, 대책을 수립해야 한다.

그렇다면 우리나라에서 이들에 대한 정보를 수집하는 기능이 있을까? 전혀 없지는 않다. 경찰서별로 외사계가 있어서 이들 커뮤니티와 지속적인 연계를 하고 있으나 이는 피상적인 수준이다. 이들 커뮤니티가 무슨 어려움이 있고 어떤 움직임이 있는지는 잘 알지 못한다. 이들에 대한 교육과 지원은 자치단체에서 하지만 자치단체에서는 테러나 범죄에 대한 선제적인 활동에는 역부족이다. 경찰도 현재 상태에서 드러난 범죄만 바라볼 뿐 미래의 테러 위협에 대한 활동은 하지 않는다. 경찰서 정보기능은 집회 시위 정보 파악에 머무를 뿐 테러 정보에는 관심이 없다.

그렇다면 국정원은 테러 정보를 많이 알고 있을까?

알 수 없다. 국정원이 수집하는 정보는 해외정보다. 주로 미 국무부가 지정하는 단체원이 공항만을 통해서 입국하는지 여부에 대한 정보와 다른 나라 정보기관과의 공조를 통해서 얻은 정보일 것이다. 정보기관의 특성은 남의 정보는 요구하되 나의 정보는 주지 않는다는 것이다. 이런 상태에서 국정원과 현장에서 움직이는 경찰 간에 정보 공유가 과연 이루어질까? 어렵다고 생각한다. 미국도 9.11테러 사전차단 실패를 정보기관과 수사기관의 정보공유 부재로 보고 통합하려는 차원에서 국토안보부(Department of Homeland Security)를 설치했다. 물론 대테러 활동의 효율적 통합·조정을 위한 기구가 있지만 여전히 현장에서는 경찰과 소방이 중추적인 역할을 한다. 이들과 문제가 발생한 이후에 하는 정보공유는 아무런 의미가 없다.

테러가 발생하기 이전단계인 평상시 '정보기관 간' 그리고 '정보기관과 수사기관 간' 정보공유가 이루어져야 테러대응에 대한 실패를 막을 수 있다. 이것이 핵심이다. 위로는 총리, 국가와 자치단체별로 대책위원회를 꾸리고 현장에도 지휘본부와 초동조치팀을 구성하는 것도 중요하다. 그런데 문제는 실제로 발생하였을 경우 이러한 시스템이 작동할 수 있는가이다. 그리고 평시에 초동조치팀과 지휘본부 등이 정보를 공유하고 있을까? 현실은 그렇지 않다. 법률에 의하면 외국과 군대, 해양을 제외한 모든 테러 사건은 경찰청장이 대책본부장을 하게 되어있는데 여기에는 국내에서 발생할 수 있는 전문적인 영역인 원자력이나 화학물질 테러 등이 모두 해당한다. 이들에 대한 정보를 경찰은 수집하고 있을까? 국정원은 수집하고 있는지 모르겠다! 그리고 수집하고 있다면 정보를 공유하는지 모르겠다. 추측하건대 공유하지 않을 것으로 생각된다. 물론 경험에서 나오는 추측일 뿐이다.

2016년 초 경찰에서는 테러에 대한 대응책임기관으로 법률상 지정됨에 따라 관련 매뉴얼을 만들고 전국경찰서장들을 상대로 교육을 하며 테러에 대한 관심을 고취시킨 바 있다. 그 이후 일선서장들을 상대로 추가적인 교육을 했다는 소식은 들어보지 못했다. 그냥 서류로 쌓일 뿐이다. 테러에 대한 정보수집 관심도 낮아지면서, 실제 상황이 발생한다면 관련 기관들이 허둥대지 않을까 하는 우려가 든다. 더 큰 문제는 테러방지법이 권한은 가지려 하고 책임은 지지 않으려 하는 국가기관들의 모습이 반영된 것으로 보인다는 것이다. 테러를 담당하는 기관이 어떤 기관인지 무엇을 공유하는지 그리고 어떤 책임을 지며 어떤 권한을 가지는지 명확하게 규정하지 않은 상태에서 테러 책임기관이라고 지정되어 있으니 해당 기관에서는 사안이 발생하면 우왕좌왕할 수밖에 없을 것이다.

우리는 미국과 유럽의 선진 경찰의 대응을 보면 부러워한다. 그러나 그 이면에는 경찰에게 테러에 대응할 명확한 법적 권한이 뒷받침되어 있음을 알아야 한다. 미국은 2001년 'PATRIOT'법 제정을 통해 수사

기관의 통신감청 대상을 확대하고, 테러가 의심될 경우 별도의 제한 없이 통신감청을 할 수 있도록 신청 절차를 완화하고, 테러와 관련해서는 별도 제한 없이 일반전화와 이동전화, 이메일 등에 대한 일괄 감시도 허용하고, 이러한 정보를 FBI나 이민국, 일선 경찰 등 모든 수사기관이 테러 수사에 관한 제반 정보를 공유하도록 법적 뒷받침을 해주고 있다. 프랑스도 2008년 프랑스 파리 외곽 이민자 폭동사건 이후 니콜라 사르코지 대통령의 지시에 의해 보안국과 정보국을 합쳐 국내 정보국을 만들게 된다.[177] 법률적으로도 테러 담당 공무원에게 원자력 발전소 및 대규모 공장시설, 역 등 중요시설에 CCTV 설치 권한을 부여하고, 국경이나 공항만 지역에서 특별한 범죄혐의 없이도 무차별적인 검문검색이 가능하도록 하고 있다. 그리고 테러에 관련된 전문화된 경찰관과 테러수사판사까지 등장하고 있다. 이들은 테러가 발생하면 관할과 관계없이 개입할 수 있도록 하였다.

우리는 어떠한가? 경찰은 테러 전문가가 있는가? 물론 특공대는 세계적인 수준이다. 이들의 전술적인 역량은 다른 나라 특공대와의 합동훈련에서도 높은 평가를 받고 있다. 문제는 이러한 전술적인 것 말고, 평시에 경찰에 테러 전문 경찰이 존재하는가이다. 테러 정보를 수집·공유하며 테러에 대한 대책을 수립하며, 분석·평가하는 전문가가 존재하는가?

---

177) 프랑스는 우리의 국정원이 별도로 없고 경찰청 보안국에서 국가보안기능을 수행하고 국내정보는 정보국, 해외정보는 국방부 소속 정보국에서 담당해왔다.

존재하지 않는다고 본다. 왜냐하면 누구도 테러가 일어나지 않는다고 생각하고 일어나도 어떤 유형이 일어날 것이라고 예측하여 대비하지 않기 때문이다. 이제 정비를 해야 한다. 어떤 것이 한국사회에 커다란 위협이 될 수 있는지에 대한 테러의 방향설정이 되어야 할 것이다. 그리고 이들에 대한 정보의 수집, 국정원과 경찰, 검찰 등 관련 기관 간의 상시적인 정보공유, 그리고 교육과정, 직장, 군대 등 테러의 토양이 될 수 있는 분야에 대한 교육과 인식의 개선, 투자가 필요하다.

15. 도시와 경찰: 집회·시위부터 CPTED까지

경찰은 주민 보호를 임무로 하고 있다. 주민의 규모에 따라 위험의 양과 강도가 달라지기 때문에 경찰의 규모와 대응 강도도 달라진다. 같은 맥락에서 가장 근무하기 힘든 곳은 서울이다. 서울 중에서도 주거인구나 유동인구가 많거나 아니면 유흥가가 많은 곳이 치안 수요가 많은데, 가장 압박을 받는 곳은 유흥가가 밀집한 지역으로, 마포 홍익지구대나 영등포 중앙지구대, 강남 역삼지구대나 수서 도곡지구대 등이 이에 해당한다. 물론 이곳은 치안수요가 많은 만큼 강력범죄 등 주요 범죄와 관련될 가능성이 크기 때 문이다.

한편 서울은 범죄예방 외에도 집회·시위관리가 경찰의 중요한 임무인 지역이다. 서울은 대통령이 거주하는 청와대가 있고, 집회·시위대가 자신들의 요구를 관철하기 위해 청와대 방향으로 행진을 하려는 경우가 많아 대규모 집회·시위를 어떻게 관리하느냐는 경찰에게 매우 중요한 의미를 갖는다. 경찰에게 있어 마지노선은 청와대인 것이다. 그만큼 중요한 지역이기에 종로경찰서나 남대문경찰서, 그리고 국회가 있는 영등포 경찰서는 집회 시위의 메카지역일 만큼 매일같이 집회로 정신이 없을 정도로 바쁜 지역이다. 대규모 집회 시에 많게는 200여 개 중대의 규모가 모여 서로 무전기를 쓰다 보니 통신량 과다로 무전이 안 되기도 하며,

이를 방지하기 위해 이동식 통신안테나를 세우기도 한다. 이들 지역의 서장은 명칭만 서장이지 실제로 경비과장같이 기능해야 하는 것이 이들의 운명이고, 그간 고생한 것을 감안하여 지휘부에서도 다음 보직에 있어서 고려하기도 한다.

집회·시위만 많은 것이 아니라 경호 행사도 많다. 이것은 집회·시위업무보다도 더 중요하다. 경호 행사에서 차질이 발생하면 지방청 부장으로부터 심한 질책을 받는다. 때에 따라서는 경호처에 불려가서 설명을 해야 한다. 서울경찰청에서 가장 신경 쓰고, 서장들도 모든 업무에 우선하여 처리한다. 다행스럽게 요즈음의 경호방식은 과거와 달리 유연해졌다고 한다. 그럼에도 불구하고 행사장을 관할하는 경찰서는 경호 행사 시 경찰서가 거의 마비될 정도인 것을 고려할 때, 경호팀을 더 늘려서 전문적인 경호가 되도록 하고 일선 경찰서의 부담을 최소화하는 방식으로 개선하는 것이 필요하다.

<2018년 전국 지방청별 112신고 접수 건수(단위 : 만)[178]>

전국	서울	경기남부	부산	인천	경기북부	경남	대구	경북
	414	327	130	121	110	100	90.1	86.3
1,873	충남	전북	전남	충북	광주	대전	강원	제주
	79.5	64.6	58.7	58.2	56.4	53.2	52.7	31.2

---

178) 2018년 지방청별 112신고 접수건수 – 사이버 경찰청 사전정보공표

버닝썬은 왜 계속해서 일어날까?

서울 치안에서 특이한 것은 강남경찰서에서 발견된다. 강남경찰서는 일반인들이 생각하는 것만큼 규모도 그리 크지 않다. 서울 31개 경찰서 중에서 송파경찰서가 70만 명의 관할 인구를 가지고 있는데 비해 강남은 25만 명 정도밖에 되지 않고, 서울권 다른 경찰서와 비교해도 인구가 많은 지역은 아니다. 그럼에도 대한민국에서 힘쓰는 사람들 상당수가 강남에 살고 있고 다른 지역에서는 아무 일도 아닌 사안이 강남에서는 언론에 보도되거나 아니면 고위층과 가깝거나 힘쓰는 자리에 있다 보니 경찰이 그사이에 끼여서 처신하기가 보통 힘든 게 아니다. 단순교통사고가 나더라도 쌍방이 힘쓰는 사람이면 처리 시 살얼음판을 걷는 느낌이다. 주거침입의 경우 다른 지역에서는 단순하게 사건 처리하면 될 것을 강남에서는 단순사건 처리가 아니라 주거를 침입하게 된 것이 정치적인 배경이 있는 것인지, 침입자가 정신 병력이 있는지 여부 등을 실시간으로 보고해야 하는 등 업무처리 시에 챙겨야 할 것이 한두 가지가 아니라서 스트레스 지수가 높다. 강남서장은 자기 맘대로 직원 인사하기도 힘들다. 직원들이 다 엄청난 백 하나는 들고 있기 때문이다.

필자도 2008년도에 강남경찰서에서 근무한 경험이 있다. 힘쓰는 자리는 아니고 경비과장을 했는데, 당시에도 지구대 경찰관이 업소에서 돈을 받아서 문제가 심각했었다.[179] 대형 룸살롱에서 지구대 각 팀 총무에게 정기적으로 돈을 주어서 관리했다는 것이었다. 당시에 이것을 어떻게 해결해야 하는가에 대한 고민이 많아 서장 주재하에 회의도 했었으나 뾰족한 수를 찾지 못했던 것 같다. 강남에서 업소를 운영하는 처지에서는 24시간 감시체제에 있는 지구대와의 관계를 돈독하게 하지 않고서는 영업에 한계가 있고, 생존 차원에서 경찰관에게 접근하고 경찰들도 이것이 강남의 문화구나라는 인식을 했던 것 같다.[180] 이러한 환경에서 직원 하나만 깨끗하다고 해서 해결되는 것이 아니다. 혼자 깨끗한 척해본들 왕따만 당할 뿐이다.

당시 나온 경찰청의 대책은 강남권 경찰관 물갈이 인사로 그것이 처음이 아니었다. 1998년에도 유흥업소 간 유착비리를 차단한다는 명분으로 1,008명이라는 대대적인 물갈이가 있었고, 2003년에도 경찰관이 납치강도 사건에 가담하는 엽기적인 사건[181]이 발생하자 경찰지휘부가 분위기 쇄신 차원에서 강남·서초경찰서 직원 231명을 강북으로 교체하였다. 그리고 2009년에는 강남권 경찰서 8년 이상 근무자 600명에 대한 물갈이를 시도하였으나, 장기 근무했다는 이유만으로 교체되는 경우, 대상자는 다른 경찰서에 가더라도 잠재적 범죄자나 비리 공무원으로 낙인찍힌다며 반발이 확산되자, 강남권 서장, 과장을 전원 교체하고 직원들은

---

179) 강남경찰서 논현지구대 직원 50여 명이 관내 유흥업소 수십 곳으로부터 2006년부터 2008년까지 2년간 매월 상납받은 금액이 총 14억여 원에 달하던 것으로 검찰수사 결과 알려지게 되었다.

180) 물론 강남서 경찰관들도 업소와의 유착이나 훗날 문제 될 것을 걱정하여 쉽게 이들과 자리를 하지 않는다. 이럼에도 업소에서는 처음부터 금품을 주거나 하는 직접적인 접근을 피하고, 동문이나 동향 등 평소에는 큰 부담을 느끼지 않도록 작은 규모의 식사 등을 통해 자연스럽게 친해지는 방식인 소위 '경사 이론'을 취하고 이로 인해 일정 단계로 넘어가면 쉽게 빠져나오기 어렵게 된다.

181) 2003년 4월경 강남경찰서 마약 형사가 고향 선후배 4명과 함께 사채업자를 납치하여 끌고 다니면서 35억 원을 요구하는 납치강도 사건에 가담하는 일이 발생하였다.

문제 직원들만 선별 교체키로 하여 160명이 물갈이되었다. 2011년에는 형사 기능 교체로 한정되었는데, 이는 검·경수사권 조정과 맞물려 공정한 수사체계 구축을 위한 쇄신이라는 명분으로 7년 이상 장기근무자를 다른 경찰서로 강제발령 낸 바 있다. 여러 번에 걸친 대폭적인 물갈이로 유착비리를 차단하기 위해 노력했지만 2019년에 버닝썬 사건에서도 밝혀지고 있듯이 유흥업소와 경찰의 유착을 차단한다는 것이 그리 쉬운 일이 아니다.

2019년 7월 4일 경찰청에서 강남권 경찰서 유착비리 근절 대책을 발표했다. 유흥업소 유착 여부를 감시하고 적발하기 위해 서울지방청 산하에 강남권 반부패전담팀을 설치하고, 특별인사관리구역으로 지정하여 30%~70%까지 인사교체가 가능하도록 하였고, 협력단체 구성원의 자격 기준을 만들고 통폐합하기로 하였다. 실효성 여부는 지켜보아야 할 거 같다.

그러나 이제까지의 이력을 살펴보면 대폭적인 인사 물갈이도 분위기 쇄신과 새로운 직원 수혈로 유착차단에 도움이 될 수도 있지만 이는 일시적이고 한계가 있을 수밖에 없다.[182] 시간이 지나면 반복되어진다는 것을 알 수 있다. 그렇다면 어떻게 해야 할까? 100% 유착을 차단한다는

---

182) 먹을거리가 있으면 파리가 앉게 되고 파리채로 때린다 해도 몇 마리만 죽고, 시간이 흐르면 파리 떼는 또다시 먹을거리에 달라붙게 된다. 소위 '파리채 효과'로는 근본적인 대책이 되기 어렵다.

것은 불가능하다. 그러나 차단 가능한 대책을 통해 부패의 사이즈를 줄여야 한다. 먼저 유흥업소와 관련되는 분야에 대한 지속적인 감시와 감독체계가 작동되어야 한다. 지구대, 생활질서계(풍속 수사), 형사 등 업소에 대한 직접 단속이 가능한 분야에 대한 감시체계를 갖추어야 한다. 이를 위해서 정기적으로 이들에 대한 스크린도 필요하겠지만, 청문감사 기능에 근무하는 직원이 이들 부서에서 근무하고 다시 청문으로 복귀하게 한다든지 해서 이들이 각 기능에서 벌어지고 있는 사안들을 현장 근무를 통해서 체크하고 정리해서 보고하게 하는 시스템이 필요해 보인다.

예를 들어 강남에서 2009년 가장 문제 되었던 논현지구대나 2019년 버닝썬에서 문제 된 역삼지구대에 청문 기능에서 점검할 수 있는 것은 외부적으로 살펴보거나 아니면 주변 동료들한테 듣는 것인데 이런 식으로는 내용 파악도 어렵고 소문이 있더라도 직원들이 청문 기능에는 이야기하지 않아 감독체계가 제대로 작동하기 어렵다. 그리고 지구대장이나 팀장, 팀원들도 매일 얼굴을 맞대고 근무하고 서로 도움 주고받는 처지에서 매몰차게 정리를 한다는 것이 말처럼 쉽지 않다. 그리하게 되면 혼자 '왕따나 또라이'로 몰릴 수 있기 때문이다. 따라서 각 기능에 현장에서 감독할 수 있는 '유착 차단 거점'을 마련할 필요가 있고 이들에 대해서는 인사상 배려 등을 할 필요가 있다. 청문 직원도 오래되면 썩을 수 있기 때문에 어느 정도 기간이 되면 교체하는 등 신선한 청문 기능을 유지해야 한다.[183] 그리고 청문 기능에서 이러한 기능에 근무하는 직원에 대한 정기·수시 면담을 통해 경각심을 불어넣어 줄 필요가 있고,

위험수위로 올라간다든지 하면 다른 기능으로 또는 다른 경찰서로 인사이동을 시켜준다든지 하는 선제적인 배려도 필요해 보인다.

다음으로 장기근무자에 대한 징기적인 인사교류를 통해 새로운 분위기를 지속적으로 유입시킬 필요가 있다.[184] 장기근무가 죄는 아니지만 유착 상황에 오래있게 되면 자기도 모르게 위험한 환경에 노출될 수 있기 때문에 다른 기능이나 다른 경찰서에서 다시 한 번 성찰의 시간과 자신이 처했던 유착 상황에 대해 객관적으로 바라보는 기회도 필요하다.[185] 그리고 경찰서의 지휘부를 형성하는 서장이나 과장에 대한 임기가 적어도 현재보다는 길어야 한다. 서장은 1년이면 100% 바뀐다.[186] 과장은 규정상 2년인데 지방청장마다 다르다. 서장들의 인사는 경찰청장이 하고, 경찰서 과장 인사는 지방청장이 하는데, 지방청장도 임기가 1년이다. 만일 경찰서 과장 임기 2년을 존중해주면 지방청장이 할 수 있는 인사 폭이 줄어들게 된다. 그래서 많은 지방청장들이 1년마다 인사를

---

183) 우리의 KTX에 해당하는 프랑스의 TGV에서는 지금은 사라졌지만 검표원이 검표업무를 정확히 하는지 여부를 확인하기 위해 대학 1년생을 6개월간 쓰고 다시 교체했다고 한다. 표 검사 여부를 표시하기 위해 구멍을 뚫는데, 이렇게 되면 환불이 안 된다. 따라서 표에 구멍이 뚫어져 있지 않으면 환불이 가능하기 때문에 검표원의 검표행위가 중요하며 검표원이 일을 잘하는지 살피는 감독자도 있다. 다시 이를 감독하는 2차 감독자가 있다. 이 사람을 대학 1년생으로 6개월만 쓰고 교체하며 6개월 후에 보고서를 제출한다. 1차 감독자는 누가 자기를 감독하는지 모른다. 보고서 결과에 따라 1차 감독자에 대한 인사에 반영되어 필요하면 인사 조치한다.
184) 물론 단점도 없는 것은 아니다. 단기적으로 전문성 면에서 떨어질 수 있으나 장기적으로 보면 경찰관 개인이나 조직에도 전문성 면에서도 긍정적으로 작용할 수 있다.
185) 소위 힘 있는 단속부서에 있을 때는 업소에서 굽신굽신 하지만 보직이 달라지면 이들의 태도도 달라진다. 특히 자기 업소와 전혀 관련 없는 부서나 다른 경찰서로 가서 힘을 쓰지 못한다고 생각하면 심한 경우 안면 몰수하는 경우도 있다. 이러한 것을 보면서 경찰관이 유착 상황에서 사고의 균형감을 느끼게 할 수 있다.
186) 예외적으로 1년 6개월까지 할 수 있지만 정년이 얼마 안 남았다든지 하는 특별한 사유가 없지 않는 한 임기는 거의 1년이다.

하곤 한다. 서울권은 경찰서마다 거의 모든 과장이 매년 바뀐다.[187] 이러다 보니 리더십을 발휘할 만한 시간을 주지 않는다. 물론 1년이라는 시간이 짧은 것은 아니지만 직원들과 만나고 이야기 듣고 소통하기에는 충분하다고 보기 어렵다. 서장과 과장들이 책임감을 가지고 일하기가 쉽지 않다. '나 있을 때 무사히'라는 생각을 갖기 쉽다. 물론 책임감을 가지고 열심히 하는 서·과장들도 있다. 그러나 그들의 노력이 효과를 보기에는 시간이 짧고, 더러는 이러한 액션과 제스처에 만족하기도 한다. 왜냐하면 이렇게 노력하다가 시간이 지나면 벌써 다음 자리로 이동해야 할 시점이 되기 때문이다. 직원들도 서·과장들에 대해 1년 있으면 갈 사람으로 인식하고 있다. 아무리 강하고 무리한 지시가 내려와도 참을 수 있다. 왜냐하면 1년만 버티면 되기 때문이다. 이러한 관행을 바꾸어야 한다. 쉽지 않다. 총경은 많고 서장 자리는 제한되어 있어서 빨리빨리 순환되게 하려다 보니 정작 중요한 가치가 매몰되는 것이다. 최소한의 리더십이 발휘될 수 있도록 절대적 시간을 보장해주어야 한다. 서장직책이 아무나 한번 그 자리 앉아보자는 식이어서는 곤란하다.

재개발과 경찰

다음은 재개발과 관련해서 이야기하고자 한다. 경찰과 재개발이 무슨 관련이 있을까? 물론 재개발은 자치단체와 조합, 시행사 등이 직접적

---

187) 서울을 제외한 지방의 경우 과장 2년 임기를 대부분 인정해준다.

으로 관여하지만 경찰도 관련이 된다. 때로는 깊이 관여되기도 한다. 용산참사와 같이 사회적인 파장이 큰 사건도 있지만 대도시권의 재개발이 진행되는 지역에서는 주민과 조합 간에 보상갈등이 어디든 존재한다. 문제는 조합은 재개발의 속노를 높이기 위해 빠른 이주를 원하는데 보상액에 만족하지 못하는 거주자 입장에서는 추가적인 보상을 요구하면서[188) 조합에서 의뢰한 집달관의 강제집행에 물리력으로 대항하면서 충돌이 일어난다.[189) 용산참사의 경우, 주민들이 4층짜리 남일당 건물 옥상을 점거 후, 망루와 시너를 준비하고, 화염병과 돌을 던지면서 철거반에 저항하자, 경찰력이 투입되면서 철거민과 경찰 등 5명이 사망하고 23명이 부상한 사건이다. 용산사건 이후 현장에서 용역이 강제력을 동원하는 경우는 흔치 않고 조합에서는 명도소송을 통해 판결문을 받은 후, 집행관을 동원하여 집행한다. 이 과정에서 경찰력도 같이 출동하게 되는데 경찰의 개입범위에 대하여 현장에서 판단하기가 쉽지 않다. 일단 현행법상 점거주민은 불법점유를 하고 있는 것이고 조합측이 판결문에 기초하여 소유권을 회복하려고 적법한 조치를 취하는 과정에서 물리적 충돌이 일어난다.

---

188) 조합은 공시지가에 기초한 감정평가액으로 환산하여 보상금을 지급하는데, 분양신청을 하게 되면 입주 시 추가적인 분담금을 부담해야 하고, 만일 분양을 신청하지 않고 보상금을 받으면 조합원 자격을 잃게 된다. 보상 절차가 종료되면 토지 등의 소유권은 조합에 이전하게 된다. 그러나 일부 조합원들은 공시지가에 근거한 보상액으로는 유사한 지역에 유사한 주거공간을 구매할 수 없다면서 이에 합당한 보상금 지급을 요구하면서 명도집행에 반발하는 사례가 적지 않다.
189) 조합은 해당 구역 토지 등 소유자의 75%, 전체면적 50% 이상에 해당하는 소유자의 동의를 받아 자치단체로부터 관리처분계획 인가를 받으면, 공권력과 같은 힘을 부여받게 되고 명도소송을 통해 철거되지 않은 토지나 주택에 대한 강제집행을 진행할 수 있다.

점거주민의 안타까운 사정은 현장을 가보면 더욱 느낄 수 있다. 주변이 다 이주하고 몇몇 집만 남아있는 심정이야 어떻게 다 이해할 수 있을까? 그리고 밤이 되면 주변은 칠흑 같은 어둠으로 변하기 때문에 경찰로서는 야간에 이들 주민을 범죄로부터 보호해야 하는 책임도 지고 있어서 순찰도 강화하곤 한다. 그럼에도 강제집행 현장에서 집행관은 적법한 강제력을 행사하는 것이기 때문에 경찰로서도 이들을 어떻게 할 수는 없다. 현장에서 주민은 집을 나가지 않으려고 저항하고 심지어는 3~4층 건물에서 오물을 퍼붓기도 한다. 집행관들도 난감해하고 위험에 처하기도 한다. 그들도 판결문을 집행하는 정당한 공권력이다. 그럼에도 현장에서 온갖 비난과 욕설, 모욕을 듣게 되는 것이 다반사다. 어찌 보면 주민과 집행관들의 잘못이라기보다 법이나 정책의 문제라는 생각이 든다. 그럼에도 현장에서 법은 지켜져야 하며 그것은 경찰의 임무이기도 하다. 현장에서 경찰은 주로 폭력이 발생하는 경우 개입하게 된다. 다만 점거하는 주민이나 집행관은 경찰이 개입해주기를 바라는 지점이 다르다. 주민 입장에서는 집행관이 자신들을 끌어내고 기물을 부수는 행위 자체에 경찰이 개입하지 않는다고 항의하고, 집행관은 점거주민들이 집행관에게 계란이나 오물, 위험한 물건을 던지고 갖은 욕설을 하는 경우 공무집행방해가 되는데 왜 경찰이 적극적으로 개입하지 않느냐는 불만을 품고 있다.

이러한 상황에서 경찰은 점거주민이 소극적인 저항에 지나지 않는 것은 어느 정도 관망하지만 위험한 물건을 휘두르거나 과도한 물리력을 행사하는 경우에는 개입하는 것이 원칙이다. 그러나 현장 상황 상 개입하게 되는 경우 더 위험해지거나 과격해질 수 있는 경우에는 증거를 확보한 후에 사후에 사법처리 절차를 밟게 된다. 집행관의 경우에도 강제집힝이라는 목적을 벗어나는 행위나 과도한 물리력 행사 시 현장에서 경찰이 제재나 개입을 하게 된다. 필요한 경우 사법처리도 하게 된다. 현장에서는 다수의 집행관들, 그리고 점거주민을 응원하는 전철연(전국철거인연합회) 등이 지원하는 경우, 상황관리가 쉽지 않다. 왜냐하면 서로들 상대방을 비난하고 한쪽은 법이 잘못되었다 하고, 다른 한쪽은 법대로 한다면서 물리력이 충돌하게 된다. 그리하여 집행관이 바로 강제집행을 하지 못하고, 시도하다가 돌아가는 경우도 많은데, 이렇게 되면 이들에게 들어가는 철거 비용은 고스란히 입주민에게 전가되는 것이다. 이래저래 재건축 현장은 경찰로서도 맘이 편치 않은 곳이다. 아픔과 법이 상충되는 곳이 재건축 현장이다.

우리 동네 안전장치는 무엇이 있을까?

경찰과 도시를 언급하면서 최근 대두되고 있는 CPTED를 빼먹을 수 없다. CPTED란 Crime Prevention Through Environment Design의 약자로 우리말로 '범죄예방환경설계'를 의미한다. 갑자기 영어를 들먹이니 뭔가 어렵게 느껴질 수도 있지만 의외로 우리 삶 가까이에 늘 함께 존재하는 것이 CPTED이다. CPTED는 다양한 범죄(예방) 이론에 근거하나 그중에서도 사회학적 범죄이론 중 사회해체이론이나 깨진 유리창

이론에 이론적 토대를 두고 있다. 사회해체이론은 지역사회의 무질서가 또 다른 무질서를 낳는 중요한 사회 환경이 된다고 가정하므로 범죄예방을 위해서는 사회적 무질서를 제거함으로써 해당 지역이 제대로 통제되고 있다는 것을 나타내야 한다고 본다. 그리고 깨진 유리창 이론은 작은 무질서가 또 다른 무질서로 이어질 수 있다고 본다. 크게 CPTED이론은 ① 자연적 감시, ② 접근통제, ③ 영역성강화, ④ 활동성강화, ⑤ 유지관리의 방법을 통해 지역사회 환경을 개선하는 데 기여한다.

그럼 우리 주변에서 볼 수 있는 CPTED의 예는 무엇이 있을까?
우선 자연적 감시를 살펴보자. '감시'하면 떠오르는 것이 무엇이 있는가. 바로 CCTV다.

우리가 살고 있는 도시 곳곳에는 다양한 목적의 CCTV가 존재한다.

<주변에서 흔히 볼 수 있는 CCTV>

이러한 CCTV는 그 자체로 범죄자의 범죄 의지를 감쇄시키는 요인이 될 수 있을 뿐만 아니라 범죄 발생 사후에 범죄자를 효율적으로 추적, 검거하는 중요한 단서로 활용된다.

그러나 자연적 감시는 이러한 CCTV나 경찰력의 투입 그 자체만을 말하는 것이 아니다. 가령 상점 문을 투명하게 만들어 절도범의 침입을 어렵게 만들 수도 있으며, 무질서하게 자란 거리의 관목을 제거해 시야를 확보하거나 어두운 장소에 조명을 달아 자연적인 감시 효과를 극대화할 수 있다. 필자도 오산경찰서장으로 재임하면서 이러한 점에 착안하여 범죄 불안 요소가 있는 지역을 파악하도록 한 바 있다. 이 중 조도가 낮아

<조도 개선 사업 전후 비교: 좌측이 개선 전/우측이 개선 후>

어둡고 불안감을 조성하는 지역에 대해서는 지역치안설명회를 개최하여 시청 측에 신형 LED 보안등으로 교체해주거나 신설해줄 것을 요청하였고, 이를 통해 다수 지역의 체감안전도를 개선한 바 있다.

두 번째로 접근통제 방법에는 무엇이 있을까?

단순하게 위험한 공간이나 특정 구역으로의 접근을 통제하는 방식으로 가장 대표적인 것이 울타리를 치는 것이다. 그 외에도 최근 특수형광물질을 원룸 등의 가스배관에 도포하고 이를 외부에 표시함으로써 절도범의 범죄 의지를 차단시키는 역할을 한다. 특수형광물질은 맨눈으로는 보이지 않지만 특수한 자외선을 비추게 되는 경우 그 흔적이 육안으로 확인되기 때문에 자전거절도예방이나 공중화장실 불법촬영예방을 위한 대책 등에도 활용되고 있다.

<울타리와 특수형광물질 도포 경고판>

그럼 세 번째인 영역성 강화를 위해서는 어떤 방법이 있을까?

우선 영역성 강화란 공간 간의 구분을 명확히 하는 것을 말한다. 이는 반드시 물리적 장벽만을 의미하는 것은 아니고, 명확한 색의 구분이나 영역 구분에 대한 심리적 구분을 줄 수 있으면 충분하다. 우리 주변에 있는 공원에 가보면 특히 이러한 요소를 반영한 비상벨이 다수 설치되어 있다. 재미 삼아 눌러보지 않기를 바란다. 온 동네 사람들이 당신을 쳐다볼 정도로 쩌렁쩌렁한 소리가 울려 퍼지며 관제센터에서 근무하는 직원이 당신에게 대화를 걸어올 것이다.

하지만 무엇인가에 공포심을 느끼거나 두려움을 느꼈다면 주저 없이 비상벨을 이용할 것을 권유한다. 비상벨이 울림과 동시에 보통 경찰에게도 112신고가 연계되어 출동하기 때문이다.

<공원에 설치된 비상벨>

다음으로 활동성 강화를 알아보자.

이는 지역주민들이 자율방범대를 조직하거나 지킴이 활동 등을 하면서 감시 효과를 높이는 것이다. 어느 동네나 보면 OOO 자율방범대, OOO 시민순찰대 등이 있는데 이러한 활동을 위해 노력하는 단체라고 보면 된다. 이뿐만이 아니다. 대표적인 사례로 유행하고 있는 벽화사업이 있다. 벽화사업은 지자체에서 주도적으로 추진하기도 하며, 지역주민들이 자체적으로 나서 실시하기도 하지만 보통 공공기관과 지역주민 그리고 경찰이 함께 나서는 경우가 많다. 외지고 음산한 분위기로 인해 걷기만 해도 두려움을 느낄 수 있는 골목길이나 길목이 도시마다 존재하는데, 이러한 곳에 지역사회나 지자체, 경찰의 협업 등을 통해 거리를 밝고 아름답게 꾸미면서 그 거리를 찾는 사람들이 자연스럽게 늘게 되고 따라서 자연히 감시 효과도 생기게 된다는 논리에 따른 것이다. '서울'이나

<벽화사업에 참여한 경찰관의 모습>

'부산'의 유명한 벽화마을도 이러한 CPTED 기법의 논리에 따라 시작된 것이다. 알고 보면 CPTED 기법은 우리 삶 곳곳에 자리하고 있다.

마시막으로 유지관리는 가장 기초적이면서도 제일 중요한 방법이다. 만일 벽화를 그리고 CPTED를 했다고 하더라도 이를 방치하면 벽화 자체가 흉물이 되어 다시 무질서한 분위기를 자아내게 된다. 따라서 그 지역의 주민, 경찰, 유관기관이 꾸준히 협력해서 이를 관리하여야 CPTED의 효과를 극대화 할 수 있다.

지금은 이러한 CPTED 기법의 필요성이 많이 인정되어 도시계획이나 건축 설계 시 범죄를 일으킬 수 있는 요소들을 제거하거나 최소화시키기 위해 많은 부분이 반영되고 있다. 법적으로도 '도시 및 주거환경정비법', '건축법' 등에서 이를 규정하고 있으며, 경찰에서도 '범죄예방진단 절차 및 활용에 관한 규칙'을 제정하여 경찰관서마다 C.P.O(Crime Prevention Officer, 범죄예방진단팀)를 두고 지자체와 연계하여 CPTED 사업을 통한 범죄예방을 극대화하기 위해 노력하고 있다. CPTED는 흔히 집합 효율과 연관되기도 하는데, 이는 지역사회 내에서 서로 돕고 신뢰함으로써 사회적 자본을 만들어내는 능력을 의미한다. CPTED 시설을 구축하고 유지관리를 하는 과정에서 주민 서로 간에 결속력과 신뢰가 높아지고 결과적으로 지역 문제요소가 해결되고 집합 효율이 높아지게 되는 것이다.

16. 초고령 농촌과 경찰

필자는 경북 예천과 충북 단양에서 시골 서장을 두 번 했다. 시골 서장을 하면서 느낀 점은 우리의 시골이 노령화가 심화되어 있고, 경제 활성화를 위해 치열하게 몸부림치고 있다는 것이다. 2018년 기준 예천군은 전체 5만 명 중에 65세 이상 노인이 31%, 이 중 32%인 4,982명이 독거노인이고, 단양군은 3만 명 중 노인 인구가 27%에 육박하고 있다. 초고령 사회가 20%인 점을 감안한다면 슈퍼 초고령 사회라 할 수 있을 것이다.[190]

시골에서 노인은 사회의 주변부를 이루는 것이 아니라 이미 지역사회에서 중추적인 역할을 한다. 적지 않은 노인들이 일을 하고 있다. 단양에서는 군수가 면마다 게이트볼을 할 수 있는 공간, 그것도 비가 오나 눈이 오나 칠 수 있도록 실내공간을 만들어주고, 정기적으로 군수배 게이트볼 경기를 치른다. 군수와 군의장을 비롯한 각급 기관단체장이 다 참석한다. 필자도 말할 기회가 있어서 "어르신들은 건강하시고 지역사회에 적지 않은 비율을 차지하시기 때문에 이제는 단양의 주역이 되어야

---

190) 65세 이상 인구 비율이 7% 이상인 경우 고령화 사회, 14% 이상은 고령사회, 20% 이상은 초고령 사회로 구분하고 있다.

한다."라고 말한 적이 있다. 그만큼 시골에서는 일반행정뿐만 아니라 치안정책도 노인들을 중시하는 정책으로 가지 않을 수 없다.

상황이 이렇다 보니 시골에서 노인 교통사망사고가 발생하게 되면 거의 모든 경우에 서장이 사고 현장을 방문해서 방지 대책을 논의하고 지방청에 보고하게 된다. 대표적인 사례로 경운기를 타고 가다가 농로에서 굴러서 사망하거나, 장날에 오토바이로 이동하다가 전봇대를 들이받아 사망하는 경우도 적지 않게 발생했다.

또한 시골 장날 읍내는 좌판과 사람들로 활기가 넘친다. 그러나 젊은 사람을 찾아보기는 쉽지 않다. 필자도 시골 서장을 하면서 문화를 알기 위해 일부러 다방을 들어가 보았다. 탁자와 의자가 있는 전형적인 다방의 모습이었지만 좁은 공간에 나이 드신 어르신으로 가득 차 있었고, 공기도 담배 연기로 가득했다. 다방 레지는 여기 앉았다 저기 앉았다 쉴 틈 없이 이동했다. 잠시 머무르는 동안에도 어르신들은 연신 젊은 다방 레지[191]와 말을 걸려고 아우성이었다. 시골에서 어르신들이 젊은 이성을 만나볼 수 있는 곳이 다방이 유일하기 때문에 장날에 물건도 사고 차도 한번 마시고 하는 것이 이들에게는 삶의 활력을 주는 것인지도 모른다.

---

191) 레지는 일본에서 다방에서 소위 카운터에서 요금을 계산하는 사람이 주로 여자였는데, 영어의 register(레지스터)를 줄여 레지라고 한 것에서 유래하였다고 한다.

<시골 경찰서 관할의 풍경>

예천 곤충바이오엑스포 행사장의 모습이다.

　시골은 노인 인구가 절대적 비중을 차지하기 때문에 노인회의 힘이 세
다. 선출직인 국회의원이나 군수 그리고 군·도의원들도 노인회 앞에서
는 바싹 엎드린다. 서장도 선출직은 아니지만 지역 기관장으로서 노인회
를 깍듯이 대해야 한다. 처음 방문 시 큰절하고 한 분 한 분 손을 잡아드
리면 젊은 서장이 기본이 되어 있다는 평가를 받지만 그렇지 못하고 한
번 입방아에 오르면 지역사회에서 헤어나기가 쉽지 않다.

　다음으로 시골에서도 지역 활성화를 위해 노력하고 있다. 뭐니 뭐니
해도 머니(Money)가 최고라 하듯이 경제적인 것이 뒷받침되지 않으면
선출직인 자치단체장도 견뎌내기 힘들고, 현실적으로도 경제가 활성화되
어야 지역이 살아날 수 있다. 예천같이 농산물을 판매하는 곳이 있는가

하면 단양같이 관광을 통해 활로를 찾는 곳도 있다.

물론 예천에도 곤충축제나 삼강[192]주막 나루터축제, 활축제,[193] 회룡포 등 행사나 관광명소가 있으나, 기본적으로 농업적 마인드가 강한 지역이다. 이에 반해 단양은 시골이지만 농업에 적합하지 않은 지역이다. 우선 지형이 고생대 지역으로 석회암[194]이 많고 급경사 지역이 많아 농사에도 적합하지 않다. 반면 볼거리가 많다. 우선 단양8경[195]을 비롯하여 고수동굴, 구인사, 소백산, 패러글라이딩, 수상스키, 온달산성, 경관 좋은 위치에 있는 대명콘도 등 볼거리가 많다. 단양은 시골이지만 여느 지역과 달리 농업적 마인드가 아닌 상업적 마인드를 가지고 있다. 외부인에 대하여 열린 자세를 가지고 있다. 외부인이 들어와야 이 지역이 발전할 수 있다는 생각을 하고 있다. 아마도 지역적인 여건도 있었을 것이지만 커다란 변화는 단양의 옛 모습 '구단양'이 수몰되는 아픔 속에서 개방의 문이 열리지 않았나 하는 생각이 든다.[196] 식당가들도 적지 않다.

---

192) 경북 예천군 풍양면에 소재하는 지역으로 낙동강, 내성천, 금천 등 3개의 강이 만나는 곳으로 이곳에 주모가 운영하던 초가집이 있었는데, 2005년 주모가 사망한 후 2007년 예천군에서 복원하여 관광명소로 자리 잡고 있다.
193) 예천은 활의 고장으로 세계선수권 5관왕 김진호 선수를 배출하기도 하였고, 활 산업과 양궁 지도자의 상당수가 예천 출신이다.
194) 단양은 우리나라 시멘트 생산량의 30%를 차지하고 있다.
195) 단양8경을 명명한 사람이 퇴계 이황이라고 한다. 이황이 단양 군수 시절 남한강 장회나루 인근에 있는 구담봉과 옥순봉이 있는 지역을 단양지역으로 넘겨달라고 제천 청풍 군수에게 요청했으나 거부당했다고 한다. 이황에게는 두향이라는 관기가 있었는데 이황의 형인 이해가 충청도 관찰사로 부임하게 되어 상피제에 따라 풍기 군수로 가게 되자, 기생에서 물러나 평생을 수절하다가 이황이 죽자 장회나루 건너편인 강선대(선녀가 내려와 놀던 곳)에서 몸을 던져 목숨을 끊었다고 한다. 지금도 그 묘가 장회나루 맞은편에 있고 이황 후손들이 보살피고 있다고 한다.
196) 1980년대 초반 충주댐 건설로 구단양은 수몰되고 현재의 단양읍은 1985년 계획도시로 조성되어 구획정리가 잘 되어 있는 곳이다.

그리고 식당 여주인들도 다른 지역에 비해 언변이 좋다. 그중에 단연 으뜸은 '장다리식당'이다. 여주인이지만 수완이 보통이 아니다. 지역사회 불우이웃돕기 등 봉사활동에도 적극적이다. 무엇보다 인상적이었던 것은 경영능력이다. 이곳 종업원은 오랜 기간 가족같이 근무하고 있고, 보수도 다른 곳보다 많다고 한다. 그리고 주인은 종업원이 상을 당하면 식당 문을 닫고 전 종업원이 가서 상갓집 일을 끝날 때까지 도와준다고 한다. 아마 이분은 배우지 못했지만 태생적으로 경영 DNA를 타고 난 분 같았다. 이럴 정도로 나보다는 상대방을 배려하는 상인으로서의 마인드가 강한 분이다.

이러한 지역의 경찰은 어떤 모습일까? 우리나라의 경찰서는 총 254개

<단양8경의 아름다운 경관>

<시골 경찰서에서의 항공 수색>

시골 경찰서에서는 특성상 산지나 하천이 있는 곳이 많다. 이로 인해 실종사건이나 강력
범죄가 발생하면 항공기를 이용해 수색해야 하는 경우가 종종 발생한다.

이다. 규모에 따라 급수를 나누는데[197] 1급서가 145개, 2급서가 40개, 3급

서가 69개다. 시골 지역은 3급서 규모다. 대부분 100여 명에서 120여 명

규모다. 100여 명 이상이면 적지 않은 것으로 보일 수 있지만 경찰은 24

시간 교대 근무를 하는 조직이기 때문에 일시적 근무 인원을 보면 순찰

규모는 20여 명, 경찰서는 40여 명이 근무하게 된다. 그것도 야간이 되면

경찰서 상황실 근무 인원 5~6여 명, 지구대·파출소 20여 명밖에 되지

197) 관할인구를 기준으로 25만 명 이상은 1급지, 15만~25만 명 미만을 2급지, 15만 미만의 지역은 3급지로 구분
한다.

않는다. 또한 지리적으로 흩어져 있기 때문에 큰 규모의 사안이 벌어지면 대응하기가 쉽지 않다. 물론 신고 건수가 적은 곳은 하루에 10여 건 내외인 곳도 있고, 신고내용도 어르신 치매 등으로 인한 실종이나 교통 신고 등이 대부분이다. 그런데 이런 시골에서 대규모 화재사건이나 강력사건이 종종 발생하게 된다면, 시골 경찰에서 대응하는 데 어려움을 겪는다. 왜냐하면 대도시 경찰의 경우 다양한 사건에 대한 경험을 통해 베테랑들이 존재하는 데 비해 시골은 여건이 다르다. 그 때문에 대형사건이 발생할 경우 처리에 적지 않은 애로를 겪게 된다.[198]

필자도 서장을 하면서 불안한 마음을 불식시키기 위해서 대응시스템 구축[199]과 전문능력을 갖춘 직원발굴에 힘썼다. 시골 경찰을 무시하는 것은 아니지만 경험 부족으로 인해 직원발굴이 쉽지 않은 것도 사실이다. 시골 경찰은 야간에 근무 인원이 충분치 않고, 112신고 시 출동 대기하는 의경 11명으로 구성된 타격대가 근무하는데 이들도 인원이 충분치 않아 밤 10시가 넘으면 철수하고 경찰서 정문을 자물쇠로 잠그고 정문에 핸드폰을 설치해서 유사시 신고자나 방문자가 상황실과 통화할 수 있도록 하고 있다. 서장을 하면서 처음에는 몰랐지만 시간이 흐른 뒤

---

198) 대규모 인원이 필요로 하는 분야이거나 신종 사이버 수사기법, 추적기법이 필요한 경우에 어려움을 겪게 된다. 필요시 지방청이나 본청 전문수사관의 도움을 받기도 한다.
199) 경찰 현장에서도 기능 이기주의가 만만치 않다. 기능 이기주의는 현장 경찰관의 사기를 떨어뜨리고, 피해자와 언론의 분노를 유발할 수 있기 때문에 기능 간 업무 떠넘기기를 방지하기 위해, 기능을 재편했다. 1선과 2선으로 구분했는데, 1선은 지령실, 지구대·파출소, 강력형사고 2선은 나머지 수사대응 부서로 분류해서 1선은 기능을 막론하고 총력대응하고 소극내지 대응을 거부하는 경우 징계조치하겠다고 했다.

야간에 서장실을 들르려고 경찰서를 들어오려는데 잠겨있어서 당황했던 적이 있었다. 나중에 직원의 설명을 듣고 이해할 수 있었다.

또 하나 득이한 것은 지역 경찰 즉 골목골목을 순찰하는 지구대와 파출소의 경우 24시간 운영하게 되는데, 한사람이 24시간을 체력적으로 담당할 수 없기 때문에 교대근무를 하게 된다. 대도시는 4개 조로 나뉘어 하루에 2개 조가 들어가는 4조 2교대 근무를 하게 된다. 시골의 경우에는 인력이나 치안수요를 감안하여 3개 조로 나누어 하루에 2개 조가 들어가는 3조 2교대로 근무하게 되며 보통 '주주주야비야비'라고 하여 3일 주간 근무 후 다음날 야간 근무 이후 쉬는 것을 두 번 반복하게 된다. 그런데 시골 일부 파출소 직원들은 3개 조 중 1개 조가 24시간을 근무하고(3조 1교대) 이틀을 쉴 수 있도록 해달라고 요청하기도 한다.[200] 치안 수요가 적고 신고사건이 거의 없는 지역이라고 보면 된다. 지금도 울릉도나 봉화, 원주 등 10개 지역에서만 시행하고 있는데, 서장이나 관리자 입장에서 이에 대한 확대시행요구에 대하여 주저하게 된다. 왜냐하면 인체 생리적으로 24시간 긴장된 상황을 견디어 낸다는 것은 물리적으로 불가능에 가깝고, 사실상 무리한 근무를 하게 되면 근무의 질이 낮아질 수 있기 때문이다. 이에 대해 경찰청에서는 1일 평균 신고 건수가 1건 이하인 파출소 2개를 하나로 묶어서 야간이나 휴일에 운영할 수 있도록 하고 있다. 두 개의 파출소를 한 권역으로 묶었을 경우에 범위가 너무 넓은 면도 없지 않으나 현실적인 대안으로 타당성이 있어 보인다. 파출소가 일시적으로 폐쇄되는 지역 주민들이 불안감을 호소하는 것도

현실이지만 치안현실과 인력한계, 직원들에 대한 복지 차원에서 불가피한 선택으로 생각된다.[201)]

200) 왜냐하면 치안 수요가 적은 곳은 파출소장을 제외하고 6명이 2명 3개 조로 근무하는데 휴가철이나 직원 중에 갑작스럽게 근무할 수 없는 사유가 있는 경우 순찰 차량도 운영하기 어렵다는 이유를 제시하고 있다. 실제로 시골파출소의 경우 순찰차가 순찰 나가면 파출소 문을 잠그고 비상벨이나 연락처를 적어 놓고 있다.

201) 2019년 경찰청에서는 3조 1교대를 지속적으로 요구하는 현장 여론을 감안하여 1일 출동 건수 1건 이하 또는 순찰팀원 8인 이하 지역 관서의 경우 필요하면 인접 파출소와 연계하는 조건으로 허용하고 있는데 이에 대해서도 현장 경찰관들은 불만을 나타내고 있다.

17. 고향은 경찰에게 더욱 각별하다.

모두에게 고향은 가슴 시린 단어다. 경찰에게도 마찬가지지만 특별히 가슴 시린 두 가지 이유가 있다. 첫째로 보통 명절은 특별방범 비상기간이기 때문에 경찰관이 관내를 벗어나기 어려워 고향에 가지 못하는 경우가 흔했고, 둘째로는 '고향에 근무한다.'는 특별함이다.

전통적으로 경찰은 설과 추석 명절에 방범비상령을 발령해왔다. 약 2주 정도 기간을 운영하는데 주로 현금다액취급업소 위주로 순찰을

\<설 명절 기간 특별방법 활동\>

강화한다. 왜냐하면 명절을 맞이하여 현금을 많이 찾는 금융기관 주변에서 오토바이를 이용해서 현금 뭉치를 낚아채거나, 소규모 금융기관을 상대로 한 현금 털이, 특히 24시간 운영하는 편의점을 노리는 강도, 택시를 상대로 한 강도도 심심찮게 발생했기 때문이다. 그래서 경찰서에서는 방범 비상기간 동안 금융기관에 경찰관을 배치하고 파출소장이나 경찰서 과장급이 감독 조를 짜서 근무실태를 감독하곤 했다. 이러한 분위기 속에서 경찰관들은 명절에 고향에 가지 못했다. 명절이 되면 관내 거의 모든 식당이 문을 닫기 때문에 식사도 쉽지가 않다. 다행히 과거에는 협력단체나 관내 주민들이 파출소에 음식을 가져다주는 경우도 있었다. 나의 경우 고향에 가지 못하는 것에 대해서 젊어서 그런지 더 서럽게 느껴졌지만 당연하게 받아들였다. 한편으로 이런 경찰의 노력에 자부심과 보람도 느낄 수 있었고 주민들도 경찰이 쉬지 못하는 것에 대해 안쓰러움과 고마움을 표하기도 하였다.

그러나 이젠 사정이 달라졌다. 현금을 가지고 다니는 사람도 없어졌다. 모든 결제는 현금 대신 카드결제를 하고 있어서 범죄양상이 완전히 달라졌다. 소매치기나 현금 강탈, 편의점·택시강도가 줄어들고 있다. 털어봐야 현금도 없고 CCTV에 찍혀서 검거되어 처벌될 뿐이다. 특히 더 무서운 것은 블랙박스다. CCTV 설치는 법적 규제가 있어 띄엄띄엄 있지만 블랙박스는 거의 모든 공간에 있기 때문에 범죄수사에서 없어서는 안 될 존재가 되었다. 이러한 영향으로 과거와 같이 경찰관이 금융기관 앞에서 총기를 소지하고 지키는 일은 사라졌다. 또한 명절이라고

해서 과거와 같은 대형 재산범죄가 발생하지 않고 대신에 가정폭력 사건이 늘어나면서 범죄양상의 추세가 변화되었다. 현재도 과거와 같이 특별 방범 기간을 운영하지만 특별 비상기간이라는 인식이 약화되어서 서장이나 교동, 형사과상 성도만 고향에 가지 못하고 나머지 과장이나 직원들은 고향에 내려가 가족들과 함께할 수 있게 되었다. 더욱이 요즘 직원 중에는 길게 휴가를 내서 해외로 여행을 가는 직원도 있는 걸 보면 시대가 많이 바뀌었다는 생각이 든다.

다음은 고향에 근무하는 것의 의미에 대해서 살펴보고자 한다. 필자는 고향이 충주다. '70년대 교육열이 강한 우리네 부모님들은 자식들 교육을 통해 집안이 일어설 수 있도록 입신양명하여 집안을 빛내기를 바라며 대도시로 올라갔다. 필자도 친형이 시골에서 공부를 잘하는 덕분에 같이 실려서 아무 생각 없이 서울로 간 것 같다. 그렇게 고향을 떠난 것이 어언 40년이 넘었다. 그만큼 '고향'과 '엄마'의 존재는 포근하면서도 항상 채워지지 않는 존재로 남아있었다. 그래서인지 초, 중학교를 마치고 대학 시절 방학 때마다 고향에 오면 그렇게 편할 수가 없었다. 대학 졸업 후 경찰관이 되어서는 전경대와 기동대 근무를 하며 청주에서 2년간 보냈는데 여기서도 고향의 내음을 느낄 수 있어 좋았다. 그렇게 짧지만 고향의 맛을 느끼고 떠난 지 어언 30년이 되었는데 다시 고향에서는 근무하지 못했다. 특히 총경이 되어서 고향에서 근무하려면 관운과 연줄 등 여러 가지 여건이 맞아떨어져야 가능하다. 아무리 힘이 있어도 내 인사 주기와 가고 싶은 자리의 인사 주기가 맞지 않으면 어려울 수 있다.

왜냐하면 총경의 인사 주기는 보통 1년인데 연초에 움직이는 경우와 하반기 초(7월경)에 움직이는 경우가 있어 인사 주기가 맞지 않을 수 있기 때문이다. 그럼에도 정말 가고 싶은 자리가 있을 경우 현재 자리에서 더 근무하면서 때를 기다리기도 한다. 다만 이후에도 그 자리에 간다는 보장은 없다. 그만큼 관운이 있어야 가능하다.

2010년 이전까지만 해도 경찰에서는 고향 서장으로 발령 내지 않았다. 소위 '향피제'라고 해서 고향에서 기관장을 할 경우 부정과 부조리가 발생할 소지가 있다는 것이었다. 그것이 과거에 있을 수 있었겠지만 이제는 그럴만한 환경이 아니다. 금품수수와 인사 부정이 전혀 없을 수는 없겠지만 근본적인 환경이 변화되었다. 금품수수와 인사 부정의 꼬투리가 될 말 한마디조차 꺼낼 생각을 하지 못한다. 그런 말이 떠돈다면 가뜩이나 말 많은 경찰 조직에서 그냥 넘어가지 않는다. 상부에 투서를 넣는다든지 아니면 언론에 몰래 제보하기도 한다. '향피제'가 적용되는 또 다른 이유는 지방자치단체장과의 마찰 우려가 있을 수 있기 때문이다. 고향에서 서장을 하게 되면 지역에서 지명도를 높일 수 있고 지역구 관리를 꾸준하게 하면 자치단체장 등 선출직으로 나아갈 가능성이 있기 때문에 지역정치권에서 싫어하는 기조가 있다는 추측도 있어왔다. 어떻든 이제는 고향 서장으로 발령 나는 것에 대해서는 별다른 제도적 어려움은 없으나 관운이 있어야 하고 간다고 하더라도 몇 가지 문제가 있다.

우선 경찰기관의 특성상 주민들에게 수혜적인 기능보다는 제재와

불이익을 주는 기능이 많아 자칫 주민들에게 민원을 사 고향에 아니 간 것만 못하게 되는 경우가 있다. 사건이 발생하면 주민들은 고향 사람이 왔기 때문에 선처해줄 것으로 기대하는데, 기대와 달리 경찰이 사건을 무시킬 수는 없는 것이다. 이제는 이러한 경찰의 사정을 주민들도 이해하기 때문에 사건이 발생 시 충분한 설명과 친절을 이행하면 어느 정도는 이해해주는 수준에 이르렀다. 그러나 여전히 어려움은 남아있다. 경찰은 내부적으로 경찰서별로 성과평가를 통해 경찰서의 서열을 매기고 이에 따라 성과급을 차별적으로 지급하게 된다. 서울의 한 경찰서가 S 등급일 때와 A 등급일 때의 성과급 차이가 약 5억 정도가 차이 나다 보니 직원들도 나름대로 열심히 하게 된다. 이러다 보니 서장도 성과평가에 신경을 안 쓸 수 없게 되는데 단속실적과 같은 양적 성과에 치중하다 보면 주민의 원성이 많아질 수 있다. 최근에는 양적 성과보다 주민의 체감치안도나 만족도 등 주관적 평가 비중을 높이고 있어 과거와 같은 어려움은 완화되어가고 있다.

간혹 의도적으로 음주단속이나 교통단속 등을 적극적으로 하지 않는 서장들도 있다는 이야기도 들리는데, 일률적이고 적극적으로 하지 않는 것은 문제가 있어 보인다. 음주로 인해 사고가 많이 발생하거나 불법 주·정차로 인해 교통체증이 발생하는 지역에 대해서는 선별적으로 집중단속을 하되, 지역적인 정서를 감안하여 경고 플래카드 게시나 방송을 통해 사전 고지를 충분히 해준다면 단속활동에 대해서도 지역주민들의 수용도가 높아질 것이다. 이러한 방식을 취한다면 지역주민들의 경찰

활동에 대한 이해도를 높이면서 경찰 활동의 목적도 달성할 수 있으리라 생각된다. 어떻든 고향 서장으로 가는 것은 유리하다고 생각한다. 개인적인 영광도 있지만 고향을 가면 우선 정서적으로 주민들이 잘 받아준다. 그리고 서장도 관내 지리에 익숙하고 주민 성향을 잘 알고 있기 때문에 주민과 식사나 대화도 수월하게 이루어져 업무처리에 효율을 기할 수 있다. 또한 고향은 현직을 떠나서도 항상 가는 곳이기 때문에 내려가더라도 서장 때 맺어놓은 사람들을 만날 수 있는 상섬이 있나. 따라서 기회가 된다면 서장은 보통 1년이라는 짧은 기간 근무하기 때문에 처음 가는 지역보다는 고향이나 자기가 알고 있는 지역으로 가는 것이 훨씬 유리하다.

Part 3.

경찰 재설계
[Justice and Police, Repositioning]

18. 이론과 현실의 간극: 법과 경찰

법률가들은 세상을 법의 눈으로만 본다. 법이 경찰을 다 품을 수 있다고 생각한다. 그러나 그것은 생각처럼 쉽지 않은 문제다. 오늘날 법률에 해당하는 개념이 나오기 전부터 국가와 사회는 존재했고 그 생존과 유지를 위해 시스템이 작동해 왔다. 그 핵심이 질서유지 기능인 경찰이다. 따라서 경찰개념은 법 이전에 존재했고 경찰 기능의 폐해를 방지하기 위해 법률이라는 도구가 등장한 것이 프랑스 혁명기였다. 당시 국가는 자유의 반대개념이었다. 국가를 상징하는 것은 경찰이었고 자유를 확보하는 방법은 시민의 대표인 의회에서 만든 법률의 범위 내로 국가의 행위를 제한함으로써 가능하다고 생각하였다. 다시 말해 경찰과 법은 반대개념에 서 있었다. 법률은 국가의 행위를 제한하기 때문에 국가의 일부 기능인 경찰도 제한을 받을 수밖에 없었다. 그것이 경찰권의 발동과 한계는 법률에 근거하여야 한다는 법률유보의 원칙으로 발현된 것이다.

그렇다면 왜 모든 경찰의 행위를 법률로 제한하는 것이 불가능한 것일까? 그것은 경찰의 본질이 법률로 일일이 다 규정할 수 없는 '위험'을 대상으로 하고 있기 때문이다. 위험이라는 것을 재화나 생명가치의 감소 등으로 개념 지우기도 하지만 이 개념을 구체적이고 세부적으로 규정하는 것은 쉬운 일이 아니다. 예견되는 위험의 대표적인 사례가 범죄다.

이들에 대해서는 형법에서 그 유형을 규정하고 있고, 다른 유형의 위험에 대해서는 개별법에서 그리고 위험에 대한 일반법으로는 경찰관직무집행법에서 규정하고 있다. 그러나 사회의 발전에 따른 새로운 종류의 위험이나 급박한 위험을 구체적으로 규정하는 것은 불가능에 가깝다. 따라서 입법기술적 한계 때문에 일반적으로 권한을 부여한다는 '일반수권조항'[202)]이라는 것을 각국의 법률은 명문으로 규정하거나 불문법에 근거하여 인정하는 경우[203)]도 있다. 따라서 경찰이 집행하는 근거법률은 형법과 형사소송법, 그리고 경찰관직무집행법이며, 일반위험에 대하여는 개별행정관청 등에서 담당한다. 즉 경찰은 행정법과 형사법을 다 같이 집행하는 유일한 기관인 셈이다. 이것이 질서유지를 위해 필요한 것이다.

그러나 문제는 위험이 상존하고 있음에도 경찰관직무집행법에서 규정하고 있는 개입유형[204)]에 해당하지 않으면 경찰이 강제력을 행사할 수 있는지? 할 수 있다면 근거는 무엇이고 일시적으로만 가능한 것인지 그리고 일시적인 범위를 벗어난다면 어떻게 해야 하는지에 대하여 명확한 판례가 없을 뿐 아니라 경찰관 직권남용에 대한 처벌규정[205)]도 두고 있어 일선 경찰관들이 법률 집행 시 주저하거나 움츠러들고 있는 것이다. 우리나라 판례는 행정법상 즉시강제나 직접강제에 대해 '사전영장주의를 고수하다가는 도저히 행정목적을 달성할 수 없는 지극히 예외적인 경우에만 허용된다.'라고 하면서 경찰관직무집행법상 개입유형이든 아니든 간에 일시적인 강제력 행사가 가능하다는 입장이다. 그러나 이러한 판례의 태도와 달리 법 집행 현장에서 어느 정도가 지극히 예외적인 경우인가를 경찰관이 판단한다는 것은 매우 어렵고 결국 현장 경찰관은 법을 집행하기보다는 회피하는 방법을 취하거나 상대방의 동의를 구하는 힘든 과정을 거치는 식으로 왜곡되는 것이다. 위험이 지속되는 경우에도 사전영장주의의 예외가 인정되는 지극히 예외적인 경우에 해당되는지 여부에 대하여도 판단하기 힘든 점이 있다. 형사법 위반이 된다면 영장이 가능하겠지만 위험성만으로 영장이 가능한지 여부와 그 방법에 대해서도 우리나라는 아직 구체적이고 깊은 논의가 없다.

국가와 경찰을 법률의 틀에 가두려는 것은 프랑스 혁명 당시 18세기의 사고였다. 이제는 국가를 법률에 가두기보다는 적극적인 경찰활동을 통해 개인의 자유를 더욱 신장시키려는 복리 국가 개념으로 변화되었다. 그러나 18세기의 현행 법률체계와 21세기의 적극적 행정 간의 간극을 채울 의무가 국회와 법원에 있음에도 아직 입법이나 법원 태도의 진척이 없어 법 집행 현장에서는 혼돈과 위축, 소극대응이라는 문제가 지속되고 있는 것이다. 형사법에서 경찰이 개입하는 분야는 범죄에 해당

---

202) 우리나라 경찰관직무집행법은 제2조 직무의 범위 제7호에서 '그 밖에 공공의 안녕과 질서유지'라는 규정을 두고 있다.
203) 프랑스의 경우 경찰권의 발동은 법률의 근거가 없더라도 위험 발생이 우려되는 경우 가능하다고 판시하고 있다. 즉 불문법을 경찰권 발동의 법원으로도 인정하고 있는 것이다.
204) 불심검문, 보호조치, 위험 발생의 방지, 범죄의 예방과 제지, 위험 방지를 위한 출입, 사실 확인, 경찰장비·장구·무기의 사용.
205) 이 법에 규정된 경찰관의 의무를 위반하거나 직권을 남용하여 다른 사람에게 해를 끼친 사람은 1년 이하의 징역이나 금고에 처한다.

한다. 형법은 범죄를 규정하고 형사소송법은 수사절차를 규정하고 있다. 이 부분이 경찰과 검사의 수사권, 검사의 수사지휘권이 만나는 지점이고 수사권분쟁으로 최근 논의되고 있다.

19. 견제와 균형, 인권보장의 지름길: 수사권[206] 조정

수사권 논쟁은 우리나라 역사와 맥을 같이해 왔다.[207] 미군정은 영미 법계에 맞게 수사권은 경찰에, 기소권은 검찰에 분담하는 방안을 추진 하였으나 1954년 2월 형소법 개정 당시 검사 출신 엄상섭 의원, 한격만 검찰총장 등의 반대로 무산되었다.

1960년 6월 3.15부정 선거와 4.19혁명 이후 집권한 민주당 정부에서 도 경찰에게 1차적 수사권을 부여하는 방안을 건의했으나 검찰 등의 반 대로 무산되었고, 이후 경찰 내부적으로 경찰의 수사권 독립 내지 독자 성 확보방안을 정권이 바뀔 때마다 요구하였으나, 별로 빛을 보지 못하 였다. 특히 2000년 김대중 정부 들어 경찰의 수사권 논쟁으로 검·경간 에 논란이 격화되자 박지원 비서실장을 통해 논의 중단을 지시한 바

---

206) 수사란 범인을 발견 확보하고 증거를 수집·보전하는 수사기관의 활동을 말한다. 수사권이란 이러한 수사를 행 할 수 있는 권한을 말하는데 수사개시, 진행, 종결 단계가 있다. 프랑스와 독일 등 대륙법계는 수사판사와 검사가 최 종적인 권한을 가지나, 영국과 미국 등 영미법계는 경찰이 권한을 갖는다. 단 대륙법계에서도 최종적 권한은 갖지만 자체 수사 인력을 갖고 있지 않고, 자체 수사도 진행하지 않으면서 경찰 수사를 지휘하는 형태이다. 우리의 경우 권 한이 과도하게 검찰에 편중되어 있어 이를 견제와 균형의 원리가 작동되게 하자는 것이 수사권 조정의 핵심이다.
207) 수사권 논쟁 못지않게 기구독립의 역사도 살펴볼 필요가 있다. 우리나라 경찰은 일제 강점기를 거쳐 미군정 시 기에 경무부로 독립관청이 된 이후 1948년 8월 15일 정부 수립 시 내무부의 일개 국인 치안국으로 격하되는 과정 을 거치면서 경찰기구의 독립이 경찰의 오랜 염원이 되었다. 당시 경찰기구의 격하 이유는 경찰 수준을 고려할 때 이 들을 교육을 통한 통제와 개선을 하기보다는 기구를 축소시킴으로서 가능하다고 생각했다. 이후 1974년 '육영수 여 사 피살 사건'을 계기로 치안국이 치안본부로 승격되었고, 1991년 경찰법 제정으로 경찰이 행정부의 독립외청이 되 었다.

있고, 노무현 정부에서도 일부 범죄에 대하여 경찰에 수사권을 부여하는 방안을 검토하였으나 검·경의 대립으로 실패하였다

우리나라저럼 법 규정을 중시하는 나라에서 경찰에게 해석상으로만 인정되던 수사 개시권을 명문의 규정으로 도입하는 개정안이 의결되자 검찰총장은 이에 반발해 사퇴하였다. 이해하기 어려운 행태가 아닌가 싶다. 수사 개시권 조차도 인정하지 못하겠다는 인식이 깔려있다고 볼 수 있다. 당시의 법 개정으로 형소법의 하위법령인 법무부령에서 검사와 사법경찰관의 관계를 규정하던 것을 대통령에서 정하도록 하는 '검사의 사법경찰관리에 대한 수사 지휘 및 사법경찰관리의 수사준칙에 관한 규정'이 2011년 11월 발표되었다. 동 규정에서는 경찰의 자율에 맡겨졌던 내사에 대해 사후적으로 검찰의 통제를 받도록 하고 검찰의 부당한 수사 지휘에 대해서는 경찰이 이의신청할 수 있도록 하는 것을 주요 내용으로 하고 있다.

박근혜 정부 시절에도 대선공약에서 경찰의 독자적인 수사권 부여를 천명했음에도 대통령이 되어서는 일체의 언급도 없었다. 탄핵정국과 촛불집회로 탄생한 문재인 정부에서는 초기에 검·경 수사권 조정보다는 공수처에 더 많은 관심을 가지고 있던 것으로 보였지만 2018년부터 검·경 수사권 조정에 적극적인 자세를 보이면서 2018년 6월 21일 이낙연 총리와 조국 청와대 민정수석, 행안부·법무부장관 등이 참여한 가운데 '검·경 수사권조정 합의문' 대국민 담화를 발표했다. 이로써 사상 처음으로

정부가 조정안의 구체적인 안을 스스로 내놓았다. 그리고 법안의 신속한 처리를 위해 민주당 백혜련 의원의 의원입법으로 국회에 제출되어, 국회 사법개혁특별위원회에서 논의를 진행하다가 4월 29일 여·야 3당 합의로 신속처리 안건인 패스트 트랙으로 지정·의결되었다.

그러면 지금 논의하고 있는 내용은 어떤 것이고 그에 대한 평가는 어떤 것인지에 대해 알아보도록 하자.

현재 사법개혁특별위원회(이하 사개특위)에서 많은 내용을 논의하고 있지만 핵심사항은 경찰을 1차적 수사권자로 하고 수사종결권까지 부여할지 여부, 검사의 직접 수사 범위를 중요범죄로 한정할지 여부 및 검사 작성 피신조서의 증거능력 개선 문제다. 경찰을 1차적 수사권자로 하고 수사종결권까지 부여할 것인가의 문제에 대하여 정부 합의문에서는 명문으로 인정을 하고 있으나, 검사 출신인 백혜련 안에서는 언급이 없고 검찰에서는 반대하고 있는 상황이다. 종결권을 부여하는 경우 검찰의 수사종결권과 수사지휘권이 무력화되고 경찰에 대한 사법 통제가 없어지게 되어 국민의 권익이 침해될 수 있다는 입장이다. 반면 경찰은 종결권이 부여되지 않을 경우 경찰 수사가 책임감을 갖지 못하며, 현재와 같이 모든 사건을 검사에게 의존하는 현상이 지속된다는 것이다. 두 번째로 검사의 직접 수사 범위 한정의 문제인데, 이는 엄격히 말하면 경찰을 1차적 수사권자로 한다는 개념과는 맞지 않는 것이다. 다만 개혁을 함에 있어 현실적 제약을 감안한 조치로 보인다. 검찰은 당연히 범위를

<검경 수사권 조정 관련 주요 사건[208]>

1945. 12월	미군정, '경찰은 수사권, 검찰은 기소권 부담' 추진
1954. 6월	검찰이 수사권과 기소권을 모두 갖는 현재의 형사소송법 태동 당시 경찰에 수사권 부여 논의가 있었으나 검사 출신 의원 반대로 무산
1960. 6월	4.19 직후 과도정부 '경찰행정개혁심의외' 구성. 미국인 전문가 의견을 반영 해 경찰에 1차적 수사권 부여 건의했으나 검찰 등 반대로 무산
1962. 12월	제5차 개헌으로 검사에게 체포, 구속, 압수·수색 등 영장청구권을 부여
1985. 12월	치안본부 기획과에서 경찰 1차적 수사권과 수사 주체권 부여 주장, 무산
1989. 3월	대한경우회에서 경찰수사권 독립 주장
1991. 3월	한국생산성본부 '치안실태조사와 대책' 보고, 경찰1차 수사권 제시, 무산
1993.	민주자유당, 가벼운 범죄에 대한 경찰의 독자적 수사권 부여를 김영삼 대통 령에게 보고
1996. 3월	새정치국민회의, 15대 총선에서 경찰수사권 독자성 확보 공약 제시
2003. 1월	경찰청 대통령직 인수위에서 사법경찰 수사권 독립안 공식 제출
2004. 9월	검·경 수사권 조정 협의체 발족
2010. 2월	국회, 사법제도개혁특별위원회 구성해 수사권 조정 문제 논의
2011. 6월	경찰 수사개시권을 명시한 형사소송법 개정안 의결, 당시 검찰총장 사퇴
2011. 11월	'검사의 사법경찰관리에 대한 수사지휘 및 사법경찰관리의 수사준칙에 관한 규정' 대통령령 발표 → 검찰의 부당 수사지휘에 대한 이의신청권과 경찰내 사에 대한 검찰의 사후통제를 주요 내용으로 함
2012. 10월	박근혜 대선후보, 검·경 협의를 통한 합리적 수사권 분점 공약 제시
2016. 6월	경찰청, 수사권 조정을 위한 '수사구조개혁단' 출범
2017. 6월	'수사권·기소권 분리' 공약을 내건 문재인 대통령 당선
2018. 3월	경찰, 검사의 독점적 영장청구권 삭제하는 정부 개헌안에 입장 발표
2018. 6월	정부 '검경수사권 조정 합의문' 발표

넓히려 할 것이고 경찰은 제한시키려 할 것이다. 문제는 검사도 1차 수사

권자가 될 경우에는 누군가의 통제를 받는 장치의 도입이 필요하다는 데

---

208) '검찰·경찰 수사권 조정 70년 공방' news1 기사 내용을 참고하여 간략하게 기술

있다. 세 번째로, 검사 작성 피의자신문조서(이하 피신조서)의 증거능력 문제다. 일반인에게 피신조서나 증거능력은 낯선 개념이지만 피신조서는 검사가 기소되기 전에 피의자를 상대로 범죄혐의 유무를 밝히기 위해 검사가 질문하고 피의자가 답하는 형식으로 작성된 서류를 말하는데, 우리나라 형사소송법은 검사 작성 피신조서의 경우 피의자가 재판정에서 조서 내용을 부인해도 증거로 제출될 수 있고 판사는 그 내용을 읽고 판단해야 한다. 여기서 증거로 제출될 수 있는 자격이 증거능력이고, 그 내용을 읽고 내리는 법관의 판단을 증명력이라고 한다. 그러나 경찰관이 작성한 피신조서는 재판정에서 피고인이 내용을 부인하는 경우 법관은 볼 필요도 없게 되어 소위 '쓰레기 조서'가 되는 것이다.

이로 인해 경찰에서 아무리 조서를 받아도 이는 재판에 큰 영향은 못미치고[209] 검사 작성 조서가 중요하게 되는 것이다. 이러한 이유로 조서재판이라는 말이 나오고 공판정에서 나온 증거로 법관이 재판을 하는

<검사 작성 피의자신문조서 관련 역사>

1995. 6. 29.	검사 피신조서 증거능력 위헌심판, 합헌(7:2)
2005. 5. 26.	검사 피신조서 증거능력 위헌심판, 합헌(5:4, 재판관 4명 헌법불합치)
2019. 5. 20.	대법원, 국회 사개특위의 개정안에 대한 입장 질문에 "검사 작성 피신조서의 증거능력을 경찰 작성 피신조서와 동일하게 하더라도 실무상 형사재판에 큰 변화는 없을 것으로 예상된다."고 답변

---

209) 다만 경찰 단계는 사건과 인접한 시간에 작성한 것으로 임의성과 진실성이 높을 수 있는 관계로 다른 증거의 증명력을 다투는 경우로 사용되거나 경찰관이 법정에서 직접 증언하는 경우가 있다.

것이 아니라 이미 검사가 제출한 조서를 토대로 재판이 결정된다는 비판이 나온다. 이 때문에 검사는 조서에 목을 걸며 경찰에서 이미 행한 조사를 반복하고, 그 과정에서 심지어는 폭행·협박·회유·거래 등이 등장하는 비극이 발생하기도 했다. 이러한 구조를 그냥 두고 경찰을 1차적 수사권자이자 종결권자로 하더라도 아무런 의미가 없기 때문에 경찰 작성 조서와 동일한 증거능력을 갖도록 하자는 것이다. 아마 이것이 개선된다면 과학적인 증거수집이 강조되는 수사 환경의 획기적인 방향 전환이 이루어질 것이다.

개선의 필요성은 있지만 사개특위에서 논의되지 못하고 있는 쟁점은 영장청구의 검사독점권이다. 왜냐하면 이 문제는 헌법에 규정되어 헌법개정이 이뤄져야 하고 이를 위해서는 국회 2/3의 찬성이 있어야 하는데, 논의되기도 쉽지 않고, 논의가 되더라도 국회 의석 2/3를 넘어서기가 쉽지 않다. 이 헌법 규정은 전 세계에서 유래를 찾아보기 힘든 것으로 1962년 5.16 군사쿠데타 이후 군부의 주도하에 단행된 5차 개정 헌법에서 처음 도입되어 현재에 이르고 있다. 내용을 살펴보면 영장은 판사의 결정이다. 그럼에도 불구하고 검사만이 판사에게 영장을 청구할 수 있고, 경찰은 검사를 반드시 거치도록 했고, 이로 인해 검사는 경찰 수사에 있어 통제장치를 하나 더 갖게 되었다. 이로 인해 검사가 의도적으로 경찰 수사가 더 진척되지 못하게 경찰의 영장 신청을 기각한다는 의심과 비판에 직면하고 있다. 증거를 수집할 수 있는 압수·수색영장을 기각할 수 있다는 것은 더 경찰 수사가 진행되기 어렵다는 것을 의미한다.

특히 검사 출신 전관변호사가 선임되는 경우 이러한 사례가 발생하면 의심의 정도는 더 높아지게 되고 경찰의 수사 의지는 꺾이게 되며, 검찰이 스스로 누구의 통제도 없이 처리하게 된다. 문제의 핵심이 여기에 있는 것이다. 이러한 문제점이 있지만 헌법 개정상의 어려움 때문에 이번 사개특위 논의에서는 제외되었다. 향후 헌법 개정이 추진된다면 이 부분도 개정이 되리라 생각된다.

　그렇다면 위와 같이 수사권 조정이 이루어진다면 어떻게 되고 과연 공정하고 인권이 보호되는 수사체계를 갖추게 될 수 있을까? 결론은 큰 틀에 있어서 진전은 되겠지만 경찰에서 많은 준비를 하여야 한다. 인권의 역사는 인권을 지키겠다는 사람들의 의지로 지켜진 것이 아니라 기구를 쪼개고 나누고 분리하면서 서로 통제하고, 독립시키면서 파생적으로 나타나게 되었다. 우리도 그러한 측면에서 진일보할 것이다. 그러나 나누고 쪼개고 분리하는 것은 또 다른 비효율을 초래한다. 이러한 비효율을 극복하기 위해서 어떻게 연계시키고 각 기능을 어떻게 전문화시킬 것인지에 대해 신중하고 속도감 있는 대책이 준비되어야 한다. 말잔치가 아니라 실제로 경찰의 각 분야가 전문성을 띠고, 실제 현장에서 능력을 발휘할 수 있도록 부단한 교육과 훈련이 병행되어야 한다.

　경찰은 영미법계 수사체계를 선호하지만 영미법계와 대륙법계가 각기 장단점을 가지고 있다. 대륙법계와 영미법계의 핵심적인 차이는 중앙집권의 역사 여부에 있다. 프랑스도 중세시대에는 영미법과 같은 당사자주의 수사구조였다.[210] 그러던 것이 중앙집권체제로 들어서면서 왕의 대리인[211]인 검사가 왕의 사적인 대리에서 더 나아가 공익의 대표자로 등극하게 되고 검사의 권한이 강해지게 되었다. 중앙집권의 길을 걷지 못한 영국은 1985년도에 기소청이 도입되면서 검사제도가 들어오기 시작하였다. 검사제도가 들어온 이유는 영국에서 경찰 권한이 너무 컸고 이를 견제할 기구와 기능이 필요했기 때문이다. 미국은 1704년 영국과 프랑스, 네덜란드의 영향을 받아 개인들이 소송을 제기하던 방식을 국가기관인 검사가 대신 소송을 제기하도록 하는 공소제도를 도입하였지만 기본적으로 범죄피해자를 대리한 경찰의 소추 대리인 자격으로 출발하였기 때문에 검사가 경찰 수사를 지휘·통제한다는 개념은 없었다. 영미법계는 중앙집권의 역사가 없어서 자연스럽게 중세 때부터 이어져 오던 피해자 개인이 직접 법원에 소송을 제기하는 사인소추의 연장선상에 있다. 경찰은 중세지역마다 자경대의 개념으로 스스로 지역을 지키는 개념으로 그리고 그들이 점차 성장하여 사인소추를 대리하는 수사와 소추를 담당하게 되었고, 영국은 1985년에 미국은 이보다 훨씬 이전에 검사제도를 도입하여 소추를 맡기게 된다. 그리고 기소와 판결도 검사나 판사에게 맡기는 것보다는 상식을 대변하는 배심원이 결정하도록 하게 하고 있다. 원래 배심은 로마시대부터 내려오던 제도이다. 당사자주의는 민주주의 개념에 기초하고 있으며, 재판은 공동체 전체에 대하여 책임을

---

210) 중세시대 세속은 당사자주의였지만 신부나 기독교인에 대한 수사는 대외적인 전파를 차단하기 위해 직권주의 체제였다.
211) 왕의 변호사가 왕의 대리인으로, 왕의 대리인이 공익의 대표자로 변하게 되었다.

지는 것이다. 따라서 이러한 결정은 시민 전체가 내려야 하는데, 현실적으로 모든 사람이 다 참여할 수 없으니 상식을 가진 시민 중에 대표자가 참여하여 결정하게 하는 것이다.

따라서 영미법계에서의 출발은 권력남용의 역사보다는 당사자주의 발전을 통해 사법을 민주화하고 인권을 보호하며 배심에 대한 참여를 통해 공동체에 대한 인식과 교육을 강화하는 방향으로 흘러왔다. 경찰도 자백보다는 증거 위주로 갈 수밖에 없는 구조였다. 이에 반해 중앙집권의 역사를 가지고 있는 프랑스를 비롯한 대륙법계에서는 왕의 권한이 강화되자 신의 영역이었던 재판에 대해 왕권신수설[212]을 통해 사법에 개입하게 된다. 중세시대 세속에서는 당사자주의가 적용되었으나, 종교계에서 사제에 대한 재판에 있어서는 종교 판사가 수사와 기소·재판을 담당했다. 당사자가 아닌 판사가 적극적인 역할을 하고 모든 절차는 비밀리에 진행되었다. 이것이 우리나라에 번역되어 소개되는 규문주의의 모습이다. 이와 같이 판사가 모든 것을 다 수행하는 사고 즉 재판과 수사는 판사 임무라는 것은 오늘날에도 이어지고 있지만 프랑스 혁명 이후 재판과 수사를 판사가 진행하되 재판 판사와 수사 판사를 분리하고 기소는 검사가 담당하도록 분리하였다. 경찰은 법원의 업무인 재판, 수사, 기소 업무의 일부를 담당한다는 의미에서 사법경찰이라는 이름이 붙었으며, 사법경찰은 점차 역할이 확대되고, 조직도 정비되었다.

---

212) 왕의 권한은 신으로부터 부여받았다는 사상을 말한다.

따라서 대륙법계에서 핵심은 검사의 수사 지휘가 아니고 판사의 수사 지휘권이 독일과 일본을 거치면서 검사의 수사지휘권으로 변경하게 된 것이다. 물론 검사도 경미한 범죄에 대한 수사를 진행하고 이 범위 내에서 수사지휘권과 사법경찰에 대한 자격 부여 등의 권한이 있지만 본질은 검사가 아닌 수사 판사의 수사지휘권인 것이다. 재판도 독립적이고 공정한 기관에서 해야 하지만 수사도 마찬가지라는 생각으로 수사 판사가 담당한다. 이러한 제도는 비스마르크 시대에 독일로 계수되어 프랑스의 체제를 유지하다가 절차의 복잡성과 신속한 대응에 한계가 있다는 이유로 검사와 수사 판사를 합치게 되고, 이로 인해 강해지는 검사의 기소권을 견제하기 위해 기소법정주의를 채택하고, 검사에 대한 법무부 장관의 구체적 수사 지휘를 하지 못하도록 하였다. 일본도 이토 히로부미가 독일 제도를 계수했다가 1920년도 제국주의 운영의 필요에 따라 수사 판사와 검사를 합치고 기소편의주의를 유지하는 우리나라의 현재 검사제도의 원형이 탄생하게 된다. 그 후 일본은 패망 후 미군정 맥아더의 개혁으로 1차적 수사권자를 경찰로, 검사는 보충적 수사 및 기소권자로 변경하게 된다.

그런데 아직도 우리나라의 검사는 수사와 기소를 장악하면서 누구의 통제도 받지 않는다. 수사 판사와 같이 독립적인 지위도 아니고 법무부 장관의 지휘를 받으면서 기소편의주의를 채택하고 있다. 때로는 정권에 때로는 자신들의 이익에 이용한다. 이를 통제한다는 것이 쉽지 않다. 우리나라의 수사권은 경찰과 검찰이 행사하지만 강제수사의 수단인 영장은 검사의 동의 없이는 접근이 불가능하도록 막혀있다. 그리고 수사지휘권을 인정한다는 것은 검사가 객관적인 입장에서 경찰 수사를 뒤에서 통제하도록 한 제도임에도, 검사가 스스로 직접 수사를 진행하여 스스로 사법경찰이 되었다. 명찰은 검찰인데 실질은 경찰이 되어 있는 모양새이다.[213] 또한 검사조서의 증거능력인정으로 검찰에서 직접 수사할 필요성이 높아지고, 수사 결과 검찰에서 자백하면 이미 재판은 거의 끝난 것이나 진배없다. 소위 조서재판인 것이다. 수사, 기소, 재판을 다 장악한 것이다. 이것이 프랑스 혁명기에 엄청난 문제가 되었던 규문주의와 무엇이 다르겠는가? 그러한 제도로 인해 평범한 사람도 검사가 되면 변하고 안하무인이 될 수 있는 제도는 바뀌어야 한다.

앞에서 언급했듯이 영국 경찰은 수사와 기소를 담당하다가 1985년 검사제도 도입을 통해 권한을 분리했다. 미국은 워낙 경찰의 힘이 세지만 일찍이 검사 제도를 도입하여 권한을 나누었고 일본도 이러한 틀로 바꾸었다. 프랑스나 독일은 검사는 자체 수사 인력이나 장비 등을 가지고 있지 않고 현장에 있는 경찰을 법률적으로 지원하는 팀 역할을 한다. 그럼에도 우리는 검찰이 법률적인 지원보다는 스스로 경찰이 되고자 하는 모습을 보면 안쓰럽다는 생각이 든다.

---

213) 검사의 직접 수사뿐만 아니라 자체 수사 인력 즉 자체 사법경찰관을 두고 있는 기이한 형태를 띠고 있다. 검사실 입회 서기는 검사를 보조하기보다는 검사를 감시하고 견제하는 역할을 해야 함에도, 변질되어 검사를 보조하고 더 나아가 직접 수사와 조서를 작성하고 검사가 사후에 도장만 찍으면서 검사작성 조서로 둔갑하는 경우도 있다. 더 나아가 검찰에 국가디지털포렌식센터를 설치하는 등 국가 전체적으로 보았을 때 또 다른 경찰이 들어서는 모습이고 예산 낭비라는 생각이 든다. 국과수나 경찰청에 통합하면 되는 것을 굳이 다른 국가기관에, 특히 중립적인 위치에 있어야 할 검찰에 설치한다는 것은 세계에서 유례가 없고 중복 투자로 인한 예산 낭비라 아니할 수 없다.

<대한민국 검찰과 선진국의 검찰과의 주요 권한 비교>

구분	한국	일본	독일	프랑스	미국	영국
수사권	○	○	○	△	○	×
수사지휘권	○	△	○	△	×	×
자체수사력	○	○	×	×	○	×
검·경 조서 증거능력 차이	○	×	×	×	×	—
수사종결권	○	△	○	△	×	×
기소독점주의	○	○	○	×	×	×
기소편의주의	○	○	×	○	○	○
공소취소권	○	○	×	×	○	○
영장청구권 헌법규정	○	×	×	×	×	×
인권옹호직무방해죄[214] 유무	○	×	×	×	×	×
체포·구속장소 감찰권	○	×	×	○	×	×
긴급체포사후승인제도	○	×	×	×	×	×
체포·구속피의자석방지휘권	○	×	×	×	×	×
압수물처분 지휘권	○	×	×	—	×	×

그렇다면 경찰은 어떠한가? 우리의 경찰은 우리의 역사만큼이나 질곡과 변화가 많았다. 일제 경찰을 빼놓을 수 없고, 3.15부정선거에 앞장선 경찰, 고문 경찰, 정권에 취약한 경찰, 국회의원 말 한마디에 쩔쩔매고 언론보도 한번 나면 휘청댈 정도로 민감하게 대응하고, 내부적으로는 1년마다 바뀌는 경찰관의 인사이동 주기와 청장들이 흔들어대는 인사, 계급정년으로 공직보다는 생존을 위한 몸부림 장으로 변한 직장, 청장

---

214) 우리 형법은 경찰의 직무를 행하는 사람이 인권 옹호에 관한 검사의 직무 집행을 방해하거나 그 명령을 따르지 않는 경우 처벌토록 하고 있다. 문제는 검사도 수사권을 행사하는 권력기관이란 점이다.

한마디에 누구도 이의를 달 수 없는 구조, 이러한 구조로 인해 경찰이 1차적 수사권을 행사하기 위한 최소한의 독립성과 공정성 장치확보에는 미흡하다는 평가를 하고 싶다. 과감하게 넘어서야 할 것은 넘어서야 하는데 역대 청장마다 근본적인 문제에 대한 것보다는 현안이나 언론, 정치권 관심 대상에 대해서만 관리하면서 허덕허덕하다가 퇴직하니 청장이 새로 들어선들 여러 명의 청장이 지나간들 외형은 변한 것 같지만 근본적인 변화는 오지 않았다. 무엇보다도 인사의 독립성과 공성성이 담보되지 않으면 수사권에도 심대한 영향을 미칠 수 있다.

우리가 추구하는 것이 거의 일본과 유사한데 일본 경찰은 경정까지는 자치경찰이고 총경부터는 국가경찰이다. 이들은 복수직급과 계급정년이 없는 안정적인 인사로 경찰청장은 대개 60대가 가까워져야 가능하고, 계급정년에 대한 부담이 없어 극심한 경쟁은 없고 자연스럽게 인사주기에 맞게 이동한다고 한다.[215] 다른 나라의 경찰인사제도의 운영 실태를 면밀하게 살펴 우리 실정에 맞게 보완할 필요가 있다. 현재 우리나라 경찰인사시스템은 생존 그리고 그 생존을 위한 끊임없는 자리 이동으로 요약될 수 있다. 생존보다 경찰의 가치를 어떻게 하면 실현하고 전문성을 확보할 수 있는 방향으로 조직이 운영되어야 1차적 수사권이

215) 주한 일본대사관 경찰주재관 도치야 총경에 의하면, 경찰 입직경로는 순경, 경위, 경정이고 경정으로 입직하는 경찰은 전원 국가경찰이며, 순경과 경위는 자치경찰이고 이들이 총경으로 승진하는 경우는 국가경찰로 신분이 변경되며 지방경찰청에도 중앙에서 파견되는 총경급 자리(주로 보안이나 외사등 전국적인 통일성이 필요한 자리)와 지방승진 총경 자리가 정해져 있다고 한다. 그리고 경정에서 총경 승진은 중앙의 경찰공안위원회의 의견을 지방정부에서 대부분 그대로 받아들여 승진시킨다고 한다. 왜냐하면 지방정부에서 경찰업무를 잘 모르기 때문에 관례가 되었다고 한다.

부여되었을 때 제 역할을 수행할 수 있을 것이다. 조직 재설계가 시급하다. 현재의 개혁 노력도 의미가 있지만 본질적인 것이라 보기 어렵다. 내부직원들의 기득권, 경찰상급기관들의 기득권 등으로 쉽지마으 않겠지만 수사의 공성성이 확보되려면 독립성은 그 전제가 되어야 한다. 따라서 이러한 원칙을 어떻게 확보할 것인지가 가장 큰 고려 요인이 되고 이를 실현하기 위한 구체적인 방법들이 제도화되어야 한다.

20. 자치경찰[216]과 국가경찰, 그 효율적 배분에 대하여

　우리나라에서 자치경찰제에 대한 논의는 많았으나 처음 입법화되고 도입된 것은 2006년 제주자치경찰제도였다. 이는 현재에도 존치하고 있으나, 경찰이라기보다는 기존 자치단체에서 수행하고 있던 특별사법경찰사무와 일부 행사교통정리 및 경비에 국한되어 무늬만 경찰이라는 비판을 받고 있다.

　이러한 상황에서 2013년 자치경찰제의 강제적 도입을 규정하는 지방자치분권 및 지방행정체제개편에 관한 특별법이 제정되었고, 문재인 정부에서는 광역단위자치경찰제 도입을 100대 국정과제에 포함시켰다. 이에 따라 관련법률 개정과 2019년부터 서울·제주·세종 등 5개 광역단체에서 시범실시하고 2022년에는 전국적으로 확대 실시한다는 계획이다. 논의기구인 자치경찰제 특별위원회[217]에서 2018년 11월 13일 자치경찰제 안(이하 특위안)을 공개했다. 주요 골자는 국가경찰과 자치경찰을 병렬적으로 존치시키는 2원화 모델을 채택하고, 2019년 하반기부터 2022년까지

---

216) 자치경찰제란 지방분권의 이념에 따라 경찰권을 지방자치단체에 귀속시키고, 경찰의 설치·유지·운영에 관한 책임을 지방자치단체가 담당하는 제도를 말한다. 영미법계에서는 전면적인 자치경찰이 시행되고 있고, 대륙법계에서는 국가경찰과 자치경찰의 병존 형태로 유지되나, 국가경찰이 우위를 점하는 형태이다.
217) 문재인 정부 대통령 소속 자치분권위원회는 국정과제인 '광역단위 자치경찰제 전국 확대'에 대한 구체적인 방안을 논의하기 위하여 2018년 4월 5일 학계, 시민단체, 법조계 등 총 9명으로 구성된 특위를 설치·운영하였다.

단계적으로 국가경찰의 36%인 4만3천 명을 자치경찰로 이관하기로 한다는 것이다

　세부적으로 살펴보면, 조직 측면에서 국가경찰은 현행 경찰청-지방경찰청-경찰서 체계를 유지하되, 자치경찰은 시·도에 '자치경찰본부', 시·군·구에 '자치경찰대'를 신설하고, 국가경찰의 기존 조직 중 '지구대·파출소'를 자치경찰로 이관하되, 국가경찰의 중대·긴급한 사건사고 대응 시 필요한 인력은 국가경찰의 '지역순찰대'로 존치시키도록 했다. 업무는 국가경찰은 정보·보안·외사·수사 및 민생치안 사무 중 전국적 규모나 통일적 처리를 필요로 하는 사무를 담당하고, 자치경찰은 생활안전·여청·교통·지역경비 등 주민밀착 민생치안활동 및 이와 밀접한 수사를 담당한다는 것이다.

　인사는 자치경찰본부장은 시·도 경찰위원회의 2배수 추천을 받아 시·도지사가 임명하고, 자치경찰대장은 시·도 경찰위원회가 시·군·

<자치경찰 및 국가경찰 사무배분[218]>

구분	자치경찰	국가경찰
주요 사무	▪ 생활안전, 여성·청소년, 교통, 지역경비 등 주민밀착형 사무 및 지역 경찰 ▪ 민생치안 밀접 수사 　(교통사고, 가정폭력 등)	▪ 정보·보안·외사·경비 및 112상황실 ▪ 수사(광역범죄·국익범죄·일반형사 등) ▪ 민생치안사무 중 전국 규모나 통일적인 처리를 필요로 하는 사무(협약 규정) 및 지역순찰대

---

218) 자치경찰 및 국가경찰 사무배분- 자치분권위원회 공식 홈페이지 공개 보도자료.

<자치경찰제 도입 이후 경찰조직 변화 예상도[219]>

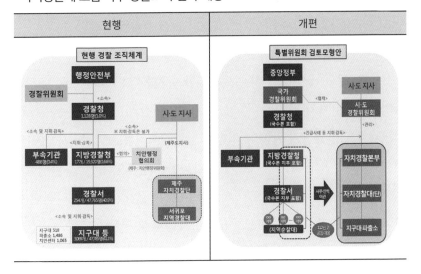

구청장의 의견을 들어 시·도지사가 임명한다. 정치적 중립성 확보를 위해서 시·도지사 소속으로 합의제 행정기관인 '경찰위원회[220]'를 설치하여 시·도지사로부터 독립적으로 직무를 수행할 수 있도록 하고 있다. 자치경찰제 특위는 이번 안을 마련하면서 여러 가지를 고민한 것으로 보인다. 우선 주민에게 적합한 치안 서비스가 제공되도록 분산하고, 정치적 중립성을 확보하여야 하며, 추가적인 재정을 투입하지 않으면서도 제도변화에 따른 혼란 없이 기존의 치안 상태를 유지하여야 한다는 원칙 아래 진행되었다고 한다. 쉽게 이야기하면 돈 들이지 않고 주민들의

219) 자치경찰제 도입 이후 경찰조직 변화 예상도 – 자치분권위원회 공식 홈페이지 공개 보도자료.
220) 총 위원은 5명으로 시·도지사 1명, 시·도의회 2명, 법원 1명, 국가경찰위에서 1명을 추천하고 시·도지사가 임명한다.

요구에도 맞으면서 전체적인 틀에 큰 변화가 있어서는 안 된다는 것이다. 그러나 그것이 과연 가능할지에 대하여는 의문이 남는다.

첫째로, 돈들이지 않고 기존 치안력을 유지한다는 것이 가능할 것인가의 문제다. 자치경찰제는 분명 기존 경찰조직과 구조를 분산시키고, 지휘체계의 변화를 수반한다. 이러한 상황에서 인원과 장소, 시설, 그리고 분산으로 인해 최소한도로 가용 가능한 기본적인 틀[221]을 구성하기 위해서는 치안력이 전반적으로 약해지는 것은 불가피하다. 왜냐하면 분산 이후 국가경찰이든 자치경찰이든 일시점에 실 근무 인원이 줄어들기 때문이다.

둘째로 국가경찰은 정치적인 중립장치가 되어 있지 않으면서 자치경찰만 중립장치를 두는 것도 형평의 원칙에 어긋나고 자치경찰의 중립장치가 과연 힘을 발휘할 수 있을지도 의문이다. 중앙정치든 지방정치든 경찰이 완전히 자유롭기는 불가능하고 바람직하지도 않다. 다만 어느 정도의 독립성과 자율성을 가질 수 있느냐 하는 문제인데 자치경찰을 지방정치로부터 보호하기 위한 장치로 자치경찰위원회를 자문·심의기관이 아닌 행정기관으로 자리매김하는 것은 환영할 일이나, 국가경찰은 여전히 자치경찰에 상응하는 견제 장치가 도입되지 않는 점은

---

221) 국가경찰이나 자치경찰이나 순찰팀과 교대조 등을 별개로 그리고 기본근무가 가능할 수 있을 정도로 최소한 구성해야만 하는 것이다.

아쉬움으로 남는다. 그리고 자치경찰위원회를 행정기관으로 해서 자치경찰과 광역단체장과 기초자치단체장, 그리고 도·시·구의원의 경찰업무에 대한 관여의 정도도 어느 정도 통제되어야 한다. 현재 국가경찰에 대한 국회의 권한처럼 무한대의 자료를 요구하거나 수시로 자료를 요구하는 등 실질적인 압력으로 작용할 것이 분명하다. 자치경찰위원회의 통제도 지나치면 이를 안 하는 것보다 못할 것이다. 이를 차단할 수 있는 제도적 방안 마련도 필요하다.

셋째, 가장 큰 문제점으로 자치경찰이 특위안대로 시행되었을 경우 실제로 현장에서 가동될 수 있을까 하는 점이다. 특위의 최초 입장은 국가경찰은 경찰청과 경찰대학 등 부속기관, 특공대 등 최소한의 집행 조직을 보유하고, 지방경찰청과 경찰서, 지구대는 자치경찰에 넘기는 대폭적인 변화를 주는 안이었다. 이에 대해 경찰청과 경찰개혁위는 기존 국가경찰조직 체계를 유지하고 시도지사 소속으로 별도의 자치경찰 조직을 신설하고, 자치경찰은 생활안전·교통·경비 등의 업무를 수행토록 하는 안을 제안했다. 결국 특위는 현 치안력을 유지하여야 하고, 별도의 비용도 들지 않으며, 현장의 수용 가능성을 고려하여 경찰개혁위원회 안과 흡사한 안으로 수정된 것으로 보인다. 그럼에도 불구하고 특위안과 같이 동일한 사안에 대해 진행 정도나 중요도에 따라 개입기관(국가경찰 또는 자치경찰)이 달라지는 것은 현장에서 혼선이 빚어질 가능성이 클 뿐만 아니라 서로 사건 떠넘기기가 일상화되지 않을까 하는 우려를 낳게 한다. 현장에서 공동사무로 출동해서 업무를 한다는 것도 인력 낭비가 될 수 있고, 한 기관만 출동하게 되는 경우에도 종합적인 대응이 이루어 질지에 대해서는 의문이 남는다.

　왜냐하면 국가경찰로 강력하게 일원화된 지금도 기능 간에 통합적 대응이 쉽지 않은 상황인데, 기구가 나누어지고 지휘체계가 달라지고, 분장사무가 나누어져 있다면 설사 국가경찰과 자치경찰의 공동사무로 지정하더라도 상호 간에 협조가 쉽지 않을 것이며 결국 책임 소재가 불분명해지고 결국 일 처리의 적극성이 떨어지게 될 것이다. 이는 현장 업무를 해본 사람만이 느끼고 알 수 있는 것이다. 다시 말해 현장경험이 없는 학자나 정치가·법률가들의 한계고, 경찰청에서도 이러한 문제점들로 인해 국가경찰을 자치경찰로 넘기는 부분에 대하여 미온적이고 소극적인 입장임에도 이를 적극적으로 외부에 알리지 않고 있는 것 같다.[222] 지금 제주에서 벌어지고 있는 것은 일시적으로 국민과 경찰청의 관심 하에 문제가 생기지 않도록 노력하기 때문에 문제가 보이지 않는 착시현상일 뿐이다. 우리나라와 같이 자치경찰제를 실시하는 나라가 있는지를 한번 살펴볼 필요가 있다. 절충적인 방식이라고 하여 기계적으로 하게

---

222) 2019년 3월 6일~9일까지 현직 경찰관으로 구성된 전국 현장활력회의 대표단(19명)에서 제주자치경찰시범실시를 참관한 후 3월 14일 경찰청 현장활력소에 올린 글을 보면 전체적인 면에서 회의적인 반응이었다. 그 근거로는 자치경찰은 주취자등 단순 업무 12종, 국가경찰은 수사가 필요한 42종을 담당하는데, 주취자 처리에 있어서 자치경찰이 현장에 출동하여 귀가시키려 하는데 술값 등을 지불하지 않고 가려고 한다면 다시 국가경찰을 불러야 한다. 그런데 신고가 접수되어도 국가경찰은 시비소란행위가 있어도 단순주취자로 접수하여 자치경찰로 넘기려 하고, 자치경찰은 단순주취임에도 주취소란으로 접수하여 국가경찰로 관할을 넘기려 하는 현상이 나타나고, 민원인이 주취자 신고를 하였음에도 가까운 곳에 있는 국가경찰은 출동하지 않아 항의하거나 불편을 야기하는 사례가 제기되었다. 또한 인원 분산과 권한 없는 업무 분담에 따라 국가경찰은 전보다 업무 부담과 피로도가 30~40% 증가한 것 같다고 호소하였고, 그 원인은 자치경찰에게 수사권이 부여되지 않았기 때문이며, 현재 검토하고 있는 자치경찰제로 인해 경찰관도 주민불편도 커지고 있는 것을 감안할 때, 면밀한 검토가 필요하다는 의견을 제시했다.

되면 반드시 문제가 발생하게 될 것이다.

　자치경찰 자료를 살펴보면서 중앙대 이창무 교수가 언급한 내용이 우리나라 자치경찰의 현주소를 정확하게 보고 있어서 이를 소개하고자 한다. 자치경찰제는 1945년 해방이후 민군정 때부터 검토가 이어진 70년 묵은 과제다. 그러나 방향은 진보 정부가 들어서면서 급물살을 탔다. 2006년도 제주도에 극히 제한적이고 형식적인 자치경찰제를 도입한 것이 유일한 성과였다. 경찰은 자치경찰 도입과 경찰력 분산을 원하지 않고, 일선경찰관들도 자치경찰로 전환됨에 따라 국가공무원 자격을 잃길 원하지 않는다. 국회도 필요성을 느끼지 못한다. 자치경찰제가 되면 국회의 권한은 감소하게 된다. 검찰도 이를 반가워하지 않는다. 자치경찰이 논의되면 수사권 조정도 같이 논의되기 때문이다. 자치단체도 자치경찰을 원하지만 비용을 부담하기 싫어한다. 학계·언론·국민들도 자치경찰에 대해 특별한 관심이나 필요성도 느끼지 못하는 것 같다. 그럼에도 불구하고 현재 자치경찰제 추진이 속도를 내는 이유는 현재 국회사법개혁특별위원회에서 검·경수사권 조정을 논의하고 있는 상황이기 때문이다. 정부와 경찰은 별개로 추진되는 것이라 하고, 검찰은 실효적 자치경찰제 실시를 전제로 수사권 조정이 가능하다는 입장으로 대립하다가, 문 대통령은 2019년 2월 15일 개혁전략회의에서 "수사권과 자치경찰은 별개의 사안이나 가능하면 동시에 이루어져야 한다."는 입장을 밝힌 바 있다. 따라서 특위안은 수사권 조정과 연계되어 시급하게 처리되어야 하는 사안이 되어 속도를 내고 있는 것이다. 속도를 내는 상황에서 현실적인 도입 가능성, 예산상 제약과 저항 등을 고려하다 보니 이러한 형태가 된 것 같은데 단일안을 가지고 전국적인 실시보다는 다양한 안을 가지고 시범 실시 후 자치경찰제 모델과 실시 시기를 결정하는 것이 다딩하다. 국가의 대소식을 너무 급박하게 변경하게 되면 다시 되돌리기가 쉽지 않다. 신중한 접근과 시범 실시를 통한 보완이 필요해 보인다.

21. 하라는 건가요, 말라는 건가요?: 경찰과 매뉴얼

경찰 활동은 앞에서도 언급한 바와 같이 법률에 기초한다.

다만 권익침해가 아닌 경우에는 작용 법적 근거가 없이노 가능하고 이 것은 모든 공무원에게 다 해당하는 것으로 큰 의미는 없지만 이러한 경 우에도 조직법적 근거에 의해 조직의 활동 범위가 제약된다.[223] 그런데 대부분의 경찰 활동은 대표적인 권익 침해적 활동이라서 법적 근거를 엄격하게 요구한다. 특히 형법과 형사소송법, 경찰관직무집행법과 각종 특별법의 근거를 요구한다.

각종 법률에서 자세한 사항을 규정하고 있기는 하지만 여전히 한계는 있다. 이러한 한계를 보완하기 위하여 대통령령과 부령, 훈령 등이 존재 한다. 그럼에도 현장의 모든 상황을 다 담을 수는 없는 것이어서 현장 경 찰관이 활용할 수 있는 기준, 소위 매뉴얼이라는 것을 만들어 활용하게 된다. 그것이 행정법상에 존재하는 재량준칙이라는 것이다. 재량이 있지 만 일정한 기준이 있어서 위반하는 경우는 법 위반에 해당되어 해당 업 무를 수행하는 경찰관에 대한 책임을 물을 수 있게 된다는 것이다. 특히

---

223) 일반적으로 경찰법은 조직법적 수권 규범으로, 경찰관직무집행법은 작용법적 수권 규범으로 보고 있다.

현장 출동상황에서 경찰관이 급박한 상황에서 범인을 신속하게 제압하지 못하여 추가적인 피해를 당했거나, 경찰관의 미숙한 대응으로 인해 피해가 커지게 된 경우 피해자나 가족들은 경찰관과 국가를 상대로 병행하여 손해배상소송을 제기하게 된다. 각종 대형사건사고가 나면 언론은 매뉴얼에 어떻게 되어 있는지부터 묻는다. 매뉴얼에 특정 상황에서 특정 행위를 하도록 되어 있는데 매뉴얼대로 대응하지 않았다고 경찰관을 비난하고 징계 등 책임을 물어야 한다고 난리다.

이러한 여파로 일선에서는 매뉴얼을 그리 좋아하지 않는다. 수많은 매뉴얼을 다 읽어볼 수도 없고, 급박한 상황에서 매뉴얼대로의 대응은 현실에서 많은 제약이 따르기 때문에 초기대응에서 많은 허점이 드러난다. 비단 이것은 한국 경찰만의 문제는 아니나 특히 한국 경찰은 법적으로 강력한 대응을 할 수 있는 여건이 안 된다. 우선 법적 여건을 살펴보면, 강제력을 사용하는 경우에도 법원은 비례원칙과 보충성의 원칙을 과도하게 요구한다.

<경찰 비례의 원칙과 보충성의 원칙>

경찰 비례의 원칙
경찰권의 발동은 사회공공의 질서유지를 위하여 참을 수 없는 위해 또는 위해 발생의 위험을 제거하기 위하여 필요 최소한도의 범위 내에 국한되어야 한다는 원칙을 말한다.
보충성의 원칙(무기사용)
경찰관직무집행법은 "무기를 사용하지 않고서는 다른 수단으로 그 목적을 달성하기 어려운 타당한 이유가 있는 때"에 무기를 사용할 수 있다고 규정하고 있다.

비례의 원칙은 행정기관의 목적이 정당하고, 행정기관이 취한 수단이 적합해야 하며, 그로 인한 침해가 최소한이고 법익의 균형을 이뤄야 한다는 것을 의미한다. 특히 비례의 원칙은 상대가 가지고 있는 무기나 저항 정도에 맞는 대응을 해야지 과도해서는 안 된다는 것인데, 이게 현실에서 쉬운 것이 아니다.

또한 경찰 무기사용에 있어서는 비례의 원칙뿐만 아니라 보충성도 요구된다. 보충성은 상대방이 저항하는 과정에서 강제력을 사용하더라도 경찰봉, 가스총, 테이져, 총기 등을 단계적으로 사용해야지 갑자기 강한 무기인 총기를 바로 사용하면 경찰권의 남용이 되어 경찰권 행사에 대한 국가의 손해배상을 인정한다. 아래에서는 사건 일화를 보고 현장 경찰관의 어려움을 이해해보자.

그러면 경찰은 어떻게 하라는 말인가? 매뉴얼은 현장 경찰관에게 이러한 것이 반영된 것을 적시하는데 상당 부분을 상대방의 동의를 얻어 업무를 처리하거나, 동의가 이루어지지 않는 경우에는 법에서 허용되는 비례원칙이나 보충성, 상당성 원칙을 준수하여 위법성 시비가 발생하지 않도록 해야 한다고 언급하고 있다. 또한 현행범 체포의 경우에도 판례는 범죄행위로부터 1시간 정도 지났거나, 장소가 범죄행위지로부터 떨어졌거나 하는 경우 현행범성을 인정하지 않고 있고, 이것이 인정된다 하더라도 법률에도 없는 체포의 필요성 즉, 증거인멸이나 도주 우려가 있는 경우에만 가능하다고 판시하고 있다. 현장에서는 불법체포의 위험성

'과잉진압' vs '정당한 법집행'

① 2017년 5월 새벽 경찰은 밤늦은 시간 공원에서 소란을 피운다는 소란 신고를 받고 출동하였다. 경찰관 4명이 출동하였으나 현장에는 남·여고생 20여 명이 소란스럽게 모여 있었고 출동 경찰관은 소란 신고가 접수된 만큼 집으로 귀가할 것을 설득했다.

그 과정에서 10대 무리 가운데 한 명이 욕설을 하고 경찰관에게 폭행을 가하자 경찰은 테이저건을 발사하지는 않고 스턴건 기능을 사용해 체포했다.

당시 이에 대해 관련 영상이 언론에 유포되면서 경찰과 해당 10대 측이 과잉진압과 정당한 법 집행을 서로 주장하며 언론을 떠들썩하게 한 바 있다.

② (2003도3842, 업무상 과실치사)
진주 경찰서 소속 경찰관 A, B는 C가 술병으로 타인을 찌른 사건이 발생하였다는 신고를 받고 현장에 지원 출동하였다. C가 현장에 없자 경찰관들은 C의 주거인 진주시 꽃집으로 향했다. 꽃집으로 들어가서 그곳에 미리 와있던 이웃 주민에게 C의 행방을 물던 차에 C가 세면장에서 나오면서 "당신들 뭐야, 이 밤에 왜 왔어? 빨리 가!"라고 소리를 질렀다. 이때 C가 경찰관들에게 다가오면서 A, B를 밀쳐 넘어뜨리고 C는 B의 목을 누르는 등 계속 경찰관 B가 일어나지 못하게 하였다. 이때 경찰관 A는 공포탄 1발을 발사하였음에도 C가 경찰관 B의 목을 누르는 등 일어나지 못하게 하였고, C가 경찰관 B의 허리춤에 손을 대는 것을 보고 총을 꺼낼지도 모른다고 생각하고 C를 향해 대퇴부 이하를 제대로 조준하지 못하고 발사하여 흉부를 관통하게 하여 C가 패혈증 등으로 사망하게 하였다.

→ 하급심에서는 경찰관의 업무상 과실치사를 인정하였으나 대법원에서는 불인정한 판례
→ 국가배상소송에서는 형사사건과는 달리 과실을 인정하여 민사상 불법행위책임은 인정

때문에 재차 범행을 범할 위험이 있어 피해가 예견되는 경우에도 현행범 체포에 매우 신중하게 되고, 국회 국정감사에서도 현행범 체포와 관련 인권을 침해했다고 공격을 해대니 경찰청에서는 일선에 요건에 맞을 경우에만 엄격하게 현행범 체포를 하라고 지시한다.

긴급체포의 경우도 상식적으로 판사의 영장을 받을 만한 시간적 여유가 없을 경우에 인정할 수 있는 것임에도 판례는 법문에 나와 있는 것과 같이 '우연히 피의자를 만난 경우와 같이' 등으로 매우 좁게 해석하여 일선에서 잠복 중에 주거지에서 발견한 경우도 위법하다고 판시한 바 있다.

잠복 중에 거리에서 우연히 만나면 가능하겠지만 주거지를 알고 있으니 체포영장을 발부받을 시간적 여유가 있다는 것이다. 그렇다면 주거지를 알고 있다면 긴급체포에서 말하는 긴급성이 모두 해소되었다고 봐야 한다는 것인가? 그것은 현장을 모르고 하는 말이다. 체포영장은 시간적 제약이 있는 것으로 몇 날 며칠을 잠복 수사 하는 형사들에게는 이해하기 힘든 판결이다. 범인이 언제까지 주거지에 있을 것이란 보장을 할 수도

<현행범 체포와 긴급체포>

현행범 체포 (형사소송법 제211조, 제212조)

(현행범의 정의) 범죄의 실행 중이거나 실행의 즉후인 자 및 준현행범인

※ 준현행범인 : 범인으로 호창되어 추적되고 있거나, 장물이나 범죄에 사용되었다고 인정함에 충분한 흉기 기타의 물건을 소지하고 있거나, 신체 또는 의복류에 현저한 증적이 있거나, 누구임을 물음에 도망하려 하는 경우를 말하며 이는 현행범인으로 간주한다.

(현행범인의 체포) 현행범인은 누구든지 영장 없이 체포할 수 있다.

(체포 요건)

❶ 범인·범죄의 명백성 및 가벌성

❷ 범죄의 현행성(시간적 장소적 접착성)

❸ 체포의 필요성(判 : 증거인멸 또는 도주의 우려)

❹ 비례성 원칙(다액 50만 원 이하 벌금, 구류, 과료)

긴급체포 (형사소송법 제200조의 3)

(긴급체포) 피의자가 사형·무기 또는 장기 3년 이상의 징역이나 금고에 해당하는 죄를 범하였다고 의심할 상당한 이유가 있고 다음 각 호에 해당하는 사유가 있는 경우 긴급을 요하여 지방법원 판사의 체포영장을 받을 수 없는 때에는 그 사유를 알리고 영장 없이 피의자를 체포할 수 있다. 이 경우 긴급을 요한다 함은 피의자를 우연히 발견한 경우 등과 같이 체포영장을 받을 시간적 여유가 없는 때를 말한다.

1. 증거를 인멸할 염려가 있을 때

2. 도망하거나 도망할 우려가 있을 때

(체포 요건)

❶ 범죄의 중대성 (장기 3년 이상)

❷ 체포의 필요성 (判 : 증거인멸 또는 도주의 우려)

❸ 긴급성 (사전영장을 받을 시간적 여유가 없는 때)

없고, 그 주거지가 단순히 임시 거처인지, 범인이 바로 내일 도피할 것인지는 알 수가 없다. 어느 경찰이 자기 앞에서 도망가는 범죄자를 그냥 보고만 있고 싶겠는가? 그것은 법의 심판을 믿고 사적인 보복을 참는 피해자를 두 번 죽이는 일이다. 판사가 과연 형사정책적인 고려를 하고 있는지에 대한 의문이 드는 대목이기도 하다.

그렇다면 언론은 어떠할까? 각종 사건사고에 대한 보도 시 경찰의 대응을 비판하고 문제점을 지적해야 흥미로운 기사가 된다. 피해자나 피의자 민원인들 중 한쪽 위주로 방송이 되고 경찰관의 의견은 종종 무시되거나 보도에 유리한 부분만 편집해서 내보낸다. 초점은 경찰 비난에 있다. 왜 저 정도밖에 못했고, 피해자나 주변인들은 분통이 터진다는 것이 대부분이다. 깊이 있는 취재는 많지 않다. 왜 이러한 현상이 벌어졌고, 경찰은 왜 이렇게 대응했고, 어떤 문제가 있었는지에 대한 심층적이고 경찰이나 사건 당사자 등을 균형 있게 청취하고 의견을 내보내는 보도는 많지 않다. 특히 요즘 24시간 운영되는 종편 방송의 대부분은 사건사고다. 여기에 나오는 패널들은 변호사, 평론가, 전직 수사관들이 대부분인데 이슈가 되는 사건사고에 대한 패널들의 의견을 내보내는데 팩트도 정확하지 않은 상태에서 진행하다 보니 심한 경우는 소설을 쓰는 경우도 발생하고, 또 이러한 방송 내용이 여론에 영향을 미치다 보니 수사진에서도 이를 모니터링할 정도로 신경을 써야 하는 경우도 생긴다. 수사에 도움을 주기보다는 수사에 혼선과 장애로 작용하는 경우가 더 많다. 그리고 법률가들이 들어가서 이야기하다 보니 법률적으로 잘 되었다

잘못되었다 하는 잣대로 쉽게 결론 내며 비난하기도 한다. 일선에서 경찰이 어떤 준비와 절차, 인력동원, 출동과정, 긴장감, 소요시간, 지휘체계, 전문가 집단의 조언 등이 구체적으로 어떻게 작용되는지를 설명해주어야 시청자들도 경찰이 세심하게 많은 고생을 하고 애환이 있다는 것을 알고 이해할 것인데, 이에 대한 언급은 거의 없는 우리의 언론 현실이 아쉽기도 하다.[224]

　이러한 언론의 태도는 일반 국민들에게도 영향을 미쳐 경찰에 대한 비판적 인식을 갖게 하는 원인이 되기도 한다. 언론과 국민의 태도는 정치권에도 영향을 미치고 경찰 지휘부에도 영향을 미쳐 현장을 위축시키는 지시가 일선 현장으로 내려오게 된다. 경찰관이 선택할 수 있는 선택지가 많지 않은 상황에서 매뉴얼은 경찰관이 어떤 일을 할 수 있도록 기준을 제공하기보다는 경찰관을 옭아매는 역할을 한다는 인식을 갖게 한다. 그리고 매뉴얼도 수없이 많다. 기능별로 매뉴얼이라고 쉴 새 없이 만들어서 쏟아낸다. 해당 기능에서도 잘 알지 못하는 것을 초기 대응 부서인 지구대나 파출소, 그리고 형사 기능에서 다 안다는 것이 쉽지 않다. 물론 1차적인 대응 단계에서 고차원적인 것을 다 요구하는 것은 아니지만 현장에서 선택지가 많지 않고 대부분의 피의자나 피해자 모두

224) 2019년 4월 15일 프랑스 파리 소재 노트르담 대성당 지붕에서 화재가 발생하여 보수공사 중이던 첨탑과 주변의 지붕이 붕괴되어 충격을 주었다. 프랑스 시민의 첫 번째 반응은 노트르담 성당 앞에 촛불을 켜고 기도하는 것이었다. 그리고 단합을 강조했다. 연이어 재건을 언급했다. 대기업은 성금을 쾌척했고 정부는 국민과 세계를 상대로 재건비용을 모금하여 5년 이내에 재건키로 했다. 방송도 수사에 대한 것은 수사가 개시되었다는 것 정도였다. 우리와 같이 인재이고 예고된 참사였다는 프레임으로 가지 않았다. 경찰이나 검찰도 우리와 같이 성급하게 수사하지 않았다. 정치인들은 소방관의 헌신적인 노력에 대해 감사의 언급을 했다. 우리와 사건을 대하는 태도는 상이했다.

경찰관 알기를 우습게 아는 현장에서 경찰관이 자신 있게 업무처리를 한다는 것이 쉽지 않다. 특히 이미 많이 알려진 것처럼 경찰관이 가지고 있는 총기는 사용하기 쉽지 않고, 빼앗기면 더 큰 위험을 초래할 우려가 있기 때문에 경찰관의 숫자가 적은 상태에서 출동하면 불안감에 휩싸인다. 그래서 패싸움 등 현장 관계자가 많은 사건인 경우 순찰차를 가능하면 많이 출동시키고 강력팀 형사도 같이 출동시키다 보니 경찰관도 피곤하고, 경찰 인력을 비효율적으로 사용하게 되는 원인이 되기도 한다.

이러한 상태에서 일선 현장의 경찰관들이 매뉴얼을 긍정적으로 바라볼 수 있을까? 또 매뉴얼대로 했다고 하더라도 비난을 받는 사례는 부지기수다. 이래저래 현장 경찰관들은 '오늘도 무사히'라는 심정으로 빨리 지나가기를 바라며 근무하게 되는 것이 현실이다. 매뉴얼을 만들려면 정확한 기준을 제시하고 이대로 처리하면 경찰관에게 책임을 묻지 않는다는 보장이 있어야 하는데 우리 경찰의 매뉴얼 문화는 이를 반영하지 못하고 있는 것이 현실이다. 매뉴얼 문화가 제대로 정착되려면 매뉴얼을 체계화시키고, 이대로 업무처리를 하는 경우 경찰관은 책임에서 벗어날 수 있도록 해야 한다. 또한 이를 위해서는 우선적으로 매뉴얼보다 상위에 있는 경찰 관계 법령이 현장의 목소리를 반영할 수 있도록 개정되어 경찰권이 올바로 행사될 수 있는 근거와 제도적 장치를 마련해야 할 것이다. 언론이나 정치권도 이러한 문화적 맥락을 이해하고 개선될 수 있도록 같이 노력해주기를 기대해 본다.

Part 4.

경찰, 그 본질과 메커니즘
[Police Basis and Mechanism]

22. 공포의 대상에서 찌그러진 공권력까지

경찰의 꽃은 서장이다. 왜냐하면 서장만큼 즉각적이면서 대규모적인 집행력을 가진 직책이 없기 때문이다. 지방의 작은 경찰서는 100여 명에서 서울 송파서와 같이 큰 경찰서는 1,000여 명의 소속 직원들을 거느리고 있다. 그리고 활동영역, 즉 관할을 가지고 있다. 그래서 일반인들은 경찰에서 가장 높은 사람 하면 경찰청장 다음으로 경찰서장이 높은 것으로 알고 있다. 실제로 지역치안에 있어 실질적인 권한은 지방청장도 경찰청장도 아닌 일선 경찰서장이 행사한다. 관내에서 서장은 수많은 집행수단을 가지면서 힘을 쓰기 때문에 장사를 하거나 사업을 하거나 특히 경찰과 연관될 수 있는 업종에서는 경찰서장과 친분을 쌓으려고 한다. 경찰 생활 초기인 80년대 말이나 90년대 초반경만 하더라도 경찰의 힘(?)은 존재했었다. 과거 명절이면 관내 기업체나 큰 업소의 경우 경찰에게 봉투를 주지 않으면 불안해서 견디기 힘든 시기가 있었다. 서장은 명절이 한번 지나가면 경제적으로 일어설 수 있었다고 한다. 그 가액이 얼마인지는 잘 모르겠지만... 그런데 YS때 부패와의 전쟁으로 경찰조직의 분위기는 확연히 바뀌기 시작한다.

이때부터 경찰대 출신들이 그간 갈 수 없었던 수사 분야에 진입하게 된다. 당시 이완구 치안감(후에 국무총리를 지냄)의 주도하에 조사간부

<경찰대학생·경찰간부후보생 합동임용식>

2015년부터 조직 화합차원에서 합동임용식이 개최되고 있다.

제도가 추진되어 6개월간의 교육 후에 경대생과 간부후보생들을 조사계 조사관으로 투입하고 2년간 의무적으로 근무하게 함으로써 경찰 조사가 한 단계[225] 업그레이드되는 계기를 맞게 된다.

당시 경대 출신 중 3기와 4기들은 경감급 나머지 기수들은 경위급으로 조사 간부로 수사를 경험하게 되는데 이러한 연유로 경대 출신 중에 3기 위로는 수사경험자가 그리 많지 않다. 아무튼 경찰 부조리가 없어지는 계기가 이러한 정책적인 뒷받침으로 시작되었으니, 이러한 제도가

---

225) 경찰대 1기생들은 1987년부터 경찰에 유입되었고, 수사 공정성 시비가 끊이지 않은 1990년대에는 경찰대 졸업생을 대거 조사계에 투입하게 되었다.

없었다면 당시에 경찰대학을 졸업해도 중요 보직에 경대 출신은 갈 수가 없었다. 왜냐하면 당시 경대 졸업생들은 업무적으로 경험이 부족하였고, 부조리가 넘치던 경찰 조직문화에 융화될 수 있는 위치에 있지도 않았기 때문이다.

그리고 IMF[226) 외환위기는 경찰에도 많은 변화를 가져왔다. 이전에도 경찰에 많은 변화를 요구했지만 그리 크지는 않았던 것 같다. IMF 이후에 경찰차를 골목길에 차를 세우고 휴식하면서 잔다든지 아니면 포장마차에서 어묵이나 떡볶이를 먹는 경우에 "경찰관이 제대로 근무하지 않고 다른 짓을 한다."면서 112신고를 하는 현상이 잦아지기 시작했다. 과거에는 경찰관이 돈을 요구한다든지 시민을 괴롭히지 않으면 특별히 문제 삼지 않았지만 이제는 경찰관이 순찰 시간에 제대로 순찰하지 않는다든지 포장마차에서 공짜로 어묵을 먹고 간다든지 하는 것에 시민들이 가만있지 않았던 것이다. 여기에 또 다른 변화를 일으킨 건 스마트폰의 등장이다. 경찰관의 행동을 화면과 목소리가 나오게 녹화를 하여 문제를 제기하기 때문에 과거와 같이 경찰관이 오리발을 내밀어도 빠져나올 방법이 없다. 문제 제기를 하면 이미 '상황 끝'이 되다 보니 경찰관 각자가 알아서 원칙대로 업무를 하지 않을 수 없게 되었다. 경찰과 시민

---

226) IMF는 국제통화기금의 약칭이다. 우리나라는 1997년 외화 보유액이 부족하고 경제가 어려워지면서 IMF로부터 자금지원을 받았다. 당시 IMF는 돈을 빌려주는 대신 기업구조 조정과 공기업의 민영화, 자본시장의 추가 개방, 기업인수 합병 간소화 등 다양한 경제 간섭을 하였다. 당시 이로 인해 많은 회사들이 문을 닫았고, 노동자의 해고가 쉬워지면서 실업자가 크게 늘어나기도 하였다.

관계도 이렇게 변한 것처럼 조직 내부의 위계 상황도 적지 않은 변화가 있었다.

　과거에는 위에서 지시가 내려오면 거의 무조건 따르는 '까라면 깐다.' 문화가 지배적이었지만 이제는 더 이상 까라고 한 결과를 상사가 지켜주고 보호해줄 수 있는 상황이 아니기 때문에 상사의 말도 과거와 같은 권위로 받아들여지지 않는다. 그리고 경찰도 더 이상 민간인에게 손을 빌릴 수 없고, 예산도 충분치 않아서 직원들과 식사를 한다든지 위로의 자리를 마련한다든지 하는 것도 쉽지 않게 되었다. 젊은 경찰관들도 회식을 좋아하지 않다 보니 자연스럽게 근무 후 각자 퇴근하고 헤어지는 것이 일상이 되었다. 과거 같으면 회식 자리에서 서로의 신상과 가족관계 등 소소한 것을 나누고 어려움이 있을 경우 서로 소주 한잔 하면서 풀곤 했는데 이젠 그러한 공적인 회식이 현저히 적어졌다. 아마도 이는 개인주의가 자유가 신장됨에 따라 우리 사회 내에서 더욱 짙어졌기 때문일 것이다.

　경찰관 중에도 정신질환을 겪고 있는 사례가 과거에 비해서 점점 많이 발견되고 있다. 경찰청에서는 2014년부터 2019년 현재까지 서울 보라매병원 등 전국 9개소에 경찰관의 직무 스트레스를 치유하기 위해 마음동행센터를 설치하였다. 경찰청 통계에 따르면 2014년부터 2017년까지 경찰관 연간 평균 자살 건수는 22명으로 동기간 순직한 경찰관 60명보다 높은 수준이었다고 한다. 2013년 경찰관 건강질병 연구 보고서에 따르면 경찰관 설문응답자 중 41.35%가 외상후스트레스 고위험군으로 현장 근무자의 발병 위험은 2배 정도 높은 것으로 나타났다. 현장 직원들은 각종 격무에 시달리고 충격적인 상황에 쉽게 노출된다. 특히 과학수사나 교통사고조사에서 근무하는 경찰관들은 현장의 잔인하고 끔찍한 장면을 직접 보고 기록해야 하며, 지구대·파출소 근무자들은 112신고를 받고 출동하여 욕설과 위험이 난무한 현장을 수습하고, 형사들은 변사사건을 처리하면서 유가족 등을 면담하기도 한다. 이런 모든 경찰 활동 자체가 보람 있는 일이기도 하지만 동시에 경찰관에게는 트라우마를 유발할 수 있는 환경인 것이다. 또한 그들도 때로는 힘들고 마음속에 괴로움을 느낄 수 있다. 그러나 직장에서도 가정에서도 그들은 아무렇지도 않은 듯 아무런 일도 없었다는 듯이 태연히 행동한다. 왜냐하면 그들은 직업 경찰관이기 때문에 그러한 고통이 당연하다고 생각한 것일지도 모르겠다.

<연도별·원인별 순직 경찰관 발생 현황 (단위: 명)>

구 분	총계	2014	2015	2016	2017
	64	17	16	18	13
피습부상	3	1	1	1	0
피습부상	12	3	4	5	0
안전사고	3	0	1	1	1
질 병	40	10	10	9	11
기 타	6	3	0	2	1

<연도별 자살 경찰관 발생 현황(단위: 명)>

총 계	2014	2015	2016	2017
87	21	18	26	22

여기서 우리나라의 법에 대한 인식을 조금 논의해보고자 한다.

우리나라는 한문 法 자를 해석하면서 물이 높은 곳에서 낮은 곳으로 흘러가는 것처럼 규칙이 있는 것처럼 법을 인식한다. 그러나 우리가 쓰는 法 자는 약자로 쓰는 것이다. 이것의 원형 한자에서 삼수변(氵)은 '물'을, 해치치변(廌)은 '해치(해태)'를, 하단의 거변(去)은 '없애다'의 뜻이다. 즉 선악을 가릴 줄 아는 해태가 뿔로 들이박은 사람을 강물에 띄워 흘려보낸다는 의미가 간자로 쓰이면서 뜻이 변질되어 인식되게 된 것이다. 한편 불어의 법을 나타내는 말은 'Droit'다. 다른 말로는 오른쪽이라는 뜻도 있고 직선이라는 뜻도 있다. 규칙을 나타내는 'Regle'이라는 것도 거리를 재는 자라는 뜻도 있고 여성들의 생리를 뜻하기도 한다. 즉 '법'이라는 것은 우리가 생각하는 것만큼 인간적인 정이 있는 것이 아니라는 것이다. 그럼에도 불구하고 우리의 인식구조는 법대로 하는 사람을 비정한 사람이라고 칭하며 좋지 않게 인식하는 경향이 있다. 잘못된 법인식이 아닌가 싶다. 이러한 현상의 이면에서는 법에 대한 전통적인 인식이 한몫했겠지만 가깝게는 일제강점 그리고 군사정권에서 그 기원을 찾을 수 있을 것 같다.

일제는 침략을 위해 조선을 합방하면서 타민족을 지배하는 것이기 때문에 나름 체계를 갖추려 노력한 흔적이 사료 속에서 엿보인다. 그 일환으로 조선형사령과 경찰범처벌규칙을 만들어 형식적으로 법률에 근거해서 규율하고 체형도 가하는 형식을 취하였다. 오늘날의 경범죄처벌법과 일부 유사한 경찰범처벌규칙을 보면 '일정한 주거 또는 생업 없이 배회하거나 함부로 다중이 취합하여 관공서에 청원 또는 진정을 한 자', '이유 없이 관공서의 소환에 불응한 자', '경찰관서의 지시 또는 명령에 위반한 자' 등에 대하여 3개월 이하의 징역 또는 금고, 구류, 백 원 이하의 벌금 또는 과료에 처하고 경찰서장은 이들에 대하여 즉결권을 행사하였으며, 일정한 주소가 없거나 무자력인 경우 등 정상을 참작하여 태형에 처할 수 있었다. 당시 태형은 엉덩이를 때리며 1일 30대 이하를 집행하였고 조선인에게만 적용되었다.

이와 같이 일제는 때리는 태형의 부위와 숫자 그리고 태형의 크기와 방법까지 구체적으로 규정하였는데, 이러한 제도하에 식민시대 무소불위의 경찰 권한은 수많은 독립투사를 가두고 고문하고 괴롭히는 데 악용되었다. 우리 할머니들은 아이가 울면 순사가 온다고 했다. 호환 마마[227]보다 더 무서운 순사! 그 이미지는 우리의 부모들에게도 그대로 박혀있다. 해방이 되고, 1948년 8월 15일 정부가 수립되었다. 군이 정비되기 전까지 건국을 위한 치안과 질서유지는 오직 경찰의 몫이었다. 당시의 파업 관련 검거인원이 12만 명, 통신 기관에 대한 파괴와 방화 1,000여건, 제주 4.3 사건,[228] 여수·순천 사건[229] 등으로 경찰관 400여 명이 사망하고 민간인도 다수 사상될 정도로 정국은 어수선했다. 경찰의 순사 이미지는 벗겨지지 않았다. 이승만 정권 시절에도 경찰을 동원해서

---

227) 호환은 '호랑이'를, 마마는 '천연두'를 의미한다.

3.15 부정 선거[230]를 자행하였다. 3.15 부정선거는 경찰 이미지에 엄청난 타격을 주었다. 4.19 혁명 이후 민주당 정부는 반민주행위자공민권제한법을 만들었다. 이에 따라 '사찰계(정보)경찰, 분실장, 사찰계장, 사찰주임, 경찰서장'은 7년간 선거권과 피선거권이 제한되었고, 경찰관 4,520명이 면직되고, 사찰경찰 경위급 이상의 90%가 면직되었다. 4.19 이후 경찰예산이 필요가액의 1/3 정도로 삭감되자, 경찰서에 배치된 경찰관들은 소위 '국물'이 많다고 소문난 파출소로 가겠다고 발버둥 치고 있다는 표현까지 나왔다.

당시 민주당 정권은 이승만의 경찰에 대한 정치적 악용을 개선하고자 외국인까지 참여하는 기구를 만들어 경찰의 중립화를 위한 노력을 하게 된다. 여기서 경찰 관리기구의 문제(위원회 관리 형식), 경찰의 주체 문제(국가경찰과 자치경찰), 경찰관의 학력 문제(순경 경사는 고졸, 경위·경감은 대졸, 총경 이상은 고시 합격자), 범죄수사 주체의 문제 등에 대하여 많은 대안을 도출했음에도 당시 민주당은 여당이 되자 이 문제에 대하여 소극적인 태도를 보여 결국 무산되게 되었고 1961년 5.16 군사정변[231]으로 경찰은 긴 나락으로 빠지게 된다. 박정희는 띠동갑이었던 친형

---

228) 1947년 3월 1일을 기점으로 1948년 4월 발생한 소요사태 및 1954년 9월 2일까지 제주도에서 발생한 무력 충돌과 그 진압 과정에서 많은 주민들이 희생된 사건을 말한다. 2001년 1월 12일 제주 4.3사건의 진상을 규명하고, 이 사건과 관련된 희생자와 유족의 명예를 회복시켜주기 위해 '제주 4.3사건 진상규명 및 희생자 명예회복에 관한 특별법'이 제정되었다.
229) 1948년 전라남도 여수에 주둔하던 군부대의 군인들이 제주 4.3사건 진압을 거부하며 일으킨 반란 사건이다. 8.15 광복 이후 좌익과 우익이 대립하는 어지러운 정치 상황에서 많은 사람들이 죽거나 다친 비극적인 사건이었다.
230) 1940년 3월 15일 실시된 정·부통령선거에서 이승만이 부정과 폭력으로 재집권을 시도하다가 4.19 혁명과 이승만 정권의 붕괴를 야기한 사건이다.

박상희를 가장 잘 따랐고 존경했다고 한다. 박상희는 잦은 독립운동으로 일본 순사에게 끌려가는 일이 많았으며 그것은 박정희가 군인이 되려고 결심한 계기가 되었다고 한다. 1946년 대구 10.1 사건[232]이 발생하였고 10월 6일 박상희는 군중의 선두에서 구미경찰서를 공격하고, 경찰관과 우익인사들을 감금하는 등 활동을 하다가 경찰이 발포한 총에 맞고 사망하게 된다. 박정희는 5.16 이후에 자신을 호위할 경호실을 군인으로 개편하고, 군사정부의 최고의결 기구인 국가재건최고회의 소속으로 정보기관이자 수사기관인 중앙정보부를 설치하고 김종필을 초대 부장으로 앉힌다. 중앙정보부는 검찰의 지휘를 받지 않고 오히려 검찰을 지휘·관리하도록 하고, 중앙정보부 업무수행에 필요한 협조와 지원을 전 국가기관이 해주도록 했다. 몇 년 후 수사 시에는 검사의 지휘를 받도록 하긴 했지만 중앙정보부의 위력을 엿볼 수 있는 대목이다.

경찰기구는 1945년부터 1948년까지 경무부를 유지하지만 정부 수립과 함께 내무부 치안국으로 축소된다. 당시 기구 축소의 근거를 살펴보면 경찰관의 횡포를 막으려면 자질향상과 근무조건 향상의 방법보다는 예산과 인원, 기구 축소를 통해 묶어 놓음으로써 가능하다고 생각했다.

---

231) 1961년 5월 16일에 육군 소장 박정희가 주동이 되어 육군사관학교 8기생 출신의 일부 군인들이 제2공화국의 장면 정부를 강압적으로 무너뜨리고 정권을 잡은 군사정변이다.
232) 1946년 10월 1일 미군정 때 대구에서 발발하여 이후 남한 전역으로 확산된 일련의 운동을 지칭한다. 2010년 3월 대한민국 진실화해위원회는 '대구 10월 사건 관련 진실규명결정서'에서 해당 사건을 "식량난이 심각한 상태에서 미군정이 친일관리를 고용하고 토지개혁을 지연하며 식량 공출 정책을 강압적으로 시행하자 불만을 가진 민간인과 일부 좌익 세력이 경찰과 행정당국에 맞서 발생한 사건"이라고 규정하였다.

이러한 사고는 박정희 정권 때 더욱 가속화되었다. 3.15 부정선거와 5.16 군사정변을 거치면서 경찰기구뿐만 아니라 기능도 축소하게 되었다. 경호와 정보기능도 축소와 통제를 받으면서 제한적인 기능행사의 길을 걷게 된다. 여기서 약간의 변화를 겪게 되는데 이는 1974년 8월 15일 육영수 여사 저격 사건[233]에서 발단되었다. 당시 8.15 행사는 장충체육관에서 열렸는데 경호실에서 전권을 행사하고 서울중부경찰서에서는 별다른 조치를 할 수 없었음에도 서장을 포함하여 2명이 구속되고 2명 면직 26명이 파면되었다. 이 일이 있고 난 이후로 경찰에게도 힘을 실어주어야 한다는 생각으로 쓰리스타 출신인 박현식 중장을 치안국장에 앉히다 보니 육군 중장보다 직급이 낮은 곳으로 가게 되는 기현상이 발생하게 되어 치안본부로 기구를 격상하게 된다. 이후의 경찰 사료를 찾아

<경찰대학과 경찰간부후보생 제도>

	·1947년 우리나라 최초의 경찰간부 양성제도 ·공개경쟁선발 후 1년의 교육과정을 거쳐 초급간부(경위)로 임관(약 50명) ·2019년부터 경찰대학에서 선발 및 교육과정을 운영하는 것으로 변경됨
	·1981년 제1기생 입학을 시작으로 한 정규대학으로 4년간의 교육과정을 거쳐 초급간부(경위)로 임관(약 100명) ·2017. 5월 치안대학원 개원

<hr>

233) 1974년 8월 15일 광복절 기념식장에서 재일 한국인 문세광이 박정희 대통령의 영부인 육영수를 저격하여 살해한 사건이다.

보면 이렇다 할 자료도 별로 없고 자료의 질도 좋지 않다.

당시 경찰에서 유일하게 간부로 진입할 수 있는 길은 간부후보생뿐이었고 80년대 들어서 간혹 고시 출신이 들어오곤 했다. 대부분 간부후보생 출신이 수뇌부를 독차지하고 있었는데 당시 경찰 수뇌부의 고민은 간부후보생의 수준이 너무 떨어진다는 것이었다. 당시 이들은 부평 경찰종합학교에서 1년간 50명이 교육을 받는데 고졸 출신이 대부분이었다.

타 부처와 비교해도 학력 수준이 떨어지긴 마찬가지였고, 상당수의 경찰 간부들이 학력 콤플렉스를 벗어나기 위해 야간대학이나 방통대를 다니면서 대학 졸업장을 취득하기도 하였다. 이러한 연유로 한동안 경찰 간부 중에 방통대 출신이 가장 많기도 하였다. 이들을 무엇이라고 할 순 없지만 전체적인 수준에 있어서 문제가 있다는 경찰 수뇌부의 판단에 따라 특단의 조치로 만들어진 것이 1981년 경찰대학이다. 경찰자질의 문제, 경찰은 무식한 집단이라는 경찰관들의 한을 풀어주기 위한 것이 첫 번째 목적이었다. 그다음으로 수사권 독립이라는 목적이 부가된 것이었다. 당시 학장이나 교수부장, 그리고 전직 청장들은 2000년이면 경찰이 수사권을 독립해서 일본과 같은 대열에 있을 것이라고 예상했다. 그런 예상은 보기 좋게 빗나갔다. 2000년 경찰청장을 역임한 사람은 경찰 사에 전무후무하게 남을 이무영 청장이었다. 그는 김대중 정부에게 신임을 얻었고 경찰 내부의 신망도 두터웠다. 취임사 중 하나는 "경찰관의 눈에 핏발을 가시게 하겠다."였다. 경찰관의 2교대 근무를 3교대 근무로 전환시켰는데 당시에는 엄청난 변화이고 개혁이었다.

　　당시 이 청장은 경찰대학 동문회 등의 내부적인 동력을 이용하여 수사권 독립[234]을 시도하면서 집단적인 움직임을 취해 정권에 부담을 주게 되자 청와대 박지원 비서실장이 논의 중단 지시를 내리면서 수사권 독립 시도는 막을 내리게 된다. 그때부터 떠오르기 시작한 인물이 황운하다.

<지구대 경찰관의 야간 순찰>

경찰 인력은 약 70%가 교대로 야간근무를 수행하고 있다. 교대 근무는 수면장애나 뇌 심혈관·소화기관 질환 등을 유발하는 것으로 알려졌으며, 이에 따라 경찰청은 2015년부터 야간 교대 근무자를 상대로 특수건강검진을 실시하고 있다.

---

234) 경찰청에서는 최초 수사권 독립은 검찰의 수사 지휘에서 벗어나 수사 결과 불기소로 판단되면 이제는 그 사건을 검찰에 송치하지 않고 바로 수사를 종결하겠다는 의미가 강했다. 그러나 현재 논의되고 있는 수사권 조정(또는 수사구조개혁)은 수사종결권 뿐만 아니라 검사작성 피의자신문조서의 증거능력, 영장청구권의 주체, 압수물처분 등 수사구조 전반에 있어 문제를 조정하겠다는 의미로 확장되었다.

그러나 당시의 수사권 논쟁에 대한 논리적인 준비는 빈약했던 것 같다. 오래전부터 내려오던 막연한 논리를 가지고 집단적인 힘과 정치권, 즉 청와대의 힘만 있으면 된다고 생각한 것이다. 순진했고 준비가 부족했던 것으로 보인다. 이러한 점은 필자가 2000년 프랑스에서 프랑스 제도를 공부하고 돌아와 2004년에 경찰청 혁신단 수사제도 개선팀 계장으로 들어가 본 뒤에 느낀 것이다. 필자로서는 당시 자료수준을 보았을 때 엄청난 논리를 가지고 있다고 호언장담한 청장들이 무슨 생각을 하고 있었는지 묻지 않을 수 없고, 결국 입법으로 해결할 수밖에 없는 상황임에도 입법 환경인 행안위[235]나 법사위[236]를 둘러싸고 있는 검사 출신들로 인해 애초에 수사권 독립은 불가능한 것이었음에도 내부 정치에 활용하기 위한 목적이 아니었나 하는 생각이 든다.

이러한 수사권 논의에 대한 경찰청의 논리 부족이 채워지고 보강된 것은 필자도 참여한 2004년도에 발간된 비교수사제도론이 바탕이 되었다. 이 작업에는 프랑스·독일·영국·미국·일본의 수사제도에 대하여 각국에서 공부한 사람들이 참여하였고, 참여자 중에는 현 표창원 의원, 임준태 동국대 교수, 이동희 경찰대 교수 등이 있다. 이로써 검찰의 논리가 한풀 꺾이기 시작했고 위협을 느낀 검찰은 해외파견 검사연수 기간을

---

235) '행안위'는 행정안전위원회의 준말, 행정안전부 소관에 속하는 사항, 중앙선거관리위원회 사무에 관한 사항 및 지방자치단체에 관한 사항에 속하는 의안과 청원 등의 심사, 기타 법률에서 정하는 직무를 행하는 국회의 상임위원회이다.
236) '법사위'는 법제사법위원회의 준말, 법제 사법에 관한 사항을 심의하는 국회의 상임위원회이다.

현재의 1년에서 2년으로 늘리고 논리보강에 분주했다고 한다. 그럼에도 각국에서 5~6년씩 머물다가 귀국한 박사급 인재들의 추가적인 논리 보강을 통해 검사와의 논리 전쟁은 이미 경찰의 승리로 끝난 것 같다. 다만 경찰의 입징에서 '징치적인 힘을 움식일 수 있느냐'와 '어느 정도의 범위로 수사권을 인정할 것인가'의 문제는 여전히 남아있고 현재 국회 사법개혁특별위원회에서 논의를 진행 중에 있다. 여기에 한 가지 더 추가 논의 중인 것은 자치경찰을 수사권과 어떻게 연계하여 추진할 것인가의 문제로 검찰과 법무부는 이 둘을 연계하되 실효적 자치경찰제가 되어야 한다는 입장이고 청와대와 경찰은 별개이나 연내 시범 실시와 2022년 전국 실시한다는 방침이다. 그러나 검찰과 법무부의 반대, 야당의 반대에 부딪혀 수사권의 진척이 없을 경우 현 정부로서도 부담스러워 어떤 형태로든 진척을 위한 타협과 조정이 이루어지지 않을까 기대해본다.

수사구조개혁도 결국은 '인권'이라는 가치를 지향하기 위한 방법론에 불과하다. 그리고 인권은 인권을 지키려는 의지보다 '견제와 균형'이라는 제도를 통해서 나오는 반사적 효과라는 역사적 사실을 기억해야 할 것이다. 경찰도 중립성을 확보해야 한다. 정치권에 휘둘려서는 안 된다. 3.15 부정선거 이후 정권을 잡은 민주당 정부가 경찰개혁의 절호의 기회를 놓친 후 80여 년 만에 찾아온 국운의 기회가 경찰뿐만 아니라 검찰, 법원, 모든 공직사회와 한국사회 곳곳에서 제자리 잡기를 기대한다. 마음을 비우지 않으면 개혁은 없다. 야당일 때 개혁을 이야기하다가 정작 정권을 잡으면 딴소리하는 정치 세력이 되어서는 나라의 장래가 없다.

여야 정치 세력 모두 국익과 인권을 위해 마음을 비우고, 국민도 공직사회가 올바르게 갈 수 있도록 감시하고 목소리를 내야 한다.

경찰 역사를 통해 경찰의 법 집행력 수준을 살펴보면 일제 순사의 권위, 3.15 부정선거 당시 경찰의 권위, 군사정권의 권위는 법이 없어도 질서유지가 가능했다. 질서를 유지하면서 법률의 권위보다는 경찰 자체의 위협적[237] 권위가 작동했던 것이다. 그러나 노태우 정권과 김영삼 정권을 지나면서 법치주의가 중요해지고 2000년대를 지나면서 법치주의는 더욱 엄격해지고 이제는 법률에 경찰이 갇힌 형국이다. 다시 말하면 법률이 과거의 위협적 권위를 합리적 권위로 환원시켜서 경찰이 권한을 행사할 수 있도록 해야 하는데 세밀한 법률의 제·개정이 수반되지 않고, 1950년대에 제정된 엉성한 법률[238]을 근거로 경찰권을 발동하려다 보니 현장 경찰관은 국민이 원하는 수준의 경찰권을 행사할 수 없게 되었다. 현장 경찰관이 경찰권을 발동할 법적 근거가 없거나 미약하다는 것이다.

이로 인해 경찰관이 민·형사 소송을 당하는 경우 담당 경찰관의 고충과 애로는 이만저만이 아니다. 통상 공무원의 직무상 행한 행위에 대한 소송에서 국가를 상대로 소송을 진행하는 것이 일반적이지만 국가나 공무원 개인을 선택할 수 있기 때문에 피해자는 소송 전략적으로 공무원

---

237) 위하력이란 위협을 통해 범죄를 예방하는 힘을 말하는 개념으로 형사법 분야에서는 널리 쓰이는 용어이나 이해를 돕기 위해 '위협적'이라는 일반적인 용어를 사용하였다.
238) 경찰작용의 근간이 되는 '경찰관직무집행법'은 1953년 제정되어 현재까지 약 20여 차례 개정되었다.

개인을 대상으로 하여 먼저 제기하는 경우가 늘고 있다. 이럴 경우 해당 공무원은 자기가 오롯이 소송에 대응해야 한다. 답변서를 만들고 법원을 가야하고, 심지어는 변호사도 사야 한다. 지금은 경찰청에서 변호사를 채용해서 소송지원을 하거나 법률보험을 통해 지원을 하지만 아직노 살 길은 멀다. 경찰청이 채용한 변호사가 경찰관 보호에 어느 정도 기여할지는 아직까지 미지수이고, 법률보험의 단가가 낮아 성공적인 소송수행을 기대하기 어렵기 때문이다. 만일 김&장 변호사를 경찰관이 사서 도움을 받는다면 그리 쉽게 경찰관이나 국가가 손해배상을 물거나 형사상 과실이 인정되는 경우가 생겨날까?[239] 전향적으로 경찰관이 매월 1만 원씩 거출하면 매월 10억 원인데 이것을 김&장이나 대형 로펌에 주고 여기서 경찰관 소송수행을 전담하는 체제가 된다면 더 효과적인 소송수행과 법적인 방어, 법적 질서를 잡을 수 있지 않을까 싶다. 국가가 경찰을 보호해주기에 한계가 있기 때문에 경찰관 스스로 자구책을 강구해야 하는 현실이 안타깝기 그지없다.

오늘날 공권력 무력화의 원인은 정당한 권위 즉 법률의 공백이 초래한 것이다. 경찰청에서 매번 경찰 대응이 소극적이라고 질타 받으면 바로 공권력 확립 대책이 나오지만 매번 정답은 없고 비슷한 레퍼토리를 반복하고 장기적으로 외국사례와 법 개정을 검토하겠다고 한다. 자세히

---

239) 경찰 내부에는 직원 간에 기금 모금(상조회 성격)을 통해 마련된 '경찰 소송지원단'이 존재하지만 이는 내부 직원의 월급으로 모아 만든 것으로 엄밀히 말하면 국가 차원의 지원이라고 할 수 없다.

들여다보면 알맹이가 없다. 관련 대책을 읽는 본청 실무자들도 내용이 머릿속에 잘 안 들어오는데 일선 경찰관들에게 들어올 리 만무하다. 경찰의 무기력한 모습은 잠시 주춤했다가 다시 이어질 것이다. 여론의 질타를 받을 당시에는 다들 정신 바짝 차렸다가는 금세 원복해서 소극적인 대응으로 이어진다. 법적인 뒷받침과 분쟁 시 적극적인 지원책이 존재하지 않는 한 공염불에 불과하다. 경찰관도 생계가 있고, 책임질 가족이 있기 때문에 무조건적인 희생을 기대할 수 없다. 제도적인 차원에서 지원할 수 있는 든든한 기반이 마련되어야 할 것이다.

23. 경찰 시대 변화에 맞게 성장하다: 경찰에 대한 인식의 변화

　1980년대 민주화를 위한 시위가 한창이고 고도성장기일 때 경찰이란 직업은 선호의 대상이 아니었다. 1980년대 말과 90년대 초반 순경으로 들어오는 사람들은 대개가 고졸 출신이었고 더러 중졸 출신도 있었다. 간혹 대졸 출신이 그것도 4년제 대학 출신이 순경으로 들어오면 그 자체가 뉴스거리가 되는 시대였다. 그만큼 일자리도 많았지만 배울 것 다 배우고 머리가 큰 상태에서 경찰을 선택하는 경우는 많지 않았다. 간부를 양성하는 간부후보생의 경우도 마찬가지였다. 대학 졸업하고 나면 머리도 다 크고 관련 정보도 아는 상태에서 열악한 처우와 사람들의 차가운 시선, 그리고 같은 능력이라면 국정원이나 검찰 서기나 법원 서기로 가면 더 나은 대접을 받는데 굳이 경찰을 택할 이유는 없었을 것이다. 이러한 이유로 우수한 자원이 경찰을 선택하는 경우는 많지 않았다. 그나마 경찰대학이 설치되면서 경찰에 대한 인적 자질 논란은 줄어들었다.

　그러던 중 IMF와 2008년 세계 금융위기 여파로 고용구조의 '정규직과 비정규직'으로의 재편은 직업 경찰관의 이미지에도 상당한 영향을 미쳤다. 대기업의 대규모 상시 해고를 목격한 젊은 층들의 직업 선호도 1위를 차지한 것은 대기업도 전문직업도 아닌 공무원이었다. 흔히 '공무원' 하면 의미하는 일반 행정공무원의 채용 경쟁률은 보통 100대1을 훌쩍 넘는다.

경찰도 일반 행정공무원처럼 선망의 대상은 아니었지만 공무원의 큰 범주에 들어가는 덕에 1년에 적게는 3,000여 명 많게는 4,000여 명을 선발함에도 높은 경쟁률[240]을 보이고 있다. 개인별 차이가 있겠지만 보통 합격하기 위해 평균 2~3년의 수험기간을 거친다고 한다. 이러한 여파로 인해 '경시생(경찰 시험 수험생)', '경사모(경찰을 사랑하는 모임)' 등 다양한 신조어까지 생겨났다고 하니 경찰공무원의 인기가 예전과 다른 것은 확실해 보인다. 또한 전국 200여 개 대학에 경찰행정학과가 신설되어 있고 지방에 소재한 대학에서는 경찰행정학과가 인기가 많다고 한다. 왜냐하면 매년 경찰공무원을 뽑는 규모가 커서 경찰행정학과 졸업 후 곧바로 직업으로 이어지는 데에도 유리하기 때문이다. 그래서 그런지 요즘 들어오는 순경들은 체격도 좋고, 자신감도 있고 얼굴 색깔도 과거와는 사뭇 다른 모습이다.

수사권 조정도 경찰에 대한 인식개선에 커다란 영향을 미쳤다. 5년마다 반복되는 대선에서 수사권 조정은 단골 메뉴다. 왜냐하면 개혁적인 요소와 경찰 가족과 경우회를 포함하는 엄청난 표심을 자극할 수 있기 때문이다. 후보자들은 선거전에서는 경찰에게 유리한 입장을 보이다가도 정작 정권을 잡으면 현상 유지 내지는 검찰 편향으로 넘어가곤 했다. 유일하게 그렇지 않은 정부가 노무현 정부였지만 의지만 있었지 힘이

---

240) 일반 공채의 경우 매해 지역과 선발인원에 따라 차이가 크나 보통 남경은 20~30:1, 여경은 50~100:1의 경쟁률을 기록한다. 다만 최근 여경 선발을 확대함에 따라 여경 경쟁률이 하향 추세다.

없었다. 이번 문재인 정부에서는 어느 정부보다도 강한 의지를 가지고 정부안을 성안 시켜 총리가 발표한 이후 패스트트랙으로 지정되어 논의 중이다. 어떻든 이러한 변화과정은 언론을 통해 자주 보도되면서 경찰의 위상이 올라가는 부수적 효과도 얻고 있는 것이다.

또 하나 언급하고 싶은 것은 스마트폰의 등장과 같은 과학기술의 발전이다. 이제는 하고자 한다면 모든 것이 실시간으로 이미지와 음성이 함께 녹화될 수 있고 전파되는 시대가 되었다. 곳곳에 CCTV가 있고 거의 모든 차량(2018년도 등록 대수 2,320만 대)에 달려있는 블랙박스가 수사의 단서와 증거를 제공하고 있고, 핸드폰 사용내역과 GPS를 통한 위치정보, 계좌정보, 거짓말 탐지기, DNA, 디지털 증거 등으로 과거와 같이 사람의 입만 쳐다보는 수사의 수준을 넘어섰다. 이제 경찰도 검사도 판사도 재량적으로 판단할 수 있는 영역이 줄어들게 되었다. 쉬운 말로 장난을 칠 수 없게 된 것이다. 이러한 수사 환경의 변화로 초기 단계에서 대부분 판가름이 나게 되었다. 때문에 힘의 무게 중심이 초기에 개입하는 경찰에게 이동하는 것은 자연스러운 것이며, 수사권 조정에도 영향을 미치게 되는 것이다.

그러나 경찰이 성장하고 발전할 수 있었던 근본적인 원동력은 아이러니하게도 경찰의 무력감에서 찾아야 할 것 같다. 일제 경찰, 3.15 부정선거의 경찰은 힘의 상징이었다. 이러한 경찰이 박정희 군사정변을 겪으면서 권한의 축소와 위축이 가속화되면서 경찰은 검찰이나 국정원,

군, 경호실의 하수인으로 전락했다. 그 와중에 경찰 수뇌부는 경찰의 인재확보에 노력했으나 인재가 들어온다고 경찰이 바로 성장하는 것은 아니었다. 경찰이 정권이익에 다가갈수록 국민들은 등을 돌렸고, 이를 최근에서야 알게 되었다. 그게 2000년이 넘어서의 일이다. 이러한 경찰의 자각은 국민의 신뢰를 얻기 위한 노력으로 이어져 치안 현장과 경찰의 심장부인 경찰청까지 합심하게 되었다. 일선에서는 주민들의 호응을 얻기 위해 치안 시책을 설명하고 이해를 구했다. 본청은 환경설계에 의한 범죄예방, 여성·청소년 범죄에 대한 대응조직 구축, 사이버 범죄에 대한 대응 역량 강화 등 각종 제도가 새로이 정착되도록 하기 위해 미국 등 해외 치안 자료 수집과 현장경험을 토대로 상세한 매뉴얼을 만들고 점검을 통해 경찰의 대응 능력을 높였다. 무엇보다 과학수사와 프로파일러, 사이버 범죄 등의 분야에서 전문성을 높이려는 노력으로 과거와는 다른 경찰로 변화하고 있고, 최근에 과학 치안과 치안 한류 등으로 그 결실이 나오고 있는 것이다.

다음으로는 언론과 정치권의 비판이다. 때로는 경찰을 가혹하리만큼 비난하는 것이 우리나라 언론의 모습이었다. 심지어 언론이 경찰을 비난하는 것은 '그들의 문화다'라는 말도 있다. 그러나 그러한 언론의 비판에 경찰이 안주하거나 좌절하지 않고 끊임없이 개선하고 노력한 결과 치안 현장은 더욱더 촘촘해지고 법령과 제도, 장비 등이 보강되는 등 적지 않은 성과를 가져왔다. 이러한 언론의 지적이나 질타에 국회 등 정치권에서도 적극적인 관심을 보여 매년 다른 분야의 예산은 제자리이거나 감축되는 데 반해 경찰예산은 해마다 증가추세에 있는 점도 고무적인 현상이다.

나음으로 소식 내의 과도한 경쟁이 경찰의 성장에 많은 기여를 했다고 본다. 솔직히 경찰의 인적 자질이 다른 부처에 비해 좋은 편은 아니었다. 그러나 조직 내에서의 과도한 경쟁으로 인해 매일 매일 전쟁 같은 상황에서 일을 하다 보니 업무의 완성도나 속도감에 있어 다른 부처보다 월등히 뛰어나다 할 수 있다. 경찰이 만든 보고서를 보면 다른 부처에서 만드는 것과 많은 차이를 느낄 수 있다. 타 부처는 정책부서에만 근무하지만, 경찰은 정책과 현장을 두루 경험하다 보니 넓은 정책적 시야를 갖게 되고 실현 가능하며 구체적인 대안을 준비하는 능력을 갖추게 되었다.

다음으로 조직 내 우수인력의 지속적인 충원이 있었다. 현재 경찰 직업 시작 경로는 경찰대학, 간부후보생, 변호사시험 출신, 공인회계사, 컴퓨터 및 사이버 전문가, 세무 전문가, 심리전문가, 외국어 전문인력 특채 등 다양한 전문가 그룹을 선발함으로 인해 조직 내 전문성과 역량을 세계적인 수준으로 끌어올리고 있다. 이러한 노력으로 국제적인 교류도 활성화되고 있고 인터폴이나 세계 각국과의 협조를 통한 국제범죄에도 적극적으로 대응하고 있다. 그리고 각종 국제대회 시 운영하는 국제 경찰협력센터를 통해 한국과 한국 경찰의 우수성을 알고 보다 적극적인 협력을 해오는 경우도 적지 않다.

<2019년 경찰간부후보생(경위) 선발시험 경쟁률>

구분	계	분야			
		일반		세무회계	사이버
모집인원(명)	50	남	여		
응시인원(명)	1,580				
경쟁률	32:1	35	5	5	5
		1,099	261	131	89
		31:1	52:1	26:1	18:1

<2020년 경찰대학 신입생 입학전형 경쟁률>

구분	총계	일반전형			특별전형							
		소계	남	여	계	농어촌학생			한마음무궁화			
						소계	남	여	소계	남	여	
모집정원(명)	100	90	80	10	10	5	4	1	5	4	1	
응시인원(명)	4,745	4,532	2,965	1,567	213	115	79	36	98	63	35	
경쟁률	47.5:1	50.3:1	37:1	156.7:1	21.3:1	23:1	19.7:1	36:1	19.6:1	15.7:1	35:1	

<2019년 제1차 경찰공무원(순경) 채용시험 경쟁률>

구분		계	서울	부산	대구	인천	광주	대전	울산	경기남부	경기북부	강원	충북	충남	전북	전남	경북	경남	제주
일반(男)	채용	1,041	230	30	14	28	8	15	60	244	109	24	33	77	12	13	20	68	56
	응시	33,498	7,166	1,881	1,534	1,227	923	883	1,350	6,664	2,579	773	781	1,792	787	744	1,233	2,540	641
	경쟁	32.1:1	31:1	62:1	109:1	43:1	115:1	58:1	22:1	27:1	23:1	32:1	23:1	23:1	65:1	57:1	61:1	37:1	11:1
일반(女)	채용	396	82	11	5	11	4	7	22	89	42	15	12	29	5	8	7	25	22
	응시	13,569	2,989	847	712	496	470	435	519	2,195	1,108	292	367	694	362	376	435	981	291
	경쟁	34.2:1	36:1	77:1	142:1	45:1	117:1	62:1	23:1	24:1	26:1	19:1	30:1	23:1	72:1	47:1	62:1	39:1	13:1

※ 각 표는 '사이버경찰청 인터넷원서접수' 및 '경찰대학' 홈페이지 공지사항에 의함.

마지막으로 경찰조직의 깨끗함이 자리하고 있다. 정부조직 중에서 검찰과 대립각을 세우는 조직은 경찰밖에 없다. 그 힘은 깨끗하다는 자부심에서 출발한다. 최근 버닝썬 사건으로 다소 퇴색되기는 하였지만 그래도 경찰은 깨끗하다는 것을 자부할 수 있다. 이러한 깨끗함이라는 바탕 하에 공정성을 담보할 수 있는 수사권 조정을 요구하는 힘이 생겨난 것이다. 경찰이 깨끗하지 못한 조직이었다면 검찰이 가만히 있을 리 없다. 그리고 깨끗하지 못하면 검찰과 감히 대립각을 세울 생각조차도 하지 못할 것이다. 깨끗함과 공정함, 그리고 인권이 보장되는 사회로 나아가기를 기대한다.

한국 경찰은 해방 이후 긴 시간 동안 어두운 터널을 지나왔다. 이제 긴 어둠에서 벗어나 국민과 함께 호흡하며 국민의 경찰로 거듭나는 시기로 진입하고 있다. 우수 인적 자원의 유입, 수사 환경의 변화, 제도의 개선 등을 통해 제2의 도약을 할 시기다.

24. 핵심 개념을 알아야 전략이 나온다: 경찰 개념과 경찰권 배분

필자가 오산서장으로 취임하던 날 취임식 직전에 경찰서 협력단체장과의 티타임이 있었다. 이 자리에서 필자를 소개하면서 "경찰 생활 31년이 되는데 최근에서야 경찰이 무엇인지를 알게 되었다."라는 이야기를 한 적이 있다. 어떤 분은 겸손한 모습이 보기 좋았다고 했고 어떤 분은 사석에서 그게 무슨 뜻이냐고 묻기도 했다. 내 전생에 무슨 인연이 있어 경찰을 하고 있는지는 몰라도 경찰과 인연을 맺은 것이 경찰대학까지 합치면 35년이 다 되어 가고 있다. '경찰은 나에게 무엇이었나?', '경찰이 무엇인지는 제대로 알고는 있는가?'가 최근에 더욱 절실하게 와 닿았고 차분하게 정리해서 내부의 후배들뿐만 아니라 일반 시민이나 경찰관이 되고자 하는 사람들에게도 경찰에 대한 이해를 돕고 경찰관을 제대로 바라봐 주었으면 하는 바람이 생겼다.

경찰 하면 떠오르는 것이 강력계 형사, 교통경찰, 지구대 순찰차다. 이것이 경찰의 중요한 기능임에는 틀림없지만 경찰의 영역과 깊이는 생각보다 넓고 크다. 그 세계로 들어가 보려고 한다. 세세한 것을 다 볼 수는 없지만 큰 틀을 보면 많은 이해가 될 수 있을 것이다.

경찰이라는 이름표를 달고 있지 않지만 경찰 기능을 수행하는 기관은 많다. 이것을 실질적 의미의 경찰이라고 한다. 이것을 먼저 이해한 후에 경찰 명찰을 단 경찰, 즉 형식적 의미의 경찰은 무엇을 하는지 알아보는 게 순서일 것이다.

모든 소식제는 생손과 번영이라는 목표를 가지고 있다. 국가의 경우에도 발전을 위한 기능은 주로 경제나 행정에서 담당하고, 생존과 유지에 관련된 사항은 경찰이 담당한다. 여기서 경찰의 개념은 실질적 의미[241]를 말하는 것으로 위험 방지업무를 수행하는 기관은 다 포함된다. 소나 돼지가 겨울에 감기 들리는 구제역 방역의 경우에 이동을 통제하거나 제한할 때에도, 비가 오거나 해빙기가 되어 도로 주변에 바위나 낙석이 떨어질 우려가 있어 교통을 통제하거나, 식품이 상해서 식중독이 발병하는 경우 식품을 수거하고 폐기처분 등을 하는 경우도 다 실질적 의미의 경찰 개념에 포함되는 것이다.

그런데 이러한 실질적 경찰 개념은 상당히 포괄적이고 전문적인 분야가 많아 한 기관에서 담당하기에는 한계가 있다. 따라서 몇 가지 구별

<형식·실질 여부에 따른 구분>

형식적 의미의 경찰	실질적 의미의 경찰
조직·제도 중심 / 법상 개념 (실정법상 보통 경찰기관의 모든 작용)	작용·성질 중심 / 학문적·이론적 개념 (명령·강제하는 권력적 수단에 의함)
예) 경찰청, 경찰서, 지구대·파출소	예) 경찰청, 국정원, 출입국관리소, 소방방재청, 경호실, 방역·위생 등 자치단체의 위험사무 종사자 등

241) 학계에서는 실질적 의미의 경찰을 "사회 공공의 안녕과 질서유지를 위해 일반통치권에 근거해 국민에게 명령하고 강제하는 권력 작용"이라고 정의한다.

<적용 범위에 따른 구분>

일반경찰	특별경찰
✓ 위험에 대하여 포괄적으로 수행하는 기관 (경찰청 소속 경찰공무원) ✓ 자치단체의 위험 사무 종사자	✓ 특별 분야의 위험만 처리하는 경찰 (소방, 출입국, 경호실)
특별경찰 개입 우선이 원칙 단, 시간적, 물리적으로 개입이 어려울 경우 보충성 원칙에 따라 일반경찰이 개입	

기준을 가지고 개념과 기관을 나누어 담당토록 하고 있다. 첫 번째 기준은 전문성과 특별성 여부에 따라 일반경찰과 특별경찰로 나누는 방법이다. 위에서 예를 든 것 같이 식품에 문제가 있는지를 알아보기 위해서는 특별한 과학적 지식과 장비가 필요하다. 이러한 목적수행을 위해 식품의 약품안전처에 특별사법경찰권을 부여한 것이다. 화재의 경우에도 소방이 특별경찰이고 경찰청 소속 경찰은 일반경찰인 것이다. 따라서 경찰청 소속 경찰도 화재가 날 경우에 초기에 119에 신고하여야 하며, 소방이 도착하기 전이라도 소화 가능한 경우 불을 꺼야 한다. 그것은 선택이 아니라 의무이다. 일부 경찰관들이 이러한 법리를 오해하거나 경찰업무가 아니라고 이해해서 특별경찰이 오기 전까지 소극적으로 조치하는 경우가 있다. 일반경찰은 특별경찰이 시간적으로 장소적으로 즉시 개입할 수 없는 상황에서는 보충성의 법리가 발동되어 개입의무가 발생하게 되는 것이다.

두 번째 기준은 시간적인 단계에 따라 구분하는 행정경찰과 사법경찰이 있다.

통상 행정경찰은 범죄의 예방이나 위험의 방지로 사법경찰은 범죄의

<차원에 따른 구분>

행정경찰(상위개념)	사법경찰(하위개념)
✓ 공공질서를 해하는 것을 차단하는 경찰 ✓ 집회·시위 시 무질서 방지	✓ 범죄행위에 대한 수사 활동 ✓ 수사 활동으로 공공질서가 깨지거나 위험해지면 수사 활동 집행이 중단됨

실행 이후에 수사하는 작용으로 구별한다. 그러나 이러한 구별은 경찰을 이해하기 어렵게 하는 요소로 작용하기도 한다. 영미법계에서는 행정경찰과 사법경찰이라는 개념이 존재하지 않는다. 분리개념이 등장한 것은 프랑스 대혁명시기인데 당시 프랑스에서 행정법이 탄생하던 시기로 행정행위 즉 왕의 행위는 일반 사인의 행위와는 다른 특징이 있었다. 고전 행정법에서 이야기하는 공정력(公定力, 국가의 권력 행위에 대해서는 우선적 효력이 있다는 개념)이 인정되던 시기로 왕은 불법을 저지르지 않는다는 사고가 지배적인 관념이었다. 왕의 행위는 도지사인 Préfet가 집행하는데 판사인 Magistrat와 같은 강제력을 행사할 수 있었다. 이러한 상황에서 경찰은 préfet의 지휘도 받고 Magistrat(판사 또는 검사)의 지휘를 받는 이중적인 지위였는데 경찰 활동으로 피해를 당했을 경우 피해 회복이라는 영역을 만들어 주기 위해 사법경찰과 행정경찰 개념을 분리시키게 된다. 즉 피해 회복을 해주기 위한 목적하에 인위적으로 만든 개념이었다. 그러나 시대 상황의 변화에 따라 행정경찰과 사법경찰의 개념 구분도 행정경찰은 범죄의 예방이나 위험방지보다도 더 넓은 개념으로 사회 공공의 안녕과 질서유지에 대한 침해 시 사법경찰의 선행개념이 아닌 상위개념으로 이해하고 있는 것이 오늘날의 개념이다. 이러함에도 국내에서는 행정경찰을 사법경찰의 선행개념으로

이해하다 보니 행정경찰과 사법경찰이 충돌할 경우에 어떻게 처리해야 할지에 대하여 답을 얻을 수 없게 되는 것이다.

예를 들어 십여 년 전 평택 쌍용자동차 사례처럼 노사분규로 사측은 직장폐쇄를 통해 노조원들을 차단하였는데도 노조원들이 공장을 점거하고 화염병을 던지고 시설물을 파손하는 경우 경찰은 혐의자에 대하여 영장을 발부받아 검거에 나서게 된다. 그런데 노조원들이 농성 장소에서 시너로 위협하면서 경찰이 들어오면 불을 지르겠다고 한다. 과연 경찰은 진압해야 할까? 아니면 들어가지 말아야 할까? 그간 경찰은 이러한 문제에 대응하기 위해 안전장비 즉 건물 아래에 추락 등을 대비한 에어매트를 확보하고 응급차와 소방차를 대기시키는 등 장비적인 준비와 홍보를 통해 여론의 지지를 확보한 후에 진압에 착수하곤 했다. 물론 상당히 수긍이 가는 대목이긴 하지만 논리상으로는 영장 집행이라는 사법경찰작용으로 인해 인명의 사망 가능성이라는 더 큰 법익이 침해될 수 있기 때문에 사법경찰작용은 행정경찰의 문제가 해소되기 전까지는 집행이 중단되어야 하는 것이다. 즉 상위가치가 하위가치의 집행을 잠정 중단시키게 되는 것이다.

경찰은 일반경찰과 특별경찰, 행정경찰과 사법경찰로 구별되는데 현실에서는 이들의 조합으로 나타난다. 일반행정경찰·특별행정경찰, 일반사법경찰·특별사법경찰이다. 이 중에서 일반행정경찰로 나타나는 것이 자치단체인데 우리나라의 경우 자치단체가 이러한 인식 자체가 없고, 자치경찰을 하지 않다 보니 국가경찰이 일반행정경찰 역할을 하고, 특별행정경찰은 소방이나 경호, 식품의약품안전예방, 방역 등이 특별행정경찰 역할을 한다. 특별사법경찰은 국정원의 국가보안법 사범, 군의 군 관련 범죄, 국세청의 조세 관련 범죄, 출입국관리소의 출입국사범 등이 있는데 범죄에 따라서는 일반사법경찰권과 특별사법경찰권이 같이 개입되기도 하고, 특별사법경찰권이 전속적으로 개입하는 유형이 있다. 특별사법경찰권의 전속적인 관할이 인정되더라도 일반사법경찰권은 특별사법경찰권이 개입할 시간적·장소적 여유가 없을 경우에는 보충적으로 개입할 의무가 발생하게 되는 것이 법리다.

경호업무를 예를 들어보면 대통령 경호는 대통령 등의 경호에 관한 법률 제4조에 의해 경호처에서 담당한다. 그러나 실제로 대통령 경호는 경호처 직원과 경찰이나 군에서 파견된 직원이 경호 구역 내에서 경호처와 중복적으로 경호업무를 수행하고 그 외 지역에 대해서는 경찰관직무집행법 제2조 5호 주요 인사 경호 규정에 근거하여 경찰이 경호업무를 수행하는 것이다. 경호업무는 민감하고 중요한 업무라서 경찰에서도 한 지역에서 경호 행사를 하게 되면 정말 전쟁 상황과 유사하게 준비한다. 경호실과 경찰의 합동 현장 점검, 지방청 회의, 경호 담당팀과 경찰서 회의, 직원 소집 교양, 현장 배치 확인 등 긴박하게 움직인다. 특히 관내에 경호 행사가 있을 경우, 대규모 경찰관이 동원되어 경찰서 업무가 마비될 정도이다. 그럼에도 현장에서 문제되는 것은 경호처와 경찰의 관계다. 경호처는 경찰에게 일방적으로 요구하면 다 되는 줄 안다. 인력을 갑자기 늘리라느니 또는 자기들 지시 없이는 함부로 경찰병력의 이동을 못 하게 한다든지, 똑같은 사안을 경호처 팀별로 다르게 요구한다든지 등 경호라는 행정경찰 기능과 관련해서 일반행정경찰인 경찰에게 특별행정경찰인 경호처가 연계되고 개입하며 충돌하는 경우 어떻게 해결해야 하는지에 대한 논의도 없고 절차도 없다.

경호 현장에서 경호처 직원들이 자기들의 요구를 경찰관이 받아주지 않으면 지방청 경비부장이나 서장에게 바로 전화해서 문제를 삼는다. 상부에서는 인사상 청와대 눈치를 보아야 하기 때문에 이유 여하를 불문하고 해당 경찰이나 경비과장을 문책하거나 윽박지르는 경우가 대부분이다. 현장 경비경찰관들이나 경비 간부들도 속이 끓지만 참고 넘어간다. 문제는 경호처에서 통제는 다 해놓고 문제가 발생하면 지휘를 할 수 있는 것도 아니고 지휘를 할 능력도 충분하지 않다는 데에 문제의 심각성이 있다. 경호처는 좁은 공간에서 몸을 날려 개별적으로 상대방을 제어하는 것에는 익숙할지 모르지만 대규모 병력을 지휘해본 경험이 없는 부서에서 과욕을 부리면서까지 과도하게 경찰력을 통제하려 하는 것은 바람직하지 않다고 생각된다. 만일 문제가 발생하면 좁은 공간은 경호처가 책임을 지겠지만 그 외의 공간은 경찰이 책임을 지는데도 경찰력 운영에 간섭하려고 한다. 기본적으로 이 두 기관은 상호 협조의 관계에 있다. 즉 경호구역 안에서는 특별행정경찰인 경호처가 우선적으로 경호권을 행사하는 것이고, 경찰은 경호처가 경호를 행사할 시간적·공간적 여유가 없을 때 개입하면 되는 것이다. 그리고 경호구역 외의 경호권은 경찰의 고유한 권한과 책임이므로 경호처는 필요한 경우에는 협조를 요청하는 형식을 취해야지 조직 상층부를 이용한 압력을 통해 한 조직이 타 조직을 누르려는 모양새는 좋지 않고, 장기적으로 기관 간 상호 존중과 신뢰에도 악영향을 미칠 것이다.

25. 사느냐 죽느냐의 문제: 승진

승진은 상위 직급으로의 이동을 말한다. 통상 능력과 경력을 토대로 연령대에 맞게 상승하는 것이 일반적이다. 공직은 일반 사기업과 달리 승진과 관계없이 60세까지 근무한다. 그러나 공직 세계에서도 60세까지 근무할 수 있는 조직과 일정 기간 내에 승진하지 못하면 조직을 떠나야 하는 조직으로 나누어진다. 경찰과 군 등이 후자에 속한다.

한편 경찰에서도 모든 계급에 계급정년이 적용되는 것이 아니라 경정(일반공무원 5급 상당) 이상부터 적용된다. 경감 이하는 계급정년 없이 60세까지 근무가 가능하며 승진도 시험과 심사가 반반씩이다. 경정 이상부터는 계급정년이 적용되고 승진도 심사만 존재한다. 계급정년 기간 내에 승진하지 못하면 조직을 떠나야 하는데, 경정의 계급정년이 14년이지만 통상 7년에서 9년 사이에 승진하지 못하면 총경으로의 승진이 거의 힘들다고 여겨지고 그 이후에는 '총경을 포기한 경정', 속칭 '총포경'으로 남은 기간을 보내게 된다.

경찰대학이나 간부후보생 출신들이 계급정년을 생각하지 않고 승진 가도를 달리다 더는 승진이 어려워지게 되면, 보통 퇴직하는 나이가 40대 후반에서 50대 초반이 된다. 경찰업무 특성상 다른 곳으로 전직도

<경찰의 직급과 역할>

순경	경장	경사	경위	경감	경정
지구대·경찰서·지방청 등 실무			순찰팀장	지구대장(계장)	경찰서 과장

총경	경무관	치안감	치안정감	치안총감	
경찰서장	지방청 부장	지방경찰청장	경찰청 차장	경찰청장	

어렵고, 대부분 특별한 자격증도 없고, 가족의 생계도 책임지는 상황이다 보니 이들은 필사적으로 승진 전쟁에 뛰어들게 되는 것이다. 선택이 아니라 필수가 되어 버린 것이다.

경찰에서 가장 힘든 고비가 총경과 경무관 승진이다. 경감 이하 직급도 어려움은 마찬가지지만 통하는 논리와 분위기가 사뭇 다르다. '승진'과 관련하여 전 계급에 걸쳐 수많은 희로애락이 존재하지만, 여기서는 경찰의 꽃인 '총경' 계급 이상으로의 승진에 관해 이야기하고자 한다.

먼저 경정에서 총경이 되는 방법을 살펴보면, 승진에서 가장 유리한 보직인 경찰청 계장과 서울경찰청, 지방경찰청 계장 자리는 경정급에서 먼저 가야 할 보직이다. 이 자리로 이동을 하지 못하면 일단 총경으로의 승진에 있어서 뒤처지거나 계급정년에 걸려 젊은 나이에 경찰조직을 떠날 가능성이 커진다. 그런데 경찰청과 서울경찰청은 경정급 이하의 직책에 대해 경찰대학이나 간부후보생, 순경 출신, 고시 출신 간 일정한 쿼터를 두고 있다. 한 출신이 40%를 넘지 않도록 해야 한다는 것이다.

이로 인해 가장 혜택을 받는 사람은 고시 출신이다. 이들은 경찰에서 진골 대우를 받는다. 희귀성으로 본청이나 서울청에 들어가기도 수월하고, 어느 자리에 있든 총경으로의 승진은 보장된다. 그리고 특별한 문제가 없는 한 치안감까지 어렵지 않게 가고, 운이 좋으면 본청장도 하게 된다. 왜냐하면, 고시 출신은 많지도 않고 승진 시 출신 간 쿼터를 주다 보니 그냥 올라타기 쉬운 형국이다. 그래서 고시 출신들이 그간 경찰에서 큰 힘을 쓰기도 했다. 그러나 이제는 변호사 출신 20명을 매년 경감으로 선발하면서, 이들이 수사 실무도 익히는 등 들어오는 직급과 능력, 경험 면에서 과거와는 다른 양상으로 바뀌고 있다.

다음으로 주목받는 출신이 순경 출신이다. 과거에는 순경 출신 여성으로 최고위직으로 올라간 이금형 전 치안정감이 있었지만, 이제는 순경, 경장, 경사를 비간부급 출신으로 묶어서 이들을 현장 직원들을 대변한다는 명목으로 정책적으로 밀어주고 있다. 그런데 이런 혜택을 받는 사람들은 동국대 등을 졸업하고 간부후보생이 아닌 당시 경사 특채로 들어온 사람들이다. 여하튼 경찰청이나 서울경찰청 계장 자리에 비간부급 출신 쿼터 비율을 넣어야 한다는 것이다. 그런데 문제가 발생한다. 본청에 올 사람도 많지 않지만, 이들이 들어와서 만약 일이 잘 돌아가지 않아도 승진이 가능하다. 왜냐하면 승진에서도 쿼터가 작동하기 때문이다.

그다음은 간부후보생이다. 후보생은 경찰교육원에서 1년간 교육을 받고 경위로 임관한다. 이들은 경찰대학과 함께 경찰의 양대 축을 형성한다. 1980년대 초 경찰대학을 세울 당시 간부후보생은 없어지거나 세무나 회계 등 전문가로 변화할 것으로 예상했다. 그러나 간부후보생은 오늘날에도 막강한 힘을 발휘하며 건재하고 있고 오히려 경찰대학 출신보다 더 빠른 속도로 승진 가도를 달리기도 한다. 이들도 본청이나 서울청 진입에 있어서 수혜자다. 왜냐하면 간부후보생 숫자 자체가 많지 않아서 본청에 들어올 대상자가 많지 않다 보니 들어오기가 수월해지고 마찬가지로 승진 시에도 쿼터 덕을 보게 된다

다음은 경찰대학 출신이다. 경찰대학 졸업생 중 1~2기들은 초기에 선배도 없는 환경에서 적응하느라 적지 않은 고생을 했지만, 승진에서는 쿼터제의 혜택을 받았다. 특히 경대 1기들은 초고속 승진과 더불어 늦게까지 고위직으로 접근할 수 있는 운까지 따랐다. 그 이후의 한 자리 숫자 기수들도 나름대로 선전하고 있지만 두 자릿수 기수들은 현장에서 승진적체와 경쟁으로 많은 어려움을 겪고 있다. 이들은 연금제도의 변화로 인해 계급정년으로 나가면 연금을 60세까지 못 받는 지경까지 내몰리고 있다. 퇴직하면 먹고 살길이 막막해지는 것이다. 이들이 바라는

것은 주어진 직책에서 열심히 국민에게 봉사하는 것인데 20대 초반에 경찰에 들어와 별다른 배경이나 힘이 없는 경우 열심히 해도 조직을 떠나게 될 수 있다는 것이다. 이들도 생계가 있고 가정이 있을 것이다. 이들이 제대로 조직과 사회에 봉사할 수 있는 제도적인 개선이 있어야 할 것이다

다음은 총경에서 경무관 승진 인사다. 이는 경정에서 총경 승진과는 다른 점이 있다. 우선 승진에 대한 최종 결정권자가 경찰청장이 아니라는 점이고, 출신과 지역 안배를 고려한다는 점이다.

전통적으로 경찰청장은 정권과 같은 지역에서 임명되는 것이 일반적이지만 그렇지 않은 경우도 종종 있다. 다만 경찰청장 아랫자리는 6자리인데 이 자리에 대해서는 한 지역이 우세할 때도 있지만 대부분 지역 안배를 한다. 따라서 지역이 겹치게 되면 경쟁이 불가피하게 되는 것이다. 다음으로 치안감과 경무관급에 대해서도 지역 안배는 큰 틀에 있어서 이루어지고 있다. 이는 경찰의 오랜 전통이기는 하지만 이것이 바람직한지 여부에 대해서 검토가 필요하다. 자리를 지역으로 나누어서 배분한다는 것이 과연 타당할까? 그렇다면 뽑을 때도 지역에서 뽑고 관리도 지역 단위를 초기부터 별도로 관리해야 하지 않을까? 능력과 관계없이 어떤 지역은 피해를 보고 어떤 지역은 혜택을 받는 구조가 의미가 있을까 싶다. 능력이 동일하다면 대표성을 가지도록 하는 게 타당하지만, 지역이 우선시 되면 안 된다. 지역이 우선시되면 이들은 국민 전체에 대한 충성

보다는 지역에 대해 충성을 하게 되고, 지역감정을 더 조장시킬 가능성도 있게 된다. 따라서 지역 안배도 중요하지만 능력 기본주의 토대 하에 지역과 출신 안배가 이루어져야 할 것이다.

승진에 있어서 중요한 가치는 공정성이다. 특히 계급정년과 심사승진에 결합한 경찰승진 시스템에서는 더욱 중요한 가치다. 이를 위해서 능력을 가장 우선시 해야 한다. 그리고 출신과 지역 안배는 이를 보완하는 요소로 작용하여야지 출신과 지역 안배가 가장 중요한 요소가 되어서는 곤란하다. 승진을 결정하는 기준인 능력, 경력, 출신, 지역 등의 요소 간의 우선순위를 더욱 명확히 할 필요가 있다. 이러한 원칙이 바로 세워지지 않을 경우 조직원들은 충성해야 할 대상을 잃어버리게 된다. 좌표를 상실하게 되는 것이다.

경찰의 계급정년제는 경찰의 무사안일을 차단하고 인사의 순환을 촉진하는 순기능도 있었고, 과도한 경쟁 분위기라는 부작용도 있었다. 문제는 부작용이 순기능을 넘어설 때 발생하는 것이다. 이제 그 시점이 된 것 같다. 계급정년의 존폐, 존속시킨다면 어느 정도의 조정 가능한지에 대한 진지한 논의를 통해 부작용을 최소화하는 노력이 필요하다.

구체적인 방법으로 경정급의 계급정년을 폐지하는 안이 있다. 이 안은 일선 경찰관들이 격렬하게 반대한다. 이유인즉슨 누릴 것 다 누리고, 일 안 하는 사람들인 경정급이 왜 오래 근무해야 하느냐는 것이다.

속히 조직을 떠나라는 것이다. 그러나 이렇게 쉽게 매도할 정도로 간단한 문제가 아니다. 과거와 같이 경정급이 일도 안 하고 누리기만 했던 시기는 지나도 한참 지났다. 물론 일부는 그럴 수도 있겠으나 이들 때문에 전부를 도매금으로 넘기는 것은 바람직하지 않다. 이제 직급이 있다고 누리고 부하를 힘들게 하는 시대는 지났다. 이들도 가족이 있고 생계가 있다. 조직과 개인을 조화시킬 수 있는 제도적인 문이 열려야 한다.

일반 공무원 사회는 계급정년이 없어도 잘 돌아간다. 전 세계적으로 계급정년은 한국 경찰에만 존재한다. 한국 경찰에게만 있어야 한다는 논리적인 근거와 실제적인 근거도 찾기 어렵다. 계급정년의 완전폐지가 어렵다면 순차적으로 기간을 늘리면서 폐지하는 방향으로 나아가는 것이 조직의 불필요한 긴장감을 감소시키고 건강성을 회복하는 데 도움이 될 것이다.

다음으로 경찰의 자리에 대한 인식과 직업 시작 경로에 따른 승진 가능 범위에 관한 예측 가능한 정책 부재의 문제가 있다.

현 경찰조직의 문제는, '청장', '서장'으로 대변되는 지휘관은 자질 여부를 떠나 누구든지 될 수 있다는 인식이다. 왜 이런 현상이 일어났을까? 나는 두 가지 원인이 있다고 생각한다. 하나는 청장은 정치권의 영향만 있으면 누구나 할 수 있다는 생각을 하는 것 같다. 물론 어느 정도 능력이 필요하겠지만 누구를 시켜도 청장은 다 할 수 있다고 생각하는 것이다.

실제로 보면 그리 틀린 말도 아니다. 청장이 없어도 주변에서 보좌할 수 있는 기구들을 정밀하게 해놔서 굴러갈 수는 있다. 없어도 굴러가는데 능력이 좀 떨어진다고 뭐 문제 될 게 있겠는가? 경찰서장도 마찬가지다. 서장이 가반히 있어도 잘 굴러간다고 생각하는 직원도 많고 그런 서장을 '덕장'이라고 부르는 직원도 있다. 문제는 그다음에 일어난다. 무능하고 신경 쓰지 않는 지휘관 덕분(?)에 망가진 시스템과 기강해이가 다음 지휘관 때 문제가 되어서 나타나는 것이다. 혹자는 말한다. 새로운 지휘관이 나대고 설쳐대서 사고가 발생하고 일이 일어난다고... 그런데 그 말은 사실이 아니다. 리더가 리더의 역할을 포기하기를 바라는 조직, 이게 정상일까? 그간 경찰 지휘부가 쓸데없는 것으로 직원들을 괴롭혀 왔다고 직원들은 생각하고 있다. 그래서 일을 시키는 지휘관을 본능적으로 싫어한다. 자기들을 괴롭힌다고 생각하기 때문이다. 힘들더라도 정말 필요한 사항을 정확하게 찍어서 이끌어가는 리더들, 이런 리더들이 조직에 필요하다.

둘째는 입직경로가 크게 3가지인데 이들의 연령에 따른 승진 가능 범위가 어느 정도 예측 가능해야 하고 이들이 각 단계에서 전문적인 능력을 키우도록 조직구조를 만들어야 한다. 세계 어느 나라 경찰조직을 보아도 그렇고, 일반 공무원조직이나 사조직을 보아도 현재의 경찰조직과 같이 모든 입직경로에서 다 고위직을 나누어 가져야 하고 청장이 될 수 있어야 한다는 논리는 사리에도 맞지 않고 타당하지도 않다. 순경~경위급은 현장의 전문화된 업무처리에, 경감부터 총경까지는 현장 관리자로 총경을 포함한 상위직급은 치안정책, 법률, 예산에 집중할 수 있도록 인사제도가 개선되어야 한다.

　또한 전문성이 떨어지다 보니 상위직급으로만 승진하려 하고, 그들이 상위직급이 되면 계급을 내세우며 하위직급을 누르려고 하는 인식과 성향이 강하다. 직급의 차이는 전문성이 다르다는 것이라는 인식과 조직이 상호 존중하고 이해하는 수평적 문화가 되기를 기대해 본다.

26. 경찰이 무서워하는 또 다른 그대: 언론

경찰에게 언론과 기자는 좋은 이미지는 아니다. 왜냐하면 기자는 칭찬보다 비난하거나 비판을 주로 하기 때문이다. 경찰은 언론을 여론이라 간주하거나 여론에 영향을 미치는 가장 강력한 수단이라고 생각하는 경향이 있는 것 같다. 그 때문에 언론에 보도되는 순간 경찰에서는 보도된 내용의 진위파악과 더불어 제도적 개선 방안을 강구해야 하고, 사실과 다른 보도일 경우 언론사를 상대로 기사 정정 요구를 신속하게 진행하는 등 전쟁 같은 상황이 발생하기도 한다.

경찰과 언론을 본질적인 측면에서 바라보면 매우 유사하다. 언론은 '취재'라는 표현을 써서 사실관계를 확인하지만 경찰은 '수사'나 '조사'라는 표현으로 사실을 확인한다. 사실 확인이라는 측면에서 경찰과 언론은 본질에 있어서 유사하다고 할 수 있다. 양자의 사실 확인을 프랑스어로는 enquête, 영어로도 interview로 동일하게 사용하고 있다. 그렇다면 무엇이 다른가? 사실 확인하는 '과정'이 다르다. 언론의 사실 확인은 초기 단계에 많은 양의 정보를 필요로 한다. 그래야 전달할 수 있는 내용구성이 가능하고, 우리나라에서 특히 중요한 것으로 생각하는 속보 전쟁으로 인해 이러한 압력은 더하다고 할 수 있다. 초기에 많은 정보를 전달해야 하는 언론의 속성과 속보 전쟁으로 우리의 언론은 '정확성'

<한국 언론의 공정성 및 신뢰도에 대한 기사>

2018. 1. 14. (한국경제) 퓨리서치센터.

"정치적 이슈에 대한 공정성 및 뉴스 정확도 모두 조사대상 38개국 가운데 37위"
"38위 꼴찌인 그리스보다 불과 한 단계 높다."

2019. 6. 14 (파이낸셜뉴스) 로이터저널리즘연구소.

"조사대상국(38개국) 중 '뉴스에 대해 신뢰한다'고 응답한 비율, 한국은 22%에 불과
다른 국가의 뉴스 신뢰도는 평균 42%, 우리나라의 두 배 수준", "3년 연속 최하위"

보다는 '속도'에 더 큰 가치를 두고 있는 것 같다. 르몽드(Le Monde)[242]
는 속도보다는 정확성에 더 큰 가치를 둔다고 한다. 이러한 정확성에서
신뢰는 나온다고 생각된다.

반면에 경찰은 초기 단계에 많은 정보를 가지고 있지 않다. 절차에 따
라 증거를 수집해야 하고 사건관계인도 절차에 따라 소환해서 조사하
는 등 정보 수집을 위해서는 적지 않은 시간을 필요로 한다. 경찰 조사
의 핵심은 정확성에 있다. 확인되지 않은 정보가 경찰에서 생산되고 외
부로 나가서는 안 된다. 그 때문에 시간이 걸리고 이 점이 갈등의 시작이
된다. 언론은 경찰에게 많은 정보를 달라고 지속적으로 요구한다. CCTV
화면을 달라고 하고 내용의 진위여부를 확인해달라고 한다. 수사가 추구

---

242) '르몽드'는 '피가로지'와 함께 프랑스 신문사의 양대 산맥이다. 위베르 뵈브메리는 "진실은, 모든 진실을, 오직
진실만을 말하라. 바보 같은 진실은 바보같이 말하고, 마음에 들지 않는 진실은 마음에 들지 않게 말하고, 슬픈 진실
은 슬프게 말하라."고 언급한 바 있다.

하는 범죄의 구성요건과 처벌 가능성을 넘어 개인 간의 관계나 지엽적인 가십거리에 더 집착하며 요구하는 경우가 많다. 알려주지 않으면 언론도 압박(?) 절차에 돌입한다. 인터뷰한 담당 경찰의 상사를 압박한다. 전화를 계속해서 상위직급으로 올리고 이도 안 통하면 기자단에서 단체로 청장에게 항의하기도 한다. 청장은 언론과의 관계에서 약자일 수밖에 없다. 그래서인지 언론에서 요구하면 가능한 한 다 협조해주라는 것이 지휘부의 생각이다. 경찰청이나 지방청에 대변인이나 홍보담당관이라는 직책이 있는 이유가 뭘까? 경찰에서 언론을 활용해서 홍보할 것을 전달하는 것도 있지만 상당 부분은 언론에서 취재하려는 편의를 봐주는 것이 대변인이나 홍보 기능의 역할이다. 홍보 기능이 있는데 왜 각 기능에서 구체적으로 언론을 접촉해야 하는지도 심각하게 생각해 보아야 할 것이다. 언론에 제공되는 정보를 경찰 단계에서 상세하게 언론에 전달하는 현재의 관행에 대해서도 검토가 필요하다고 생각한다.[243] 언론공개는 기소 단계에서 하는 것이 원칙인데 우리의 문화는 기소 단계까지 기다려주지를 못한다.

다음은 경찰과 관련된 기사가 어떻게 기사화되고 기사 후에 조직 내에서 어떤 변화가 일어나는지 알아보고자 한다. 이는 기삿거리가 제공

---

243) 형법 제126조(피의사실공표)는 '검찰, 경찰...(중략)...그 직무를 행함에 당하여 지득한 피의사실을 공판 청구 전에 공표한 때에는 3년 이하의 징역 또는 5년 이하의 자격정지에 처한다.'고 규정한다. 이는 헌법상 '무죄 추정의 원칙'을 실현하기 위한 규정이나 실제로는 일정 공익상 목적을 이유로 경찰청 훈령 등 행정규칙에 근거한 기소 전 피의사실 공표가 다수 이뤄지고 있는 것이 현실이다.

되는 방향에 따라 크게 두 가지로 나뉜다. 첫 번째는 경찰에서 적극적으로 각종 중요정책이나 잘한 일들을 대국민 홍보하기 위하여 일명 '보도자료'를 작성하여 적극적으로 언론에 제공하는 경우이다. 일례로 각종 정책추진의 홍보를 위해 연예인 '홍보대사'를 앞세워 시민들의 참여를 북돋거나, 마약범죄 등 특별단속에 따른 성과 홍보가 대표적이다. 두 번째는 피해자나 가해자 등 관련자들이 수사의 진행 과정에서 자신에게 불리하거나 억울하다고 생각하여 언론에 제보하거나, 경찰 수사나 조치의 미흡으로 문제나 피해가 발생한 경우 이를 언론이 적극적으로 탐지하면서 시작된다.

요즈음은 언론에 알리는 것 외에도 청와대 국민청원에 올리는 것이 유행이 되었다. 국민청원에 올리면 자연스럽게 언론에서 관심을 갖고 기사화하게 되니 문제 제기하는 입장에서는 일석이조인 셈이다. 그러나 반대편에 서 있는 경찰 입장에서는 여간 고역이 아니다.

일단 국민청원에 올라오면 경찰청에서 관심을 갖고 사건을 챙기기 때문에 일선에서는 일의 경중에 관계없이 국민청원 대상 사건에 인력과 장비를 집중하지 않을 수 없게 된다. 실무에서는 수사 지휘를 국민청원이 한다는 푸념을 하곤 한다. 국민청원에 올라오든 그러지 않든 간에 언론에 보도되면 경찰청에서 1차적으로 챙기는 사건이 된다. 경찰조직의 특성상 경찰청이 챙기면 해당 지방청과 경찰서도 주의를 기울일 수밖에 없다. 내용과 쟁점을 파악해서 정리하고 진행 사항, 대책 등을 챙겨서

<청와대 국민청원게시판에 올려진 글>

보고가 이루어지도록 해야 하기 때문이다.

 또한, 종편은 긴 시간을 진행하다 보니 연례적인 성격과 사건적인 성격이 혼합되어 있지만 여기에서 논하는 것도 여론에 영향을 미치기 때문에 경찰청 관리대상 사건으로 올려야 한다. 특히 유명인 성폭력 사건 등의 경우 초기부터 언론에서 지대한 관심을 보이고 이에 따른 프로그램 참석 패널로 검사 출신 변호사, 수사관 출신 전직 경찰, 범죄 심리학자 등을 내세워 법적인 측면과 수사 그리고 심리적인 측면까지 각종 추측과 가능성을 쏟아낸다. 경찰은 수사 초기에 차분히 증거수집과 진술청취 등을 해야 하는 상황인데도 우선적으로 언론에서 쏟아대는 의혹과 억측에 대한 해소를 고려하지 않을 수 없다. 왜냐하면 이러한 의혹에 대해서 특히 경찰청과 서울경찰청 지휘부가 매주 1회 돌아가면서 기자간담회에서 설명을 해야 하기 때문이다. 기자들은 이러한 기자간담회를 당연한 권리로 받아들이고 있다. 기자간담회를 하지 않으면, 국민과 소통하지 않으려 한다면서 강력히 반발하곤 한다. 이러한 비난이 부담 되어 경찰청장과 서울청장도 기자간담회를 없애지 못하고 있다. 매주 청 장이 기자들 앞에서 소명을 해야 하니 그 밑에 있는 국장이나 과장 특히 과장급에서는 신경을 쓰지 않을 수 없다. 소통도 좋지만 조직이 어느 정 도 안정된 상황에서 언론이나 타 기관과의 소통이 이뤄져야 함에도, 언 론에 알리는 데 급급해서 종종 오류가 발생하기도 하고 이는 경찰의 신 뢰성에 치명적인 독이 되곤 한다. 청장이 어떻게 실무적인 것을 다 알겠 는가? 그걸 왜 청장이 말해야 하는가? 수사책임자나 각 기능의 부서책 임자가 대응하면 될 것을 청장이 전날 공부해서 내용을 외워 모든 것을 다 말해야 하고 책임진다는 것은 이치에 맞지 않는 것 같다.[244]

어떻든 언론에 보도가 된다는 것은 청장이 직접 챙긴다는 뜻이 된다. 이런 내용은 어떤 책에도 나오지 않는 내용이다. 일선에서는 기자와 접 촉하면 업무에 어떤 변화와 결과가 생기는지에 대하여 잘 알지 못하는 경우가 있다. 모르는 것이 당연하다. 자신에게 주어진 일에만 매진하는 순진한 경찰관이 언론과의 관계에 대하여 언론의 실체가 무엇이고 경찰 과의 관계가 어떻게 되는지 정확하게 알기 어렵기 때문이다. 수사나 형 사 등 사건을 취급하는 부서는 언론과의 잦은 접촉으로 이러한 내용을 상당 부분 알고 있고 어떻게 대응하는지를 잘 알고 있는 반면 그 외 지 구대나 파출소 등의 기능에서는 기자와의 접촉이 낯설고 대응이 미숙

---

244) 이렇게 조직의 1, 2인자가 매주 돌아가면서 기자를 상대하는 조직은 대한민국에서 경찰밖에 없다.

할 수밖에 없다.[245] 일부 기자들은 이런 것을 고려하지 않고 이용한다. 조금 부정적으로 말하면 악용한다. 서울의 경우에도 강남이나 서초, 강서, 마포, 관악 등 서세가 큰 경우는 기자들이 주재하고 있어서 언론 대응 요령을 잘 알지만 외곽에 있는 경찰서의 경우 내응이 미흡하다. 지방의 경우도 별반 다르지 않다. 기자들이 취재할 때 대부분 녹음·녹화하고 있다거나, 경찰관이 별생각 없이 내뱉은 한마디가 경찰 전체의 의견으로 나갈 수 있기 때문이다. 약은 기자들은 그것을 악용한다. 몰래카메라나 전화로 유도성 질문을 하면서 녹음하고, 전체적인 내용보다는 기사에 필요한 내용만 곡해해서 쓰는 경우도 적지 않다. 따라서 기자가 취재를 요청하는 경우 본청이나 전국 지방청의 경우에는 기자와 어느 정도 상호 간 안면이 있고[246] 과·계장급이 대응하기 때문에 별문제가 없으나 경찰서 단위에서는 형사나 수사 기능 외에는 정식 인터뷰 요청을 서류로 절차를 밟아서 하는 것도 좋은 방법인 것 같다.

시간에 쫓겨 준비되지 않은 상태에서 기자에게 답변한 뒤 나중에야 사실관계를 확인해보니 사실과 다르다고 하면 거짓말을 했다면서 공격하는 기자도 있다는 것을 알아야 한다. 기자에게 답변할 의무는 없다. 다만 공공기관이기 때문에 기자가 국민의 알 권리 차원에서 요청을 하는 경우 일정한 절차를 거쳐 검토한 후에 차분하게 답변하면 되는 것이지

---

245) 이로 인해 경찰조직에서는 언론 창구의 단일화를 강조하지만 현실에서는 잘 지켜지기 어렵다.
246) 경찰청과 전국 지방청에는 '기자실'이 마련되어 있고, 이에 출입하는 기자('출입 기자')가 알려져 있다.

전화 인터뷰를 요청한다고 하여 준비되지 않은 상태에서 답변할 의무도 없고 그렇게 할 필요도 없다. 준비가 안 되어 있다면 양해를 구하고 준비할 시간을 요청하거나 정식 절차를 밟도록 안내를 하는 것이 바람직하다고 생각된다.

우리나라 경찰 출입기자는 수습 기간 동안 경찰서 등에서 3개월에서 1년간 지낸 후에 각 분야로 진출하게 되는데 경찰 출입기자는 보통 경력이 얼마 되지 않은 젊은 기자들이 담당하고 있다. 이러한 이유로 경찰에 대한 깊은 이해나 전문적인 식견을 갖고 기사를 작성하기 어렵고 일회성 사건을 일반화하는 오류를 범하거나 사건처리 시에 경찰이 행한 부주의한 언행이나 실수에 초점을 맞추는 경우가 대부분이다. 프랑스의 르몽드지에서는 경찰 전문기자를 운영하여 경찰에 대한 심도 있는 분석 기사를 통해 경찰이 나아가야 할 방향에 대해 보도하고 이로 인해 경찰에서도 긴장하면서 기사를 보게 되는데, 우리의 경우 언론에서 특정 현상에 대한 깊은 분석이나 고민 없이 추측성 문제 제기나 단타성으로 보도하면, 경찰에서는 진상 보고거나 언론에 정정 요청하면 끝이다. 문제 제기가 간단하니 경찰도 깊은 고민을 덜 하게 되는 것이다. 물론 깊은 문제점에 대한 대책 고민은 경찰의 몫이지만 경찰도 그렇게 여력이 많지 않다. 제한된 능력과 시간에 정말 중요한 것에 집중하고 개선할 수 있도록 언론 환경도 변화해야 하며 경찰 스스로도 많은 노력을 해야 할 것이다.

다음은 경찰 내부의 언론 첩자 소위 '빨대'에 대해서 살펴보겠다. 빨대는 실무상 쓰는 용어로 경찰관이 기사와 특별한 관계가 형성되어 기자의 끄나풀 노릇을 하면서 내부 사정이나 사건 내용을 기자에게 제공하는 정보원을 말한다. 특히 지방에 많은데 이는 지방 주재 기자가 다른 곳으로 이동이 적고 지방에서 근무하는 경찰도 이동이 적다 보니, 경찰이 잘못한 것을 기자가 한번 눈감고 넘어가면서 그 대가로 필요한 기사를 제보해주는 관계를 맺는 것을 말한다. 모 지방청에 근무할 때는 경찰관 음주운전 사고가 발생하고 아직 청문감사관이 보고를 못 받은 상황에서 기자가 먼저 어떻게 알게 되었냐면서 전화가 오는 경우도 있었다. 내부 경찰관이 상부에 보고도 되기 전에 기자에게 먼저 알려주었을 가능성이 크다. 경찰의 과도한 투명성과도 관련된 내용이기도 하고 슬픈 조직의 자화상이기도 하다. 필자가 서울 모 경찰서 서장으로 있던 시절 홍대 인근에서 발생한 강간 사건이나 폭력 사건 등을 특정 언론사에서만 특종 보도를 했다. 이에 형사과장은 특정 언론사를 제외한 모든 출입 기자들이 경찰서를 가만두지 않겠다고 불만들이 대단하다고 보고를 했다. 서장으로서 사태를 진정시킬 필요가 있었다. 언론사에서 상처를 내기 시작하면 위에서 좋게 보지 않고 관리가 안 된다는 인상을 줄 수 있기 때문이다.

우선 특정 언론사에서 보도하여 문제가 된 사건들을 발생한 시점부터 보고가 이루어진 시점까지 사건을 취급한 부서와 직원들을 특정했다. 처음 출동했던 지구대 경찰관들이 보고서를 작성해서 경찰서 상황실로 올렸고, 이를 다시 지방청에 보고할 당시 근무했던 상황실 경찰관과 담당 형사들이 그들이었다. 특정 언론사와 경찰관의 유착 여부를 파악하기 위해서는 공무상비밀누설 혐의로 정식수사로 전환해서 휴대폰에 대하여 영장을 신청하여 확인하면 되고, 그 유착 고리를 쉽게 끊을 수 있다. 그러나 국내 환경에서 언론사 기자를 상대로 영장을 집행한다는 것이 쉽지 않다. 왜냐하면 일반 잡범으로 영장을 집행한다면 문제가 없겠지만 언론의 취재 활동과 관련되고 국민의 알 권리와 공무상비밀누설이 충돌하는 지점이기 때문에 공무상비밀누설을 앞세워 수사로 전환하는 경우 전 언론이 들고일어나 헌법상 '표현의 자유'와 '언론탄압'을 외치며 비난 할 수 있기 때문에 쉽게 취할 수 있는 방법이 아니다.[247] 그래서 간접적인 방법을 택했다. 우선 감찰에서 동 사건을 보았거나 볼 수 있는 직원들의 동의를 받아 이후 유사한 사안이 발생한 경우 통화내역을 확인하겠다고 공표하고 감찰에서 해당 기능에 대해 지속적으로 주시하겠다는 메시지를 주었다. 이러한 조치 이후에는 한 건의 빨대 사건도 발생하지 않았다. 경찰조직이 강해지려면 내부 기강이 세워져야 한다. 언제까지 이러한 상황이 계속되어야 하는지 안타깝다. 심지어는 아무 일도 아닌 것을 빨대들이 기자에게 흘려서 대단한 것처럼 보도되는 경우도

247) 미국 캘리포니아주에서 활동하는 카모디라는 프리랜서 기자가 2019년 2월 이 지역 국선변호인 제프아다치 사망 사건과 관련해 경찰 내부보고서를 인용해 이 사건에 코카인이 관련됐을 가능성이 있다는 기사를 송고한 이후, 경찰이 취재원을 밝히라는 요구에 불응한 기자의 집을 압수수색 영장을 발부받아 2019년 5월 11일 자 기자의 가택에서 압수수색을 집행하고, 기자에게 수갑을 채웠다고 한다.(연합뉴스 2019년 5월 14일 자 보도) 우리도 기자의 알 권리 차원의 취재는 보장해야 하지만 공무상 비밀누설 등이 의심될 경우 기자에게도 법 집행이 이루어져야 하는데, 형소법에 규정되어 있지 않은 사실상의 치외법권 지역이라 할 수 있다.

있다. 내부적인 공격인 것이다. 주로 부하가 상사를 공격하는 수단으로
악용되기도 한다.

27. 검사·판사보다 더 두려운 감찰

경찰관이 가장 두려워하는 것은 검사도 판사도 아니라 내부에 있다. 바로 감찰이다. 감찰은 경찰조직 내부의 경찰이다. 검사나 판사는 특별히 형사사건이 될 정도의 비위가 있다든지 아니면 이러한 비위가 외부로 노출되었을 경우에만 문제 되는데 반해, 감찰은 형사사건이 되지 않을 정도의 단순한 사안이라도 심지어 상부의 눈 밖에 나면 개입하여 감찰대상자에 대하여 사소한 것까지 전부를 살펴볼 수 있기 때문에 두려움의 대상이 되는 것이다. 현재뿐만 아니라 과거에 했던 것까지 들여다보면서 탈탈 털어서 징계하기도 한다. 과거·현재까지 살펴서 문제가 발견되지 않으면 상주하면서 현재 또는 미래의 잘못을 찾아내려고 혈안이 되었던 것이 그간의 감찰행태다. 어떻게 보면 악랄한 일제 순사의 기능을 그대로 유지하고 있는 것이 감찰 기능이지 않나 하는 생각이 들 정도다.

감찰 기능은 지휘관만이 가진다. 일선에서는 경찰서장이, 도 단위에서는 지방경찰청장이, 전국적으로는 경찰청장이 최종 감찰권을 갖는다. 지휘관의 힘의 원천은 인사권과 감찰권에서 나온다. 그 때문에 직원들은 지휘관에게 도전하지 않는다. 도전하는 즉시 감찰대상이 되고 항상 감시대상이 될 수 있기 때문이다. 그간 경찰의 중앙집권을 효과적으로 뒷받침한 제도 중에 가장 커다란 기여를 한 것이 감찰제도이다. 경찰청장을 정점으로 전국 어디서든 문제가 되면 즉시 감찰을 내려보내 조사하고 조치를 취할 수 있기 때문이다. 특히 경찰청에서는 총경 이상에 대한 감찰, 지방청은 경정·경감, 그리고 경찰서는 경위 이하에 대한 감찰을 하고, 징계의 결정은 경정 이상에 내해서는 경찰청에서, 경감은 지방정에서, 경위 이하는 경찰서에서 결정한다.[248] 10여 년 전만 해도 총경 승진 시즌만 되면 총경 승진시킬 T.O.를 만들기 위해 총경들에 대한 감찰 조사를 강화해 옷을 벗기는 것이 연말마다 반복되기도 했다고 한다. 사퇴를 거부하면 그간 지나온 직책에 대한 감찰 조사를 진행해서 특히 서장을 지낸 경우 해당 경찰서 경리계장에 대한 사소한 징계 거리를 잡고, 서장에 대한 비위를 알려주면 봐주겠다며 거래를 통해 서장의 비위를 찾아내고 형사입건하는 경우도 있었다. 그래서 총경 이상은 본청 감찰이 뜨면 몸을 바싹 엎드린다. 한번 문제가 되거나 경찰청장에게 찍히면 그 순간 모든 것이 끝난다고 봐야 한다. 형사사건은 경찰, 검찰, 법원 간 어느 정도 역할분담과 견제가 되지만 감찰은 경찰청장이 가지는, 견제되지 않는 절대 권력이다. 즉 수사와 기소, 재판을 모두 쥐고 있는 형국이기 때문에 감히 도전할 엄두를 내지 못하는 것이다.

경찰징계는 공무원 징계 중 가장 강경하기로 유명하다. 소청심사의

---

248) 경무관 이상은 국무총리 소속 중앙징계위원에서 징계 수위를 결정한다. 그리고 경위 이하는 경찰서장이 결정하는데 언론에 보도된다든지 사회적 이목이 집중되는 경우 경찰청에서 징계의 강도가 정해져 내려오는 경우가 일반적이다. 이는 서장의 고유한 징계권과 충돌할 여지도 있으나 실무에서는 본청의 지시를 따르지 않기가 어려워 일단 징계하고 소청하도록 안내하기도 한다.

70% 이상이 경찰이다. 이는 경찰관 수가 많은 것도 이유겠으나 관행적으로 경찰은 징계를 강하게 하면서 언론이나 외부에는 '우리는 이렇게 강하게 대응한다.'라는 인식을 주고 내부적으로도 '조심하라.'는 메시지를 주려는 의도를 가지고 있기 때문이다. 그러나 균형성을 잃을 정도로 과한 것이 아닌가 싶다. 왜냐하면 2007년~2011년 5년간 공무원 소청심사제기 중 77.5%가 경찰이었고,[249] 경찰의 감경 비율은 2011년 55.1%로 타 공무원의 감경 비율인 32.2%보다 월등히 높다는 것을 알 수 있다. 이는 경찰이 예뻐서 감경해주는 것이 아니라 경찰 단계에서의 징계가 과도하고,[250] 타 공무원과의 형평성을 감안한 결과라고 생각된다.

또한 징계 종류 중에 2010년부터 강등 제도가 도입되어 파면이나 해임 징계를 받은 경우 감경받더라도 계급이 강등되게 되었다. 특히 경정이나 총경에서의 강등은 사망선고와도 같다. 경찰 인사제도에서 계급정년[251]은 시한부 인생과 같이 강한 압박을 주게 된다. 그리고 강한 계급질서가 작용하다 보니 계급 간에 엄청난 위계질서와 자존심이 자리 잡고 있다. 이러한 상황에서 강등은 해임·파면과 같다고 볼 수 있다. 그러면 왜 강등이 되어도 퇴직하지 못할까? 그것은 바로 퇴직하더라도 새로운

---

249) 2018년 소청심사위원회 통계에 따르면, 경찰관이 제기하는 소청 비중이 2012년에는 79%, 이후에도 70%대를 유지하다가, 2016년에는 58%로 처음으로 60% 이하로 줄어들었고 2018년에는 처음으로 48%로 50%대 이하를 나타내고 있다. 이는 과거에 얼마나 강하게 징계하였는지를 나타내는 수치라고 할 수 있다.
250) 음주운전의 경우도 경찰은 사고가 나면 해임, 파면이다. 사고가 나지 않더라도 중징계를 받는다. 이러다 보니 현장에서는 음주사고를 내면 징계가 두려워 뺑소니를 치는 경우도 종종 발생하곤 한다. 뺑소니를 치더라도 음주만 빼면 오히려 음주사고보다도 더 나을 수 있기 때문이기도 하다.
251) 경정 14년, 총경 11년, 경무관 6년, 치안감 4년, 치안정감은 없고 치안총감인 경찰청장은 임기가 2년이나 정치적 상황에 따라 2년을 채우지 못하고 퇴직하는 경우도 많다.

직업을 찾기가 어렵거나 연금과 같은 경제적인 원인 때문이다. 이들이 이미 끝난 인생이라고 생각하는데 정상적인 근무가 될 리 만무하다. 그럼에도 최근 몇 년 동안 강등 징계가 심심찮게 있어 왔다. 그것을 우리는 '청장의 겁주기, 공포 리더십'이라고 부른다. '나를 우습게 생각하지 말고 까불지 마라. 까불면 가만두지 않겠다.'라는 무언의 메시지다. 청장의 입지와 출신에 대한 자존감이 낮을수록 이런 성향은 더 강하게 나타나는 것 같다. 적지 않은 총경들이 경정으로 강등되어 눈물을 머금고 지금도 내키지 않는 근무를 하고 있다. 안타깝게 생각한다. 물론 그 총경들이 잘못은 있었겠지만 큰 틀로 보거나 과거 사례와의 형평성을 고려하더라도 그 정도는 과했다는 것이 일반적이다. 리더십이라기보다는 감찰에 있어서 절대자인 경찰청장이 찍어 내리면 살아남을 자가 그리 많지 않을 것이라는 생각에 총경 이상의 지휘부는 지금도 숨죽이고 조직 생활을 하고 있다.

더 큰 문제는 A라는 사실에 대한 투서나 진정이 들어오는 경우 지휘관의

<경찰공무원 징계의 종류>

파면	경찰관 신분 박탈, 5년간 공직임용 제한, 퇴직금 및 퇴직수당 1/2 감액
해임	경찰관 신분 박탈, 3년간 공직임용 제한. 퇴직금 및 퇴직수당 전액 지급
강등	1계급 하향, 신분보유, 직무정지(3월), 봉급 2/3 감액, 승진 및 승급제한(21월)
정직	신분보유, 직무정지(1~3월), 봉급 2/3 감액, 승진 및 승급제한(18월 + 정직기간)
감봉	봉급 1/3 감액(1~3월), 승진 및 승급제한(12월 + 감봉기간)
견책	승진 및 승급제한(6월)

의사에 따라 감찰 조사범위가 자의적으로 결정된다는 것이다. 감찰 대상자를 속칭 '죽여야겠다.'라고 판단하면 A라는 사실 외에 Z까지 모든 것을 다 들추어낼 수 있고, '봐주어야겠다.'라고 판단하면 A 사실만 조사하는 방식으로 변질된다는 것이다. 이러한 현상에 대하여 누가 수긍할 수 있겠는가? 이러한 감찰 문화가 지속되어오고 있는 데에는 나름대로 이유는 있을 것이다. 경찰업무의 속성이 위험성과 급박성인데 이러한 상황에서 신속하게 전국적으로 통일적인 처리가 필요하고, 엄정한 기강 확립을 위해 강한 감찰이 필요할 수도 있다. 그럼에도 불구하고 같은 경찰인데 외국의 경찰은 우리와 같은 정도의 감찰문화를 갖고 있지 않다는 것은 우리나라 경찰이 무엇인가 문제가 있다는 것을 보여주는 것이다.

감찰에 대한 직원들의 분노와 거부감이 너무 심해 청장마다 감찰문화 개선을 약속하곤 한다. 그러나 근본적인 것은 변하지 않고 있다. 그것은 청장한테 찍히면 죽는다는 것이다. 이러한 문화 속에서 조직 구성원이 건설적인 의견을 개진하고 나름대로의 세계를 구축한다는 것은 쉽지 않은 일이다. 모든 관심은 경찰청으로 눈과 귀가 쏠려있고 그곳에서 어떻게 하는지에 온 신경이 곤두세워져 있다. 청장에게 감찰은 중요한 기능이고 매우 필요하다. 감찰은 고유의 업무가 없다 보니 객관적인 입장에서 경찰 업무를 바라보고 분석·대안까지 보고해 준다. 각 기능은 자기 업무에 몰두하다 보니 객관적 시각을 갖기 어렵다. 이러한 상황에서 문제가 발생하면 감찰에 조사를 지시하는 경우가 많고, 감찰에서도 선제적으로 조사하여 보고하곤 한다.

문제는 이러한 일상적인 사안에 대한 실태 파악과 개선방안에 대한 보고가 아니고 청장이나 지방청장·서장의 정책에 반대의견을 개진한다든지 불만을 가지고 있다고 생각되는 직원에게 감찰을 동원해 보복 감찰을 하고 징계를 하는 경우가 적지 않다는 것이다. 징계를 당하면 소정과 소송을 통해 이의제기를 하는데, 이럴 경우 경찰관은 변호사를 사야 하고 결정이나 판결이 나오기 전까지 불안한 지위와 여러 사람의 곱지 않은 시선을 견디면서 살아야 한다. 감찰에 대한 이러한 과도한 이용 내지 의존은 직원들에게도 영향을 미친다. 자기에게 불이익을 주거나 기분 나쁜 사람이 있으면 익명으로 감찰에 투서하여 상사나 동료를 제거하는 용도로 악용하기도 한다.

대표적인 사례가 2017년 10월경 발생한 충주서 여경 자살 사건이다. 같은 경찰서에서 근무하는 여경이 자신과 경쟁이 되는 여경을 상대로 '동료에게 갑질을 한다.'는 내용의 허위 투서를 익명으로 제기한다. 이에 충주경찰서는 원칙에 따라 각하 처리하지만 투서 제기 여경은 다시 충북지방경찰청 감찰에 2차, 3차 투서를 보내게 된다. 이에 충북지방청에서 감찰에 착수하게 되는데 감찰 담당은 여경을 미행하고, 비노출로 사진 촬영을 하고, 자백을 유도하는 회유성 발언, CCTV 확인 등 압박을 지속했다. 여경은 감찰 압박을 견디지 못하고 자살을 선택하게 된다. 주변 동료들의 항의로 경찰청 차원에서 수사에 착수하게 되어, 투서 여경은 무고혐의로 구속되었고, 감찰 담당은 직권남용으로 처벌되었다.

또 다른 사례로, 연말 승진시기가 되면 경찰청 감찰은 무기명 투서로 몸살을 앓는다. 무기명 투서는 각하가 원칙이지만 내용이 구체적인 경우 별도의 확인 절차를 거친다. 승진이 목전에 와 있는 대상자에게 이러한 투서에 대해 감찰이 사실 확인을 위한 조사를 한다는 사실 자체가 불리하게 작용하는 것은 당연하다. 심지어는 '누구누구는 승진에 뜻이 없고 어디어디 교수로 간다.'라든지 하는 확인되지 않은 내용의 투서를 감찰에 보내 승진대상자를 배제시키는 데 악용되기도 한다. 본인은 그러한 내용도 모르는 상태에서 감찰에서는 이러한 정보를 심사 위원에게 제공하게 되는 것이다. 이러한 터무니없는 내용으로 인해 승진 문턱에서 눈물을 머금고 나가는 동료를 본 적이 있다. 경찰에서 승진은 일반 공무원에서의 승진 개념과는 다르다. 이것은 단순한 승진이 아니라 생존의 연명이기 때문에 더 치열해지는 것이다. 때문에 주변에 경쟁자가 없어지면 대상자들은 속으로 쾌재를 부르는 구조이다. 이러한 구조 속에서 백까지 동원되는 경우 어떻게 조직 내 신뢰가 형성될 수 있을까 싶다.

그래도 다행인 것은 충주서 여경 자살 사건 이후 감찰제도에 많은 변화가 있었다. 그간 통용되던 탈법적인 감찰방식과 조사방식이 법이 허용하는 절차와 한계 내에서 감찰 활동이 되도록 하고, 변호인의 조력을 받을 권리 등 방어권을 보장하는 개선을 위한 노력을 하고 있다. 그동안 문제가 되어왔던 감찰권 개시 범위에 대해서는 감찰 착수 이전에 반드시 감찰대상으로서의 적정성을 검토토록 하였고, 감찰 활동 착수 시에도 '감찰계획 보고·승인' 과정을 거치도록 하고, 사전 보고된 범위 내에서만 감찰을 수행토록 하여 별건 감찰의 관행을 차단하였다고 한다. 감찰이 스스로 변화하고자 노력하는 모습은 좋지만 실효적인 변화가 나타날 수 있도록 지속적인 개선이 추진되길 기대한다.

참고로 프랑스 징계 절차를 소개하고자 한다. 우리나라는 징계위원회가 기관장의 의견을 받아 최종적인 결정을 한다. 징계위원장과 위원도 기관장이 지정하게 되어 기관장의 의지가 강하게 반영되는 구조다. 그러나 프랑스의 경우 징계위원회에서 징계 조사, 소환, 신문하고, 징계에 대한 의견을 감사관실에 제출한다. 그러면 감사관실에서 징계위원회의 의견을 감안하여 징계를 결정하게 된다. 다만 우리와 다른 것은 징계위원 선발 시 징계대상자와 같은 계급의 동료와 직근 상급자를 각각 1/2로 무작위 추첨하여 구성한다. 징계대상자는 각 단계에서 자료요구권이 보장되고 변호인과 동료, 가족의 도움을 받을 수 있는 등 징계법이 적용될 경우에도 경찰관에게 충분한 방어권을 보장하고 있다. 또 노조의 견제가 있어 지휘관이 감찰 범위를 무제한 넓히는 것은 생각하기 힘들다. 그만큼 지휘관의 자의성이 배제된다. 우리나라도 최근 경찰노조의 전 단계인 직장협의회 구성에 대한 법안 노력이 진행되고 있다. 권한의 견제라는 측면에서 어느 정도 타당성이 있어 보인다. 견제기능이 작동하는 감찰 활동으로 조직이 건강하고 신뢰가 넘치기를 기대해 본다.

28. 말할 수 있어야 조직이 성장한다: 경찰과 토론

경찰과 토론 이게 무슨 논할 가치가 있을까 생각하겠지만 그렇지 않다. 토론이 문화로 정착이 되고 그 토대 위에서 의사결정이 이루어져야 제대로 된 결정과 집행력을 갖게 되는 것이고, ┤성원들도 자기의 의견을 개진하고 반영이 되는 것을 보고 보람을 느낄 수 있을 것이다. 또한 다른 직원들의 의견을 들으면서 자신을 되돌아보고 다양한 관점과 방식을 이해함으로써 개인과 조직이 같이 발전하게 되는 것이다.

경찰과 토론! 모든 조직이 그렇듯이 경찰에도 토론이 없는 것은 아니다. 토론이 있기는 하지만 불완전하고 불충분하다는 것이다. 도요타에서는 토론의 경직성을 타파하고자 사장이나 임원이나 직원이나 계급장 떼고 편안한 복장으로 만나서 토론을 한다고 한다. 현장에 있는 사람들의 머릿속에 흐르고 있는 아이디어들이 정말 생생하고 살아있으며 핵심적인 것을 포함하고 있다. 이러한 아이디어들이 자유롭게 표출되고 공유되며 바람직한 의사결정이 이루어지도록 문화를 만드는 것이 조직의 수준과 사활을 좌우한다고 할 것이다.

그런데 경찰에게 토론은 낯설다. 이러한 현상은 경찰업무의 특성과 무관치 않다. 경찰은 위험성과 급박성에 대한 대응이 생명인 조직이다.

위험이 존재하고 급박한 상황에서 사람의 인지기능은 정상적으로 작동하기 어렵다. 정상적인 업무수행을 위해서는 위험 상황에 대한 세밀한 분석과 대응 방안을 구체적으로 만들어 부단히 훈련하고 익혀서 현상에서 자동적으로 나오게 해야 한다. 또한 현장에서는 계급에 기반한 엄격한 지휘체계 하에 일사불란하고 질서정연하게 움직여야 한다. 이러한 현장의 엄격한 지휘체계와 집행 업무적 성격으로 인해 경찰과 토론은 어울리지 않는 것 같다. 일선에서 조금 벗어난 지방청이나 경찰청의 경우도 크게 다르지 않다. 오히려 일선보다 분위기가 더 경직되어 있는 것 같다.

경찰에서는 매년 2월경에 전국 지휘관 워크숍을 한다. 경찰청장을 위시하여 각 지방경찰청장, 경무관급 이상, 전국 255개 경찰서장이 참석하는 행사다. 관행적으로 토요일 10시부터 17시까지 400여 명을 강당에 모아놓고 준비된 것을 일방적으로 진행하고 마지막에 사진 찍고 헤어진다. 전국에 흩어져 있는 서장들이 간만에 반갑게 만나는 즐거움은 있지만 이러한 자리를 꼭 이렇게 보내야만 하는지 아쉽기만 하다. 물론 교육 내용을 보면 저명한 사람의 강연, 경찰청장 강연, 경찰청 과장이 주요 업무 추진사항을 보고하는 순으로 해서 마무리된다. 토요일 진행하던 것도 경찰에서 바쁜 평일에 워크숍을 하면 비난받을까 봐 주말을 이용해서 진행한 면이 있었으나 올해에는 금요일을 이용해서 진행되었다. 날짜 변경은 한 단계 발전된 것 같다. 그러나 전국 지휘관이 현시점에서 가장 중요한 것을 공유한다는 측면은 이해를 하겠으나 400여 명이나 되는 대규모 인원을 대강당에 모아놓고 일방적으로 전달하는 것이 교육 효과가 있을지도 의문이고 교육내용도 사실 이미 다 알고 있는 것이다. 이런 것을 매년 연례행사식으로 한다는 것에 아쉬움이 남는다. 기왕에 만나는 워크숍을 한다면 교육방식을 바꿔 400명을 20개 소집단으로 나누어 조를 편성하고 이들에게 특정 주제를 주고 이에 대한 사전 준비와 토론 진행을 통해 바람직한 대안을 끌어내고 이것을 취합하여 즉시 정책으로 전환시킬 수 있는 것은 바로 채택, 시행하고, 장기적인 것은 상기과제로 분류하여 관리하는 방식을 취한다면 참여하는 전국 경찰지휘관들도 나름 보람을 느끼고 준비하고 참여할 것이다.

현재의 워크숍은 제주도에서 오는 지휘관들은 행사 전날 출발해서 인근에서 1박을 하고 부산이나 지방은 3~4시간을 들여 달려와서는 말 한마디 못하고 그냥 일방적으로 해주는 말을 듣기만 하고 돌아간다. 과연 무슨 생각을 할까? 왜 여기를 왔나부터 이런 것을 왜 매년 할까? 내용을 좀 더 개선하지는 못할까? 하는 의문을 가지지 않을까 싶다. 기본개념에 토론이라는 것은 없고 이벤트와 사진 찍어서 보도자료 내고, 의기투합하고 간다는 개념에 머물러 있다. 이러한 행사가 끝나면 소속 경찰서나 지방경찰청에 돌아가서 다시 전수 교육을 한다. 여기도 마찬가지고 워크숍과 같은 프로세스가 작동하게 된다. 전달하고 받아 적고 다시 과장들은 계장과 직원들에게 전달한다. 일반 직원들이 업무 일지에 받아 적으면 워크숍의 전 과정은 종료된다. 이게 경찰문화를 보여주는 대표적인 전형이라고 할 수 있다.

위에서는 오더를 내리고 밑에서는 받아 적고 별 이의 없이 집행하는 것이 문화로 정착되었다. 앞에서도 언급되었지만 위험성과 급박성을 생명으로 하는 경찰 활동에 모든 단계에서 활발하게 토론을 할 수는 없고 그렇게 해서도 안 된다. 그러나 영역에 따라서는 토론이 필요한 분야가 적지 않다. 정책을 형성한다든지 아니면 변경한다든지 등 경찰청의 정책 기능은 계급과 관계없이 관계자들이 격의 없이 참여할 수 있도록 참여 범위도 다양화시켜, 계급으로 눌러서 결정되는 일이 없도록 해야 할 것이다.

예를 들어 실종 수사업무를 현재 여성청소년 수사에서 담당하고 있는데 이게 여간 힘든 업무가 아니다. 범죄나 위험스러운 원인에 기인하여 종적을 알 수 없는 경우는 물론이고 단순 가출이나 직장에서 퇴근한 사람이 연락이 안 되는 경우도 신고가 들어오는데 초기 단계에서는 범죄 관련성 여부를 구분하기 어렵고, 사안의 진행에 따라 최악의 경우가 발생하게 될 경우 조치의 적정성을 따져보기 때문에 개별 사건 하나하나마다 현장 출동과 수색을 하지 않을 수 없다. 보통 경찰서 여청수사팀은 야간에 3~4명으로 구성되는데 실종은 물론 성폭력·가정폭력·학교폭력·소년범죄를 같이 담당하기 때문에 여청수사는 기피부서가 된 지가 오래되었고 오는 수사관은 초임이거나 다른 부서에서 밀려서 오는 경우가 많았다.

더 큰 문제는 인원은 제한되고 실종신고는 많다 보니 여청수사관들이 현장 출동을 안 하는 경우가 발생하게 되어 2017년 10월 어금니 아빠 사건[252]이 문제 된 것이다. 이 사건의 여파로 현장 출동을 여청수사와 형사가 현장에 같이 출동해서 범죄혐의 여부를 결정하고 범죄혐의와 관련되는 경우 형사 기능에서 처리하기로 하였으나 여전히 기능 간에 사건 떠넘기기가 없어지지 않았다. 어느 수사부서든 격무에 시달리는 것은 똑같기 때문이다.

이로 인해 경찰관들 사이에서는 농담으로 "서장 승진은 지능팀에서 시켜주고, 서장 옷은 여청수사에서 벗긴다."라는 농담 반 진담 반 섞인 말까지 나돌기도 한다고 한다.

이러한 문제를 개선하고자 경찰청에서는 실종과 단순 가출까지 형사에서 일괄처리하는 방식으로 경찰위원회에도 보고하여 동의를 받은 후 추진하려 하였으나 일선 형사들이 인원과 장비도 충분히 주지 않은 채 업무를 이관하는 것에 거세게 반발하자 원점에서 재검토하기로 하는 등 혼선을 빚었다. 정책의 신뢰도가 떨어지는 순간이었다. 그러나 이러한 결정 이전에 추진과정을 보면 이해하기 어려운 점이 있다. 경찰청 수사국장이 형사 기능에서 모든 것을 다 처리하도록 하겠다고 천명하자

---

252) 어금니 아빠로 유명한 이영학이 2017년 9월 30일 집으로 찾아온 딸 친구 A 양에게 수면제를 먹이고 잠들자 딸을 집에서 내보낸 뒤 A 양을 추행했고, 깨어날 것을 우려해 수면제 3알을 물에 섞어 먹인 후 딸이 외출한 사이 A 양이 깨어나 소리를 지르며 저항하자 경찰에 신고할까 두려워 넥타이로 목을 졸라 살해한 사건으로 신고 초기 단계에서 경찰의 미숙한 대응으로 국민적 공분을 일으킨 사건이다.

그 아래에 있는 형사과장이나 계장들도 한마디 이의도 제기하지 못했다. 그간 형사에서 다 처리하는 것은 말도 안 된다고 하다가 상부에서 방침을 밝히자 180도 입장이 바뀐 것이다. 여청수사기능인 성폭력대책과나 생인국에서도 임무가 넘어가 부담이 경감되니 특별히 거부할 이유가 없었다. 그런데 중간에 치밀하고도 정밀한 논의가 있어야 집행 현장에서 부작용이 적을 텐데 그러한 과정이 생략된 것이다. 위에서 지침이라는 형식으로 방향이 정해지면 밀어붙이는 것이다.

실종과 관련해서 조금 더 살펴보면 실종과 가출 규모는 연간 10만 건 정도 된다. 이 중에서 실제로 범죄나 위험성에 기인한 실종이 어느 정도인지는 통계가 존재하지 않는다. 의아하게 생각될지 모르겠지만 경찰청

<연도별 실종·가출인 발견·사망 현황(단위 : 건)[253]>

구분		2016년	2017년	2018년
18세 미만 아동	발견	19,907	19,980	21,911
	사망	22	24	24
지적장애인	발견	8,551	8,534	8,873
	사망	39	45	47
치매환자	발견	9,916	10,311	12,124
	사망	91	104	128
가출인(18세↑)	발견	74,928	66,181	76,690
	사망	1,285	1,404	1,773

253) 연도별 실종·가출인 발견·사망 현황 – 김승희 의원 보도자료(네이버 블로그)

통계는 18세 미만은 실종으로 나머지는 가출로 통계를 잡고 있기 때문이다.[254]

이는 실질적 의미의 실종과 그 외의 개념으로 구분해야 정책적으로 의미 있는 통계가 되는데 현재는 그러한 통계가 없다. 그러니 범죄와 관련된 것은 형사, 그 외의 것은 여청에서 담당하는데 정확한 통계가 없으니 어느 정도 업무적 부담이 되는지 가늠하기가 쉽지 않다. 어떻든 문제는 여성청소년 수사팀에서 1차적으로 범죄혐의점 여부를 밝혀서 교통정리를 하는데 이러기에는 여청수사팀이 인력적으로나 전문성 측면에서 역부족이라는 데 있다. 그렇다고 범죄 관련성 있는 실종사건 외에 일반 가출을 형사에서 담당하는 것도 업무량뿐만 아니라 강력 사건에 집중해야 하는 형사 기능을 일반 가출까지 쫓아가게 한다면 강력팀을 무력하게 만들 수 있다. 현재는 실종(가출) 수사 진행 후 12시간 경과 시에 합동심의를 개최하여 위험도를 판단하고, 범죄혐의점이 의심되는 경우 실종수사조정위원회를 통해 실종사건을 여청과에서 형사과 소관으로 이관하고 있다. 과거에 비해서 개선되기는 하였지만 여전히 여성청소년 기능에서 1차 판단을 하므로 개입시기를 놓칠 우려가 있다. 따라서 개입시기를 현재의 여청기능보다는 강력기능에서 1차적으로 판단해서 위험성이

---

254) 실종아동등의 보호 및 지원에 관한 법률은 실종 당시 18세 미만과 장애인, 치매인 자를 대상으로 하고, 대상자에 대하여는 실종아동프로파일링시스템을 구축하고 실종자의 개인정보 및 위치정보에 대한 접근 권한을 경찰에 부여하여 영장 없이도 신속하게 수색과 수사가 진행될 수 있는 반면 성인의 경우에는 영장이 제시되지 않으면 개인정보에 대한 접근권에 제한된다. 보통 총건수는 연간 10만 건 내외인데 실종이 3만 5천여 건 가출이 6만 5천여 건 정도 된다.

높으면 강력에서 처리하고 낮은 경우는 여청기능에서 처리하도록 교통
정리 하는 방향으로 가야 되지 않을까 싶다.

　또 하나 예를 들면, 순경급을 교육시키는 충주 중앙경찰학교에 근무
할 때의 일이다. 교장이 각 과장, 계장들이 모인 회의석상에서 교육생들
의 여름방학 1주일을 어떻게 보내게 할 것인지 대한 의견을 개진해보라
고 했다. 왜냐하면 새로 들어오는 신입 교육생들은 처음부터 방학 1주일
이 교육 일정에 포함되었는데 기존에 있는 교육생들은 1주일 방학이 없
어서 새로운 교육생과 기존 교육생 간에 형평성 문제가 불거진 것이다.
과·계장들은 같은 교육생인데 누구는 방학하러 가고 누구는 못 간다면
위화감을 조성할 수 있으니 1주일 방학을 보내되 1주일 줄어드는 교육
시간을 보충하기 위해서 평소에 교육 시간을 늘리거나 야간 수업을 하
는 방안들을 제시하였고, 당시 중앙경찰학교에 온 지 얼마 안 되었던 나
도 나름 일리가 있어 보여 동의를 했고 같은 의견을 개진했다. 그런데 논
의 후에 최종적인 책임자의 결정은 1주일 방학 불가란다. 그러나 그런 의
견은 한 사람도 없었다. 교육에 있어서 예외가 있어서는 안 된다는 지론
이었다. 회의 후 허탈했다. 그러면 무엇 때문에 과·계장들 의견을 물어
보았는가? 혼자 스스로 결정하면 되는 것을... 이러한 결정에 누구도 이
의를 달지 못했다. 이것이 경찰의 현주소다. 다 그런 것은 아니다. 그러나
이러한 것이 경찰조직 내의 의사결정 구조이고 문화의 단면이다. 좀 더
수평적이고 개방적인 조직으로 나아가야 한다.

29. 봉사와 헌신 그리고 인간관계: 협력단체

경찰에는 협력단체라는 것이 있다. 협력단체는 경찰과 관계를 맺고 싶어서 참여하는 것과 나름대로 순수한 봉사목적으로 참여하는 유형으로 볼 수 있다. 대표적으로 경찰발전위원회, 보안협력위원회, 집회·시위자문위원회, 청소년육성회, 녹색어머니회, 모범운전자회, 어머니폴리스 등의 단체가 있다. 경찰발전위원회는 속칭 '경발위'라고 불리는데 공식적인 임무는 경찰서 치안시책에 대한 정책적 조언이나 검토이지만 실질적으로 경찰서장이나 과장급의 지역과의 연결고리 역할을 한다. 보안협력위원회는 북한이탈주민[255]에 대한 정착이나 경제적 지원을 한다.

주로 관내에서 기업을 하거나 대학 등에서 연 초에 라면이나 쌀 등을 경찰에 주면 경찰에서 이를 북한이탈주민에게 전달하게 된다. 북한에는 우리의 경찰에 해당하는 보위부가 있는데 절대 권력과 공포의 상징이기 때문에 남한에서 경찰이 이들에게 생필품이나 도움을 주는 경우 다른 기관에서 주는 경우보다 몇 배의 효과가 있다고 한다. 이러한 측면에서 보안협력위원회는 나름대로 의미 있고 존재감도 있는 협력단체라 본다. 보안협력위원회는 오랜 역사를 가지고 있으며, 특히 과거 6.25 때

---

255) 통일부 홈페이지 공표자료에 의하면 '19. 3월 기준 국내 거주하는 북한이탈주민은 총 30,323명이다.

<보안협력위원회 – 사랑의 위문품 전달식>

공산당에게 부모를 잃었거나 피해를 본 경험이 있는 가족력이 있으신 연세 지긋하신 분들은 정말 나름대로의 신념을 가지고 참여한다.

집회·시위자문위원회는 집회·시위허가에 대한 자문과 정당성을 부여하기 위해 만들어진 것으로 주로 변호사나 법적 지식이 있는 사람들을 대상으로 위원으로 위촉하지만 사업을 하는 사람들도 상당수 들어와 있다. 청소년육성회는 청소년 선도에 관심 있는 지역유지들이 참여하는 단체로 주로 불우 학생에 대한 장학금 지급 등 비교적 순수한 목적이지만 재정적인 어려움이 있어 지역사회에서 헌신적인 마인드가 없이는 유지되기가 쉽지 않다. 과거에 비해 재정·시간적인 희생을 하는 분위기가 아니라서 참여도 저조하고 운영도 형식적으로 되고 있는 곳이 늘어나고 있다.

<모범운전자의 교통 수신호 활동>

　녹색어머니회는 초등학교 등교 시간대에 학생안전을 확보하는 학부모 단체로 전국적인 규모로 가장 잘 운영되고 실질적인 성과도 있는 단체다. 이와 유사한 단체로 초등학교 하교 시간대에 학교폭력예방 활동을 펼치는 학부모 폴리스와 중학교 하교 시간대에 학교 주변 순찰 활동을 하는 어머니 폴리스 등의 단체가 있다. 이들은 순수하게 무보수로 자녀들의 등·하굣길과 학교폭력 예방 순찰활동을 펼치고 있다. 다만 예산이 없다 보니 자치단체에서 역사가 있는 녹색어머니회 정도만 소액 지원하고, 나머지 단체는 자치단체나 학교에서도 적극적으로 지원해주지 않아 불만스러운 목소리가 나오기도 한다. 그런데 녹색어머니회나 학부모 폴리스 또는 어머니 폴리스는 학생 숫자에 버금가는 적지 않은 규모로 움직이다 보니 여·야가 팽팽한 지역에서는 국회의원이나 시의원, 자치단체장 등 선출직들은 이분들이 행사를 하면 적극적으로 참여하고 공을 들이기도 한다. 녹색어머니회가 잘 운영되는 지역은 5천 명에서 8천 명의 회원을 거느리고 있는 작지 않은 조직이다 보니 정치권에서는 공을 들이지 않을 수 없는 구조이기도 하다.

교통 분야의 단체는 일반 시민들도 주변에서 자주 볼 수 있는 모범운전자[256]회가 있다. 모범운전자회는 러쉬아워(Rush Hour)나 각종 행사 시 교차로에서 아침, 저녁으로 경찰과 같이 궂은일을 마다하지 않는 훌륭한 사람들이다. 지역사회를 위해서는 없어서는 안 될 중요한 단체다. 모범운전자들에게는 사소한 법규위반 시 7회까지 과태료를 부과하지 않는 유인 제도가 있지만 그분들이 현장에서 봉사하는 것에 비해서는 턱없이 부족한 지원제도라는 생각이 든다.

협력단체에 가입하게 되면 서장과 관계를 맺으면서도 지역사회의 뜻있는 일을 할 수 있다는 장점이 있기 때문에 그 지역에 연고가 없는 상태에서 정착을 하는 사람의 입장에서는 매우 좋은 기회가 될 수 있다. 소위 의사나 변호사 등 사회적 지위가 있는 사람들은 단체에 가입을 했다가 별로 흥미를 못 느끼고 활동에 소극적인 경우가 많다. 위원회에 오래 있는 사람들은 그 지역에서 사업을 하면서 사업을 지키고 인맥을 형성하는 사람들인데 이들은 많게는 30년간 하는 사람도 있으니 지역의

---

255) 모범운전자는 도로교통법상 '경찰공무원을 보조하는 사람'으로 교통 수신호 권한이 있다. 따라서 모범운전자의 수신호를 위반하면 범칙금과 벌점이 부과될 수 있다.

터줏대감이나 다름없다. 보통 서장이나 과장은 부임 후 1년이 지나면 인사 변동이 있는데 이들은 변하지 않는다. 그래서 종종 느끼는 것이 주종이 바뀌어서 이들이 주인 같고 서장이나 과장은 지나가는 나그네 같다는 생각이 든다. 서장이나 과장은 가끔 자기들 명분 세워주는 얼굴마담이 아닌가 하는 생각이 들 때가 있다, 이들과의 인연은 서장을 떠나는 순간 90%가 날아간다. 그리고 10% 정도도 경찰청이나 서울경찰청 등 경찰서에 영향을 미치는 지위와 지역적으로 가깝게 있을 경우에만 2~3년간 유지되고 이 기간이 지나면 인연은 5% 정도 즉 1~2명 정도만 인연이 이어지고 나머지는 끊어진다. 이후에 연락을 취해도 이들은 소극적이다. 서장으로 있을 때와 떠날 때의 태도가 대부분 확연히 다르다. 이것이 세상의 인심이고 당연한 것이다.

직원과의 관계도 유사하다. 서장으로 있으면 절대적이지만 서장을 떠나면 관계는 서장으로 있을 때 보여주었던 행태에 따라 다르다. 기관장인 서장으로 모든 직원과 친밀감을 형성하기란 쉽지 않고 몇몇 성실하고 인간성 좋은 사람 또는 운동을 같이하는 사람들에게 가급적 잘해주고 있는데 이들과의 인연은 길게 가는 거 같다. 서로 해줄 수 있는 것이 아직 남아 있지 않아서일까 하는 것도 있지만 인간적인 모습이 관계 지속에 영향을 미치는 것 같다. 나머지 직원들과는 깊은 관계보다는 상징적이고 피상적인 관계로 남아서 아쉬움이 있다.

인간관계라는 것이 이해관계가 맞아서 좋을 땐 급류를 탄 듯이 기쁘고 좋지만 이해관계가 변하면 씁쓸하게 느껴지는 것인가 보다. 특히 권력관계의 부침 속에 춤추는 인간관계보다는 순수하고 인간적인 관계를 유지하기 위해서는 권력관계 속에서도 소탈하면서도 인간적인 면모를 보이기 위한 노력이 필요한 것 같다.

Part 5.

경찰발전을 위한 6가지 제언

30. 국민에게 희망을 주는 권력으로

1. 시대변화에 따른 입법과 법원의 적극적 형사정책 마인드 필요

사회는 변하고 있다.

실시간 소통과 전파, 디지털화, 사이버 세계, 부의 팽창, 인권과 자유는 커지고 있지만 더욱더 외로움을 호소하고 있다. 과거에는 행복은 돈만 있으면 가능해 보였다.

이제는 제대로 보기 시작했다. 돈만 있으면 행복해질 수 없다는 것을. 안전가치와 사회통합이 이루어지고 사회의 다양성이 확보되어야 공동체가 행복해질 수 있다는 것을.

대한민국 경찰, 일제 경찰, 3.15 부정선거 경찰, 군사정부 경찰을 거쳐 오늘에 이르고 있다. 이제 이들이 국민을 지키고 범인을 효과적으로 제압할 수 있도록 법적 권한을 주어야 한다. 과거의 낡은 법률로 오늘의 치안을 맡기기에는 한계에 도달했다. 가정폭력 112신고를 받고 가택에 경찰관이 들어간 것을 허가 없이 들어가서 불법이라는 판결이 나오고 있다. 우리의 현행범 체포는 대륙법계인 프랑스와 독일인데 우리의 법원은 왜 이토록 좁게 해석을 하는지 이해하기 어렵다. 이러한 판례가 지속적으로 나오면 법률을 개정하여 그 범위를 확장시킬 필요가 있다. 긴급체포의 경우도 마찬가지다.

법원은 형사정책의 중요한 축이다. 자신의 판결로 인해 현장에서 어떤 파장이 미칠지에 대한 보다 심도 있는 고려가 필요하다.

신고 출동 시 상제 가택출입, 현행범·긴급체포가 현장에서 사실을 확인하고, 범인을 제압할 수 있는 수준에서 법제화가 되고, 수사권 조정을 통한 경찰 수사의 독자성과 자율성이 확보되어야 경찰이 책임감을 가지고 현장에서 당당히 업무를 할 수 있을 것이다. 국민의 지지와 성원이 입법으로 그리고 판결로 연결되기를 간절히 희망한다.

2. 실질적 의미의 경찰 개념에 기초한 메가 치안 정책 펼쳐야

경찰은 군과 더불어 국가의 유지와 존속에 불가결한 기능이다. 따라서 경찰 기능인 경찰권을 어떻게 효율적으로 배분하고 연계시키느냐의 문제는 국가정책의 근간을 이루면서도 중요한 과제이다.

이제까지 경찰청이라는 기구 중심의 경찰정책이 아닌 위험예방이나 범죄예방과 수사라는 경찰 기능을 행하는 기구를 총괄하고, 연계시키며, 효율을 발휘할 수 있도록 하는 정책의 전환이 필요하다.

따라서 국정원, 소방, 출입국관리, 경호처뿐만 아니라 자치단체에 속하는 위험업무도 상호 간에 유기적으로 연계하여 업무가 추진될 수 있도록, 정책결정·집행단계에서 정보의 공유와 협조가 시스템화되도록 하고, 관련 분야 공무원들도 이러한 개념을 인식하고 업무에 임해야 협조가 더 강화될 것으로 보인다.

3. 정당한 목소리를 낼 수 있는 시스템으로

대한민국 경찰의 스피커는 한사람이다. 경찰청장 한 사람뿐이다. 나머지가 공식적인 의사표시를 하려면 상부의 사전허가를 받아야 한다.

하지만 필자가 프랑스 경찰주재관 시절 목격한 것은 스피커가 두 개라는 사실이었다. 하나는 경찰을 총괄하는 내무부 장관이고, 다른 하나는 경찰 내 노조였다. 물론 공조직이 중구난방으로 의사를 대외적으로 표시하는 것은 바람직하지 않지만, 그렇다고 하나만 있는 것은 더더욱 바람직하지 않다. 현실적으로는 경찰 내부망을 통해 이를 본 기자가 내부의견이라며 기사화하는 비공식 통로가 있을 뿐이다.

이래서는 경찰에게도 국민들에게도 좋지 않다. 왜냐하면, 경찰업무관련 부당한 판결이 나왔을 때, 언론에서 경찰의 초동대처나 사후대응이 사실과 다르게 잘못하고 있다고 보도하는 경우, 정치권에서 경찰을 공격할 때, one-speaker로서는 대응에 한계가 있다. one-speaker가 할 수 없는 분야나 여력이 달리는 부분은 another-speaker가 설명하고 전달하면서 메꾸어주어야 한다.

최근 경찰 직장협의회의 법제화가 가시권에 들어와 있다. 노조는 아니지만 직장협의회를 통해 경찰의 내부 문제뿐만 아니라 외부의 부당한 영향력에 대해서도 대응할 수 있도록 한다면 더욱 더 건강한 조직으로 나아갈 것으로 보인다.

4. 인사와 감찰 문화 개선 필요

평생을 몸담았던 경찰, 가슴 벅찬 단어, 경찰이었다. 그 속에 경쟁이 있고 규율노 있다. 그게 조직이다. 그러나 그 경쟁과 규율 속에서도 문화를 만들어 가야 한다. 긍정의 문화!

요즘 들어오는 신임 순경들을 보면 당당함과 자신감을 느낄 수 있다. 그들이 얼마의 시간이 지나면 시들해진다. 그중에 생생하게 성장하는 직원도 적지 않다. 문화는 전체를 보는 것이다. 승자든 패자든 같이 상생할 수 있고, 노력하는 태도를 갖춘 한도 내에서는 이들을 보호해 주어야 한다.

이들의 경력도 연령대 변화에 맞게 기능 간 이동이 가능할 수 있도록 하고 전문가로서 성장할 수 있도록 조직이 경력 관리를 해주어야 한다.

경위급으로 들어오는 사람들의 심리는 더 복잡한 것 같다. 막상 들어와 보니 생각했던 것과는 다른 법 집행 현실, 조금 올라가면 진급에 사활을 걸어야 하고 누락되면 젊은 나이에 조직을 떠나야 한다. 제2의 인생을 시작하기에도 쉽지 않고 아이들도 커가고 있다. 생계와 생존의 문제가 다가온다. 이러한 선배들을 보는 신임 경위들은 망설이기 시작한다. 자격증을 따야 하나, 직업을 계속해야 하나?

경쟁은 불가피하고 필요하다. 그러나 경쟁이 수긍할 수 있는 기준이 있다면 어렵더라도 수용할 텐데 그렇지 않을 때 문제가 발생한다.

이제 이들도 어느 정도 연령대까지는 안정되게 근무할 수 있는 제도적 틀 도입에 결단을 내려야 한다. 그래야 조직의 과도한 경직성과 긴장감이 해소되고 문화가 자랄 수 있다.

감찰은 조직 내 칼이다. 과거에 비해 많은 개선이 이루어져 왔음에도 아직도 갈 길은 멀다. 왜냐하면 지휘관이 바뀌면 하루아침에 감찰 운영 방식이 바뀔 수 있기 때문이다. 감찰도 권익침해 작용인 점을 감안하여 견제와 균형이 작동되도록 제도화되어야 한다.

5. 과학, IT 중시 경찰로 가야

미래는 과학과 IT 중심 사회가 될 것이다. 과학과 IT, 경찰의 접목을 통해 경찰의 수사능력을 높일 수 있고, 인권침해도 최소화할 수 있게 된다.

또한 우리의 높은 과학, IT 수사기술은 치안 한류라는 이름으로 전 세계적인 상품성을 인정받고 있으며, 이를 통해 우리 기업의 수익 창출에도 기여하고 있다.

도시마다 안전도시를 표방하고 있다. CCTV 관제센터를 설치하고, 블랙박스 설치에 대한 유인책 제공검토 등 과학과 IT를 통한 안전가치 확보는 이미 우리의 삶 속에 들어와 있다. 치안 과학이 지속 성장할 수 있도록 재정적인 투자와 함께, 우수인력 확보에도 노력해야 할 것이며 변화하는 환경에 맞추어 법, 조례 등과 같은 제도적인 기반 조성도 검토되어야 할 것이다.

6. 국민 중심에서 국민 존중으로

경찰은 국민을 위한 조직이다. 그러함에도 경찰은 승진이나 자리 그리고 출신 간 영역 다툼과 안배, 이로 인한 반목, 정치권의 경찰 인사에 대한 영향력 등으로 조직 내부논리에 매몰되어 있지 않나 하는 생각이 든다. 물론 표면적으로는 늘 국민을 내세우지만 그 속으로 들어가 보면 국민을 보호하려는 본질보다는 내부논리와 언론 그리고 정치권의 논리가 강하게 투영되어 있다. 경찰청장이 무엇을 바라는지 그리고 정치 핵심에서 무엇을 바라는지 늘 생각해야 하는 것이 경찰 고위급의 지배적인 사고다. 이러한 사고는 바로 아래에 있는 하부조직에도 바로 반영되어 현장에서 나타난다. 국민이 얻는 혜택은 경찰이 국민 중심주의 정책을 펼침으로 인해 얻어지는 것이 아니라 경찰 중심의 치안 정책을 펴면서 얻어지는 부수적인 효과가 아닌가 하는 생각이 든다. 물론 아니라고 항변할 수도 있다. 그러나 정책의 세세한 면을 들여다보면 정말로 주민들이 필요로 하는 것을 분석해서 한다기보다는 언론에 보도되고 언론에서 조명하고 집중적인 질타가 이어지면 정책으로 이어지는 경우가 대부분이다. 이게 국민들이 원하는 것일까?

일본의 경우 서장실이 1층에 있다고 한다. 이유인즉슨 주민이 쉽게 다가가게 하기 위해서라고 한다. 주민이 경찰서에 왔을 때 이들의 동선이 어떠한지, 이들을 끝까지 케어하는 경찰이 있는지, 범죄예방을 하면서 경찰 중심의 예방책 위주로 하는 것은 아닌지, 주민의 입장에서 범죄피해를 안 당하려면 어떻게 하고, 범죄에 연루되었을 때 어떻게 하면 피해를 최소화 할 수 있을지에 대한 자료는 충분한지 등에 대한 관점의 전환이 필요하다.

경찰 중심의 사고와 치안 정책에서 벗어나 국민을 존중하는 치안이 되어야 한다. 그래야 국민은 경찰에게 사랑을 줄 것이다. 이제 범죄예방도, 현장 출동도, 수사도 경찰의 모든 영역에서 국민을 존중하는 관점의 변화가 필요하다. 국민을 위하는 경찰을 추구해 왔지만 국민을 상대로 한 의견수렴이나 의견조사 등을 얼마나 진지하게 생각해 보았는지 되돌아볼 일이다.

나의 운명이자 영원한 연인(戀人), 경찰

• •

필자는 고등학교를 졸업한 후 스무 살에 경찰대학생이 되어 오십이 넘은 지금까지 경찰로 근무하고 있다. 언제까지 경찰로서 국민의 안전을 위해 살아갈 것인지는 필자가 장담할 수 없지만 경찰로 지내는 마지막 날까지 최선을 다할 것은 확실하게 자신할 수 있다. 지나온 날들을 돌아보면 비상경계로 명절을 가족과 함께 지내지 못하고 딸의 졸업식에 참석하지 못해 가장으로, 아버지로 미안한 마음을 항상 지니고 살아왔지만 경찰로 지내온 30여 년을 절대 후회하지 않는다.

나는 항상 경찰이었고 앞으로도 경찰일 것이며 다시 태어나 나의 진로를 결정할 수 있다면 조금의 주저함도 없이 경찰의 길을 다시 걸을 것이다. 이 글을 쓴 이유도 내가 이렇게 열렬히 사랑하는 경찰이 좀 더 국민에게 사랑받는 조직이 되기를 바라는 마음에서 비롯된 것이었다.

혹시 이 글을 읽는 분들 가운데 경찰이 되기를 원하시는 분이 있다면 경찰이라는 직업과 업무의 이해에 대한 조그마한 도움이 되기를 바라는 동시에 반드시 원하는 바가 이루어지기를 기원해 본다. 그리고 꼭 이야기해주고 싶다. 경찰이라는 직업은 진정으로 사랑할 수 있는 직업이자 인생을 걸 수 있는 소명이라는 것을.